吉 林 大 学 哲 学 基 础 理 论 研 究 中 心 资 助
国家社会科学基金重大项目（15ZDB002）资助

On the Third-Person Ontology

第三人称存在论

追寻存在的平凡本意

张　盾著

南京大学出版社

图书在版编目（CIP）数据

第三人称存在论：追寻存在的平凡本意 / 张盾著.
—南京：南京大学出版社，2021.10
ISBN 978-7-305-24701-9

Ⅰ.①第… Ⅱ.①张… Ⅲ.①存在 Ⅳ.①B021

中国版本图书馆 CIP 数据核字(2021)第 141087 号

出 版 者　南京大学出版社
社　　址　南京市汉口路 22 号　　　　邮　编　210093
网　　址　http://www.NjupCo.com
出 版 人　金鑫荣
书　　名　**第三人称存在论——追寻存在的平凡本意**
著　　者　张　盾
责任编辑　郭艳娟
照　　排　南京紫藤制版印务中心
印　　刷　南京爱德印刷有限公司
开　　本　635×965　1/16　印张 20.25　字数 272 千
版　　次　2021 年 10 月第 1 版　2021 年 10 月第 1 次印刷
ISBN　978-7-305-24701-9
定　　价　78.00 元

发行热线　025-83594756
电子邮箱　Press@NjupCo.com
　　　　　Sales@NjupCo.com(市场部)

目 录

卷一 第三人称存在论的论域

第二部分　构成分析的个体论

卷三　第三人称存在论的方法

序

赵汀阳

在这里我特别推荐张盾的《第三人称存在论》一书，这是一本有原创意识的哲学著作。在心智体制化而失去想象力的今天，这样有独立风格的著作已不多见。心智体制化（institutionalized minds）是指心灵或思想接受了学术研究和写作的流行规训而千篇一律。此类规训（福柯意义上）包括"政治正确"的价值观，也包括学术写作的潜规则。学术写作的流行潜规则甚多，其中最好笑的是"观点综述"和"观点辩护"。较真地说，假如讨论的是普遍关心的重大问题，比如"根本性"的哲学问题，那么，三千年来无数人对这些问题有过数不清的看法，要写个比较周全的观点综述，几乎是要求写一本哲学史。再考虑到人们还在现在进行时地发表看法，因此合格的综述就不太可能有一个将来完成时的"历史的终结"。除非讨论一个少见人烟的荒僻问题，比如"犀牛的知识论"（玩笑地说），才能够写出无一遗漏的综述。观点辩护则是一项正常的学术工作，但如果变成规定动作就不太正常了，如果尚未思想就事先规定了只能在别人观点里挑选一种来赞同并为之辩护，思想就变成了在超市挑选"总有一款适合你"的产品的商业化行为。其实，商业报告化的学术格式只是相当晚近的模板，我不肯定准确的形成时间，但可以肯定，在过去两千多年里到"二战"前，学术都不曾采用这种商业报告模式。即使至今，所有思想价值较高的作品也都不是这种模式，就是说，从亚里士多德、老子、笛卡尔、霍布斯、休谟、康德到胡塞尔、海德格尔、维特根斯坦、蒯因、罗尔斯或者福柯或德里达的写作，都决不是此类模式，甚至没有注释或很少注释。这不是反对有选择"汇报模式"的写作自由，而是说，可以有独立思想的写作自由。张盾的写作就是以人类理智判断为准的独立思想。

张盾是我的长期论友，30多年来经常交换意见和争论。我们在许多问题上有着分歧的看法和解决方式，却另有互补之效果。人文领域的问题没有标准答案，更没有唯一答案，或者说，哲学里没有绝对真理。但这一条是绝对真理。对这一点，我们有共识。因此，虽然我们有着理论分歧并且相信各自的理论，但我们争论的目的却不是为各自理论进行"辩护"，而是为了收获多一种视域（horizon），就是说，我们往往会发现"各自都对"——在不同的方面或不同意义上都对，因此可以发现一个问题有多种有效的理解。这里忍不住多说几句关于争论和辩护的区别，虽然都基于观点分歧，但争论（要记住哲学没有绝对真理）的结果是丰富了视野，而辩护却在于划清界限并且捍卫某个宗派或派别的信念，不免暗含价值观或意识形态上的斗争哲学，其原型模式是宗教里为了维护正宗性和排斥异端的那种辩护。

张盾的工作既古典又现代：他一方面反对西方现代哲学的"第一人称"传统（准确地说应该是现代哲学的主流，古代并非没有此类视域）；另一方面又以现代哲学的方式来工作。反对第一人称，意味着反对唯心论。张盾心中的哲学理想不是现代哲学的传统，也不是后现代哲学的新传统，而是比现代哲学更古老的一种期望，也是哲学一直梦想却又无法实现的一个古老理想，即试图知道或至少理解"事物本身"。这个主题在众多哲学家的论述中都曾经出现，但总是由于无望而消退，根本原因在于，思想与存在之间有着明显的知识论上的障碍。巴门尼德关于思想与存在的同一性断言是一种想象，从来没有获得证明。简单地说，我们既无法在意识之外去思想，也无法在意识之中去证明意识理解了存在本身，除非把意识的自相关自证明算作一种可信的证明，相当于说，认可能够以唯心的方式证明唯心论。假如唯心的自证被承认为合法的，其副作用恐怕就是，我们可以任意证明太多的东西，甚至可以证明任何一种东西，那样也就无所谓证明了。这样神奇的证明，想想就不敢相信。胡塞尔的意向性证明已经达到唯心论的登峰造极能力，成功地证明了主观性在其内部可以建构出客观性。这样惊人的成就也终究无法证明存在本身，因为意识无法证明属于将来时态里的任何事情，就是说，意识无法证明任何未来的存在或存在的任何未来状态，这意味着，存在的一半时间性是意识无法建构的。这是唯心论的失败，这个问题我已多次论证，在此不论。

这里要说的是，张盾试图另辟蹊径地跳过思想通达存在的知识论障碍，他给出了一个很有意义而且大胆的探索性思路。张盾的方案是用"它如此存在"这个"第三人称"语式来谈论存在论问题，以此取代基于"我知道"的"第一人称"格式。不难看出，只要采取第一人称的思想，存在论问题就很容易被知识论化，存在论问题就会变成知识论的一个内部问题，也就无法谈论存在本身了。那么，这里的问题是，我们真的能够以第三人称来思考存在吗？进一步说，存在真的是存在论里的一个问题吗？

请允许我先解释采取不同"人称"所造成的思想效果。自笛卡尔以来，绝大多数哲学家，包括康德、胡塞尔、海德格尔和维特根斯坦等，都采用了第一人称的思想语法，不过其中有广义的第一人称和狭义的第一人称之别。如果是狭义的第一人称，就是"任意某人"或某个人的某种特定主观视野，即通常所说的主观唯心主义，如胡塞尔；如果是广义的第一人称，则相当于代表了所有人的"抽象一般的思想者"，即通常所说的客观唯心主义，如黑格尔。康德则是混合型的，在知识论里是广义第一人称，在伦理学里是狭义的第一人称。采用第一人称的理由是，无论如何去理解存在，总是意识在理解存在，所以，哲学至少是广义的第一人称，比如从逻辑、数学或科学的眼光去看问题，但在许多情况下难免成为狭义的第一人称，只要涉及价值观，就几乎不可能代表所有人了。这里有个难以界定的事情：如果一种客观唯心主义达到最大的客观性，其主观性与客观性就趋近完全一致，是否就可以认为，在这样的状态中，第一人称与第三人称之分就失去意义了？就是说，当"我认为 x 是如此这般的"与"x 是如此这般的"几乎等价，人称就只是语文问题，而不是思想问题了，而巴门尼德关于思想与存在的一致性断言就是真的。人们对逻辑、数学甚至科学就怀有此种信心，比如我就部分地怀有"客观唯心论"的信心——我自己并没有选择这个标识，但李泽厚老师认为我是客观唯心论者。在很多次争论之后，李泽厚老师说，他是真正的唯物主义者，而我虽然反对主观唯心论，但如此"重视逻辑、数学和语言"，可见至少是个客观唯心论者。数十年前人类第一次向远太空发送作为文明使者的飞行器，据说经过研究认为，只有数学和音乐是外星人有可能解读的密码。这暗示说，只有数学和音乐才是宇宙普遍秩序（正合毕达哥拉斯之意），也就等价于第三人称了。当读到刘慈欣的《三体·3》里面能够任意建构时空的宇宙顶级文明"有可能"改变物理学规律甚至改变数学规律，确实令人心惊。尽管只是科幻，但这个从未想过的可能性似乎是说，第三人称的规律终究服从第一人称的规律。这是我没有能力想明白也不敢想的事情。

　　后现代哲学反叛了"第一人称"哲学,其中有不同的反叛方式,一种是以"去中心化"的方式来消解第一人称的专制地位,但并非反对第一人称本身,而是认为每个人的第一人称思想具有同等的知识论地位,主要是以"无数个人"的每个人的主观主义第一人称反对客观唯心主义的一般第一人称。这种"去中心"的反叛与其说出于学术理由还不如说是出于平等为首要价值的政治理由,所有的激进左派或自由主义左翼都属于此类。可是此种反叛并没有超越第一人称,只是使第一人称在"通货膨胀"中贬值,因此不是一种积极的或建构性的努力。我相信这是一种坏的反叛,它反叛了旧的意义系统却没有产生新的意义,没有思想增量,反而在解构了传统的同时也消解了思想问题,这是得不偿失的代价。

　　真正厉害的是列维纳斯,他虽然没有命名"第二人称"的思想,但他提出的"面对面"结构以及他人为尊的观念等于定义了第二人称的思想,即"你"高于"我"。这也是一种激进思想,可能太激进了。孔子的"仁"定义的是我与你的对等关系(reciprocal)——注意,不是平等关系(equal),对等性意味着平衡。也许没有一种形而上的理由能够证明平衡是最好的,但经验总是说明,失衡是危险的。有意思的是,"你优先于我"的第二人称就是选择了一种失衡,但并不能因此证明列维纳斯是错的,因为列维纳斯的第二人称伦理学指向的是积极善良的结果。可见第二人称有可能是一个例外状态,或许能够更好地解释人的超越意义也未可知,还有待研究。

　　那么,张盾提出的第三人称哲学是否可能?我至今无法肯定这个充满创意的视野是否可能,这相当于首先要证明巴门尼德关于思想与存在的一致性断言是对的,而这一点正是无法证明的。这里简单说说问题之所在。第三人称哲学是张盾命名的,但这个思想定位却十分古老,可以追溯到老子、毕达哥拉斯和亚里士多德,张盾对第三人称哲学的开拓可谓有"古心"。第三人称在表述上显然是可能的,这要归功于语言的超强能力,即语言能够表达一切可能性。语言可能是人类最大的成就,其伟大程度远超科学和技术,但也是最大的谜。语言能够表达一切可能性的意思是,语言能够在任何一个时空维度上以及所有时空维度上同时"建构"世界,相当于(比喻地说)语言以超物理的方式实现了物理学推算的所有可能性,时空穿越、多维时间、量子状态,等等。逻辑是语言的核心,但语言大于逻辑。在逻辑意义上,存在只能推出"存在即存在"的重言式,所以,存在本身无所言说。在这个意义上,关于存在本身的理论一直没有实质进展,因为重言式没有留出思想的余地。第三人称试图赋予存在本身一个言说自身的机会,借助语言的"神的眼界",就可以发现(我认为其实是想象)一些超出重言式的内容,或按照康德的说法,一些"综合的"内容,比如存在的"平凡性"。后面会讨论这一点,这里先说第三人称本身的问题。尽管语言具有第三人称的神力,但仍然有一个疑问,"它是如此这般的"(it is so and so)固然是一个在存在论上的完整句子,但不是一个在知识论上的完整句子,那个句子显然有其知识论依据,于是,完整的说法是"按照知识视野 H,它看起来(looks)是如此这般的"。这样一来,潜伏在背景里的第一人称知识条件就显形了。除非能够证明,无论在任何视野中,"它是如此这般的"都成立,否则无法省略第一人称。但这一点显然无法被证明,我们不知道会有多少种可能视野,很可能有无穷多视野,而且我们不可能"遍历"无穷多视野,所以无法证明"它是如此这般的"对于任何视野同时为真并且等价为真。这个问题很严重,但张盾试图在没有路的地方发现一条路。

张盾关于"平凡"作为存在根本状态的分析,可能是全书中最

有独创性的一个观点。正是通过发现存在的平凡性，张盾逃离了
无法穷尽所有可能视野的困境——不是超越了这个困境，因为这
个困境无法超越——而是找到了存在的一个"常数"。张盾自己
没有使用这个说法，但我估计他会同意。我的意思是，如果找到
存在的一个常数，就意味着无论什么视野都必须把这个常数考虑
在内，那么，只要确定了常数，那些不可知的视野就不构成威胁
了。张盾找到的存在常数是平凡性。顺便一提，在我看来，大多
数哲学都在寻找某种"常数"。康德设想的先验范畴就是知识基
础的常数，不过这些先验范畴存在疑问。知识的常数大概应该是
逻辑和数学规律，是否需要康德的先验范畴恐怕是个问题，在此
不论。

　　张盾认为，哲学总是试图解释非凡的事情，比如各种"革命
性"的事情，而存在本身的状态其实是平凡的，而越是平凡就越显
示存在的必然性，平凡性就在于可重复性，只有重复才能存在。
他甚至举出重言式来说明最平凡的必然性，不过这个例子其实不
太合适，因为逻辑世界不是真实世界，也难以说明真实世界，但这
一点在此无关紧要。事实上，平凡性是一个超出存在重言式而看
起来确实属于存在本身的言说，这才是真正厉害之处。古人为存
在本身言说了不少事情，比如说，存在是"永恒的"、"完美的"、"绝
对的"之类，但这些性质其实是想多了，我们从"存在"的概念推不
出这么多"综合的"含义，也没有任何经验可以证明这些含义。然
而平凡性却几乎"真的"是从存在的概念里可以推出的性质，有着
类似重言式的必然性，可又有着超出了重言式的新内容，似乎应
该归入先天综合判断。当然，康德推出的先天综合判断是否合
理，仍然是个可争议的问题。

　　平凡性可以用来解释许多事情。比如说，张盾关于平凡历事
的观点看起来是为布罗代尔的"长时段"史学所做的哲学辩护，可

以猜想，布罗代尔或许会同意"地理时间"尺度下事物的演变是"平凡的"，但他可能会说，缓慢而平凡的变化却可以形成深刻的巨变，长期来看就不平凡了。也许平凡真的是存在的最好逻辑状态，但未必是存在的本真状态，尤其是对于人和文明的存在来说，这种最好的逻辑状态更可能是个坏状态。正如"例行公事"（routine）不足以说明生活意义一样，"平凡"也不足以说明存在的历史性。不过，我很同意平凡性是存在的其中一个常数，但不会是唯一的常数，就是说，存在不可能只是平凡地重复自身。

存在方式有两种，自然的和人为的。自然是广义概念，包括万物。我们不知道自然存在是否有目的，就目前的科学来看，应该没目的，但也不一定，对此我们并不知道。如果从可观察或可推算的"现象"上看，自然的演化是十分惊心动魄的。无论如何，自然的存在论问题不在哲学能力范围之内，就不加讨论。人为的存在才是哲学的问题，人有自由意志和自由思想，因此，人为存在就必定产生目的或意义的问题。我疑心人为存在的目的或意义不会仅限于自身重复，而在于超出重复的期望值。人对存在的自由介入，使存在变成一个自相关的事实，因此，存在不仅是既在，而同时并且始终也是一个未在，即要被创造的未来之在。所以我相信，存在论的关键问题是：存在是所作而成之存在（to be is to be made to be），就是说，存在总是在创作行为中被奇迹化，存在的性质总是在于未来性，存在如何成为奇迹，才是存在论的根本问题。这其中产生了一个自我纠缠而无解的悖论：存在需要形成稳定的秩序，否则存在就失去一致性；另一方面，存在需要重新创作秩序，否则存在就失去未来性，而没有未来的重复就是存在的终结。显然，存在论中不止有一个常数，我不知道会有几个常数，但肯定至少两个以上。可以说，张盾和我事实上在分别寻找不同的"存在论常数"——不知张盾是否同意这个比喻——张盾在寻找平凡性,我在寻找未来性。复数的"存在论常数"之间或存在矛盾,这一点倒不用惊讶,人类生活本来就是自相矛盾的,思想终究只能以互相矛盾的方式去理解互相矛盾的存在。因此,生活或思想的问题不存在唯一的答案,更准确地说,没有答案,只有问题。

张盾在书中批评了我 30 年前的观念存在论,他的批评很多是对的。我在 30 年前试图研究一个足以解释世界的"观念世界"的存在论原理,其中受到唯心论的梦想和前人累累成果的激励,后来放弃了,不是因为观念世界的存在论问题不能研究,而是我对形而上学有了新的理解。有趣的是,我现在研究的新概念形而上学与张盾的理论仍然可以形成某种对话关系,也许张盾会认为,虽然我换了另一种形而上学,但仍然不离其宗地属于第一人称。他仍然反对第一人称。我不敢肯定我是不是客观唯心论者,但肯定不是主观唯心论者,我想说的是,第一人称仍然有着广阔天地,并不受限于"我思"(cogito),其实另有更好的道路。

近 20 年来,我对形而上学的基本设想是,把思想问题的落点由知识论转向与生活直接逼问的问题更为一致的"创世论",从反思性的"我思"转向具有创作性的"我行",即古人称之为与"述"相对的"作"的问题。这里没有否定知识论,而是把问题的重心落实到导致存在发生变化的创作问题上,在此,存在论与创世论是同一的。显然,只有"作"的行为(facio)才是导致存在变化的自变量,所以我试图证明,"我行"(facio)是一切问题的本源(origin),就是说,本源不是一种事物,而是一个事件,更准确地说,是"作"的行为提出的"创世"问题——这里的创世当然不是指创造物理世界(人没有这个能力),而是指创造了历史世界。可以说,本源是一个动词,而不是一个名词。无论多么伟大的名词(存在、上帝、物质、精神等等)都不是本源,无动作就无时间,也无空间,也就无世界。因此,以 facio 作为问题的起点,第一命题就是 facio ergo sum(我行故我在)。在这里,我把 to be(存在)的问题化为 to be is to be made to be(存在是所作而成之存在),同时也就化为 to be is to do(存在即做事)。进而,任何能够创造意义的行为都涉及他人,而他人的回应就是一切意义(价值)之所在,所以,facio 虽是第一人称,却必然引出第二人称的问题。但是,最后我想说,facio 不能必然引出第三人称的问题,所以,第三人称的问题属于张盾。在此,我们的不同思路形成了互补的视野。

这些问题都是我希望和张盾,还有其他学者,继续讨论的问题。

2021 年 3 月 12 日

前　言

　　20 年前，我出版了《道法"自-然"》一书，旨在通过一种另辟蹊径的形而上学研究来重新解说"存在之本意"。这本书问世后被一些年轻学人接受和喜爱，但它在多大程度上被哲学界接受却很难说。幸运的是，赵汀阳这些年一直关注这本书提出的问题和思路。有一次在一个私人聚会场合他对我说，这本书的价值被严重低估了。此事究其原因，我们时代的精神状况和人心变迁非我所能左右，我只能从作者自身方面来反省其原因，就是这本书写得不够好、不够精美，应当重写。

　　这次重写在原有的研究基础上融入了我这些年关于形而上学的新思考和新修炼，现在呈献给读者的这本书已经是一本新书。我努力使它的整个篇章结构简洁优美，文字叙述也尽量做到明晰易读。更重要的是，20 年后在一种近乎陌生的状态中重新审视自己的这项形而上学研究，我终于能够比较安心地确认它的思想价值。本书创建的第三人称存在论，借用赵汀阳的精当评论，是一种"存在论叙事方案"，它讲了一个存在者如何依循存在之道自己去存在的形而上学故事：他历尽艰辛走出西方第一人称主体笼罩下的存在论理论重围，亲身穿行于真实的事物世界、人世间世界和观念世界之间，又亲历从中国古代"礼式生活"到现代人的日常生活的各种历史性境域，最后终于证明了人的存在不是他向着主体显现出来的那些亦真亦幻的现象、意义和形式，而是由他自己亲自去建构、去经历的实际性内容,此种存在的本意就是平凡。尽管本书使用的基本方法是西方近代哲学的概念构造和逻辑推演,但它试图讲的却是一个中国式形而上学故事,因为它抵制了西方形而上学的主观性思路和主客二元逻辑,弃用了西方形而上学那些最重要的概念(如主体、现象、意义和形式等)并予以批判,同时选择在某些最根本性的问题上对康德、胡塞尔、海德格尔、维特根斯坦,还有赵汀阳的哲学思想作批判式的推进;它努力建构的第三人称论域试图与存在本身的内容相匹配,几乎等于让存在去言说自身,而实际展开的则是一个中国式思路一直在追求的存在"天之道"与"人之道"为一的理论思维界面。

我的整个研究最后得到的存在之道的本意其实非常简单,这就是:凡存在总是存在者自己去存在,这个存在的根本意蕴就是在时间中重复自身的内容,这种重复自身的存在必然是平凡的,除此之外,存在不可能有别的本意。但是,要把这个存在之道从哲学上论证出来,却是一项复杂而艰巨的工作。为此,本书不得不使用繁冗复杂的概念构造,这是为了在一个新界面上窥测存在天道而不得不借用的"维特根斯坦之梯"。

首先感谢赵汀阳,这本书的命运以一种奇特的方式和他的非凡哲学事业联系在一起,没有他的推动和引导,我几乎将这项形而上学研究遗忘在尘埃里。还要感谢吾师孙正聿,多年来他一直激励和引导着我的哲学探索,并对我的这项研究给与了强有力的支持。重走这条存在论之路的直接动议和具体方案则来自我和我的学生田冠浩、孙巍的多次商讨,孙巍在攻读博士期间阅读了书稿并作出了到位的评论和建议,这件事无论对我还是我的学生来说,都有着某种特殊的意义。此外我还要感谢李生琦、邢国凯和祁松林为本书出版提供的帮助。

感谢吉林大学哲学基础理论研究中心资助本书的出版。此外这项研究还得到国家社会科学基金重大项目的资助,在此一并致谢。本书所开展的那些形而上学研究,对于我本人在学术生涯的后半程倾力探讨马克思学说中的存在论问题、现代性批判问题、政治哲学问题和政治美学问题，等等，发挥了决定性的内在基础作用。最后感谢南京大学出版社的郭艳娟博士为本书编辑出版付出的辛勤劳动。

张 盾

2021 年 3 月 3 日于长春

卷 一

第三人称存在论的论域

第一章 一般原理

一、重新窥测存在的本意

一个表示存在者存在的事态，称为"存在事态"，它不同于一般的可描述事实。在一切存在事态中，所谓"存在"都是存在者自己去存在。无论一个存在者"在何种意义上"存在，无论它"是什么"，它的存在事态都必须由它自己去构成，由它"去是"。存在的这种自身构成性先于一切从外部规定的存在尺度。"凡存在总是存在者自己去存在"这一原理，其人称形式为："它是"或"它存在"，我们可称之为"存在之道"，因为这是一切存在事态之构成自身必须经由的道路。

这也是存在论的理论研究工作必须经由的道路。对存在的追问如果真能昭示出某种真理，那就必须从存在的这种自身构成性问题入手。但是，"凡存在总是存在者自己去存在"这一说法从字面上看仿佛是一句什么也没说的废话，所以人们一般宁愿选择另一提法作为存在追问的出发点："有某存在者——它在何种意义上存在？"但这恰恰是一条错误的道路。因为，为了说明存在者"在何种意义上"存在，就需要引入某种存在尺度，即判定存在的思想条件。比如，一切存在者依照神学的存在尺度都是被创造物；依照近代西方意识哲学的存在尺度则是向主体被给与出来的对象。凡此种种存在尺度都被当成了存在的定义:"存在就是被创造"或者"存在就是被给与"。一个东西在某种尺度上给与自身的存在,我愿称之为"意义存在",因为这个存在的有效性是通过意义给与程序得到的。意义存在的有效性取决于主体、视界和尺度,而不取决于存在者自己。被给与出来的样式就是存在的"现象",它必须具有可描述性。

但是,按存在之道,存在之本意不可能在某一思想尺度上得到,因为一个存在事态的"内容"不能由思想的设定来替代,而必须由存在者自己去构成之。"作为存在者"这一说法在存在论上先于一切存在尺度,这个说法不可能只表示一个东西作为对象与一个主体的关系,或者一个对象与它的某种描述性事实(即"现象")的关系,它首先而且主要表示一个存在者与它的存在事态之间的关系。汉语用"是"表示存在。"是"就其表示存在来说,其严格含义等于说"是一个存在者",而不等于说"是如此这般的某东西",否则"是"就变成了一个一般的谓词。这表明并非任何东西在任何情况中都面对存在问题,只有它作为存在者提出与它的存在事态之间的关系时,才面对存在问题。因此"作为存在者"的本意表示一个东西自己去存在,而非依某种思想尺度被判定为有效存在。

一个存在者,无论它是什么,只要它去存在,就必然对构成它的存在事态有所作为、有所取舍、有所去留,如此等等。所以我们规定,在一种新的存在论中,一个存在者自己去存在的存在事态表示该存在者的一个"存在行为"。"存在行为"这一术语只在存在论上使用,而不同于普通生命体的行为概念:正如存在者概念不表示有生命的行为主体,存在行为也不是生命现象,而是一个存在论的"内容说法",表示一个存在事态自行构成自身的那种"机能"。"作为存在者"这个重要用语本身已经含有对自己的存在有所作为的意思。下面让我对此作一个更确切的说明。

如果一个存在论的原理不是出自思想对存在现象所作的解释,而是基于一个存在者依存在之道自己去存在的某种内容而得出,我就称之为"存在论上的内容说法"。每一个存在者在它的存在事态中都实行它的存在行为,这一内容说法的要义是:由它自己将它的存在"构显"出来。因此,"在存在"、"去是其所是者",这些动词性的表达式恰恰只适用于规定存在行为的本意,这个本意就是存在者自己去存在的构成性对存在的现象性的否定。存在行为可以有各种不同的可能性限制,这就是一个存在者"去是"的各种"所是者",使之可以接受各种内容说法的述谓。

存在行为的概念似乎特别适用于某一种存在者——比如我们人类。其实不然。如果说人这种存在者实行他的存在行为这种说法容易被接受,那可能是因为这种存在者能够有意识地生活在他的世界中。然而存在论上的存在行为概念既不指有意识的行为状态,也不指一般事物的无意识的存在状态。我们规定,在存在论研究中,作为存在行为的存在是一个表示构成能力的机能性概念,而不再是表示某种状态的描述性概念。因为被描述的存在只能是存在的现象,即存在者向着一个意义给与程序被给与出来的某种状态。而那最原初地决定着一个东西作为存在者之本质的原因,却是它构成自己的存在事态的存在行为,在这个事态中包含有一个"它自己去是其所是者"的内容。举例来说,我房间内的这把椅子存在着——这就其本身性内容来说是不能描述的,只能表示一个存在行为,其内容说法不在于这把椅子有一种"在身边"的状态样式,也不在于对它能够作某种静态描述,比如椅子自行处于、或与其他物体共处于某种空间位置或其他因果关系之中。这些都是现象。而这个存在作为存在行为的严格内容说法应该是:一个东西作为存在者将它的存在自行构显出来。可以说,唯其能够在存在行为中构显自己的存在,它才得以在现象世界中获得形形色色的存在"样式",比如它既可以是"在身边"的客体,也可根据其他尺度进入其他存在设定。

应该始终记住,构显自身的存在内容按其本质就不同于被看到或者在思想中被设定的意义性存在,"构显"也根本不意味着向一个主体的视界显现自身。这两种情况的区别来自完全不同的"论域前提"。随着构成分析工作的深入开展，我们有可能开拓出一个不设定主体性前提的存在论新论域，即"第三人称论域"。在这一新论域中，存在作为存在者的存在行为有所涉及且亲历其事地构成自身内容，并将存在的本意直接昭示于此论域之内。由此可知，唯有存在行为才能构显一个存在事态的"内容实相"，使之区别于"现象"。而且，唯因存在者存在具有这种实相，存在论研究才可能提供出它的真理。

至此为止，我们对原理的演证没有引入任何主体客体或者"人的世界"这样的概念，而是使用存在行为这一术语来引出存在之构成性的内容说法。显然这样的内容说法不是主观性的，但它也不是客观性的。构成分析的工作目标摒弃这些尺度特性而另辟道路。存在行为就其在"内容本身"中构显存在者的存在而言，可称为存在者的"自-然"。我们希望在一种古代术语的本意上来使用这个构词："自-然"等于说存在者如其自身所然而然，因此宣示着存在者"自己去是其所是者"的天行常理，而决非对象性世界的名词性尺度概念。"自-然"表示世界存在之道的"法度"：道法"自-然"。至于根据各种尺度去设定存在并作出诠释的那种存在论景况，我们称之为"使-然"（使……存在）。使然性是人这种特殊存在者的一种特殊存在法度。但是人既然终究作为存在者自己去存在，他从根本上来说就仍然服从那个普遍的"自-然"存在之道。对这两种存在法度的划分将引导整个第三人称存在论的研究工作。

在存在行为中必然包含着存在者存在的各种内容实相。全部第三人称存在论就存在行为的两种不同实相划分为"世界论"和"个体论"（参见本书第二卷）。这种划分主要依据存在者构成其存在事态的两种不同机理：第一是"有其所及"的可及性；第二是"重复去是"的可再性。作为构成分析的准备性工作，我们首先规定这两个实相，为此需要使用繁冗的概念构造——这是为了在一个新论域中重新领会存在之本意而不得不使用的方法，是用来窥测存在之天道而不得不借用的"维特根斯坦之梯"。

二、作为"世界"的存在者间性

一个存在行为必有其所及。这个概念暗含了和普通行为概念的一种类比,但差别在于,普通的行为把它所引起的后果表现在现象之间按因果律相互联结的事实之中,而存在行为之"有所及",作为一种存在论上的内容说法,则不允许把它的后果表现在这种现象关联中,而是把这个后果直接表现为它的"有所及"本身。例如,一把椅子如果存在,这个存在必有其所及,这个所及的内容实相就在于,它之所及是另一个存在者的存在,而永远不会是某种现象。所以,无论椅子的存在涉及到"什么"——比如其所在房间、其使用者、其制造者、其制造材料等——所有这些"什么"之所以成为一个存在行为之所及,就因为它们本身也作为存在者去存在,从而使椅子之存在作为存在事态能够被构成。由此可以推论:(1) 一个存在行为必有所及,才能开启它作为存在者的存在事态;(2) 由于每个存在者都实行它的存在行为,存在行为的有所及永远都是"互有所及"的互在性,可称之为"相与";(3) 存在事态的互在性必须在一个"场所"中有效,这就是存在者存在的"世界性"机理。

由此触及到对存在论至关重要的"世界"概念。只要一个存在者自己去构成它的存在事态,它就必定"有它的世界"。在西方的认识论思路中,世界概念总是被定义为各种各样的尺度概念:当我采取算术态度,数的世界对我存在;当我采取神话态度,神的世界对我存在;当我采取常识态度,世界就是我身边的一切。总之,世界以其表示一切由思想设定的意义尺度来说,可以让形形色色第二性的意义存在物栖居其内,而第一性的"存在者自己存在"却无处容身,因为这个"存在者自己存在"几乎就是认识论的"自在之物"概念,它不符合任何意义尺度,因此无世界可言。

值得注意的是,海德格尔在《存在与时间》中摒弃了形形色色的认识论尺度,却采用了一个总的尺度:此在。海德格尔正确地指出世界不是一个现成在身边的存在场所，而是一个表示存在之可能性的机能性概念。但他仍把世界限定为人的世界："世界简直就是此在本身的一种存在性质。"①这与认识论的尺度观念同等狭隘。因为如果不能从根本上揭示出"存在者自己存在"的机理，此在的生存就仍然只是一个特殊的存在尺度。根据一般存在之道，一个存在者只要自己去构成它的存在事态，它便有它的世界。在存在论上，"世界"表示一个存在构显自身的"相关性"结构，即构显本身必有其所及，因此必有一种"存在者间"的区域性。凡此种种说法，就是世界。

当然，互及互在的存在者决非与我们的生活世界无关的理论抽象，它们无非就是自然事物、事件、场景、人、观念、语词、工具、价值、实践活动、艺术品这些东西。一般来说，一个存在行为之所及有三种情况：

1. 及于他者。这是互及性的基本内容，由此进入"存在者间性"。

2. 及于自身。这是有所及的一种特殊类型，我们将在后面作专题讨论。

3. 无所及。这是有所及的一种极端情况，表示存在者无世界的"自一性"。

三、存在就是重复自身的内容

如果存在必然是存在者自己去存在，那么决定存在有效性的条件就是：构成一个存在事态的存在者必须始终"是它自身"。对存在有效性的这个要求可称之为"存在者存在的本身性"。这个构词与传统存在论的"同一性"概念非常接近，但论域前提却完全不同。

由于存在者只能在它的存在行为中构显自己的存在，所谓"存在者存在的本身性"必须落实在存在行为的另一种特殊实相中。因此有如

---

① 海德格尔：《存在与时间》，陈嘉映、王庆节译，三联书店1987年，第80页。

下定理：一个存在者是一个本身性的即自身同一的存在，当且仅当该存在者在其存在事态中"重复实行"它的存在行为。这种对自身内容的重复是存在行为的另一基本实相，我们称之为"存在行为的可再性"。

存在行为的可再性在量的方面必定是复数。"再"这个词在它的古代用法中便意味着重复的二次性。其实可再性作为存在实相很容易理解：在不设定主体"看存在"的视界时，所谓"去存在"就是一个存在者在时间中重复它的自身存在的内容。一把椅子在其存在之有所及的全部可能性中，一次又一次重复着"再次去是"或者"重新去是"，其结果永远都是它自己所是的那个东西。那些重复实行的存在行为本质上正好就是这同一个存在者的同一个存在行为，也就是说，它们属于在时间中存在着固持自身的那同一个内容。因此，同一个存在者必然在它的存在事态中始终重复实行它基于本身性的那同一个存在行为。

让我对此作进一步的解释：一个存在者，（1）它的"再次去是"必须就是它的"所曾经是"；（2）它的"即将去是"则必须就是它的"再次去是"。这种"再性"昭示了一个存在在其"曾是"与"将是"之间保持同一个内容的必然性。而"曾经"和"即将"这些时间副词也提示出存在的历时特性。"去存在"意味着"经历了"或"经过了"什么事情，这就是存在的"历事性"。存在作为机能概念意味着，存在者由它自己的存在行为主导着走过了一个事情过程，一条路，或一个区间。此非隐喻，而是存在的内容实相：存在者进入到它自己的存在事态中，存在因此而有了它的曾经和它的即将，它的"初"和它的"终"。存在的本意在于，在曾经和即将之间的这个区间必须由存在者自己"走过去"。

显然存在的这一历事实相不再是观念化的认知能力在一种静态逻辑结构中所能一举把握的对象，即使在知觉之外再加上回忆和想象的再生作用也无济于事。因为对存在的知觉、记忆、期待、想象等等，如果仅仅是为了描述这个存在的现象并获得关于它的知识，那么那个存在者自己去存在的内容便从这个知识论问题中消失了，只剩下存在现象通过"意义给与程序"而获得。

由此可知,把传统的实体同一性概念改造成存在行为的可再性概念,这决不是一个随意而为的概念构造。同一性问题是哲学的一个老难题。同一性概念之所以不能保证存在者存在的本身性,是因为近代西方哲学对它所作的"意义解释"。无实相的绝对同一性等于无,于是同一性便需要在一种意义存在论中给以解释和证明。这种意义性存在由于不以存在内容上的"先定性"、而以存在尺度上的"设定性"为前提,因而是极不确定的:某东西在某一个意义世界中存在,在另一个意义世界中却可能不存在。正是意义解释的不确定性使同一性成为难题。

意义解释的具体要点如下。同一性是一种思想规定,用来表示事物的观念或名称之间的关系:如果有某东西 A 被两个名称 a 和 b 所指称,那么 a 和 b 就它们命名这同一事物 A 来说具有同一性,即 a=b。另一方面,名称 a 和名称 b 作为思想的两个规定,其内涵必然不同,因此"a=b"和"a=a"是具有不同认识意义的命题。但是这里的悖谬在于把同一性完全看成一种认知关系,而对同一性概念的存在论根源却不曾提及。如果事物 A 的存在必须在它的观念 a 或 b 中加以设定才有其"意义",如果 A 的存在不是落实在它自己的存在行为上,而是寄托于 a 和 b 这两种意义给与方式的相等之上,那么事物 A 压根儿就不曾去存在,更遑论它的自身同一性。

因此才有必要用存在者存在的本身性概念来取代西方哲学的同一性概念,并且用存在行为重复自身内容的可再性实相来作保证。存在必须由存在者自己去构成,这条原理接近于把同一性解释为一个东西与它自身之间的一种关系。但是这种解释如果不在存在者存在的内容实相上得到进一步的规定,就是一句空话。同一性在存在论上的内容说法应该是:事物 A 是一个本身性存在即自身同一的存在者,当且仅当它以同一个存在行为在其历事中重复居有自己存在的同一个内容。至于事物 A 和事物的观念(名称)a 或 b,它们各有其基于存在之道的本身性存在,因此 A 和 a、b 的关系是一种"存在者间"的互及互在关系,而不是主体认知的思想规定。

四、第一人称存在论的要义

我们已经引入并规定了新存在论的基本术语。我们用"它是"或者"它存在"这种说法来表示存在者自己存在这一维度，称为"第三人称存在"。这种第三人称存在只有在引入"存在行为"这一概念时才能得到表现，其确切的涵义为：凡存在都是存在者自己去存在，存在者在它的存在行为中构成自己的存在事态，存在者亲历其事地与其他存在者相与共同到场。

有了这个新起点以及上面的准备性工作，我们便可着手在一个全新而且完整的论域中重提存在论的全部问题，这就是存在论的"第三人称论域"。但下面先对第一人称存在论的要点做一个简述，以此作为问题背景。

近现代西方存在论就其全部以"我思"或"我在"为尺度来决定存在的有效性而言，可称之为"存在论的第一人称论域"；就其将一切存在的有效性诠释为"存在的意义"而言，又可称之为"存在论的意义论域"。"我思"思路由笛卡尔开创，康德做了伟大的拓展，在胡塞尔手上则走向极端。"我思"思路把存在问题严格限定在主体的意识领域之内，发展了从直观到概念再到意向性的全部内在化领域的意义给与程序。直到海德格尔才赋予力量摆脱了这个心的论域。海德格尔开创了用"我在"即人的生存来诠释存在意义的新思路，把西方存在论引上了新方向。但生存论分析以人的生存为存在尺度，结果是重建了意义论域。最典型的生存论分析用"用具性"来囊括一切东西的存在，存在者之为存在者就在于它是可以进入"为了作……之用"关联的"上手的东西"。[①] 通

---

① 海德格尔：《存在与时间》，陈嘉映、王庆节译，三联书店 1987 年，第 84 页以下。

向存在者存在问题的道路再次被封死。

现在对第一人称论域的存在问题的一般结构作更仔细的说明：在第一人称论域，存在者是否自己存在不成问题，因为全部存在都是以"我思—我在"为尺度所作的种种设定，存在者在这里只是一个空位形式。此空位形式又分两种，在这两种形式中，第一人称存在尺度从以下两个方面限定存在的意义：(1) 存在之创生。一个东西如果存在，必有另一个原因使它存在，即"使……存在"。这种空位形式表示"存在就是被创生"，从中可以引出"主体"和"对象"的概念。(2) 存在之被给与。某东西存在，仅当它向着一个主体的视界被给与出来，即"向……存在"。这种情况表示"存在就是被给与"，从中也可以引出"主体"和"对象"概念。

应该说，第一人称论域的存在问题是存在论研究的一个不可或缺的哲学史环节。这倒主要不是因为在第一人称（我）和第三人称（它）之间表面上的语法关联，也不是因为任何一个存在，即使是纯粹本身性的存在，在其真实和具体的历事过程中，都有其必须在第一人称论域予以解决的创生问题和显现问题。存在就其发生之起源的自然史来说，确实有一个被创造的问题；对属人世界至关重要的存在之可证明性，也确实必须诉诸存在者向主体意识显现的被给与性程序。问题的关键在于，创生和被给与都不是通向存在本意的正确道路。然而，在第一人称存在论和第三人称存在论之间却仍然有一种重要的历史性关联，即第三人称存在是以第一人称存在为哲学史背景才得以提出的问题。这是全部第三人称存在论研究工作的一个基本前提。下面让我们对这种哲学史关联略作说明。

如前所述，第一人称论域把存在的有效性建立在主体与对象的二元性上。一般来说，一个对象性存在必须是一个有意义的存在，其有效性以我思主体的意义给与程序为基础。但另一方面，我思主体本身的存在问题则比较复杂。在第一人称论域，主体作为意义的源头和尺度的订立者，其存在本身应该保有完满自足的内容（而非形式）特性。在近代西方哲学中有一个根深蒂固的信念便是：主体作为一个看存在的视界，其存在的理由或根据是自足的，因此，一个存在之主体性意味着"他为自己而存在"。海德格尔有名言："这个存在者为之存在的那个存在，总是我的存在。"①在这样一种信念中，包含着对第三人称存在论极其重要的启示。

意义给与程序从发生问题和显现问题两个方面去限定存在的"意义"，无论对主客体哪一方来说，存在的自足性都无从谈起。在第一人称论域，存在就是被给与，对象性只是"向……存在"的一个空位；对象性的本质情况是：它的存在是主体的一个思想设定，因而是"无位置"的（对于"位置"这个存在论术语，本书将在后面作更严格的规定）。譬如，只要我采取一种非实在论的态度，我房间里的这把椅子就不能作为独立的存在者存在，因为在它向之存在的那个主体的意义世界中没有它的位置，只能将它分析为其他的形式要素，来诠释它存在的意义。

对象性作为存在者的"无位置"，其后果是主体性存在的"无所及"。由于对象性不能以本身的真实位格到场，使得互及互在的存在者间世界无法建立，主体本身作为存在者的存在实际上成了"无世界"的。从新的论域前提来看，所谓主体的自足存在实际上并非自足的，而是有条件的，这就是：如果主体性没有它的世界，如果主体的存在不能在存在者间关系中构显自身，它的存在就是一个空洞的自一性。

如上所述，"主体为他自己而存在"这一传统信念，毕竟已经预示了存在论从旧论域走向新论域的契机，只是在旧论域中缺乏实现这个转变的存在论前提，这就是消除意义给与程序造成的存在者空位，让一个对象性存在居有它的位置并实行它的存在行为，从而使主体性的存在有其所及。

"我思-我在的存在在其根据上是完满自足的"——这句话提示了一个道理：我思-我在的主体应在一切意义给与程序之外和之上保有由

---

① 海德格尔：《存在与时间》，陈嘉映、王庆节译，三联书店 1987 年，第 53 页。

他自己去承当的存在位格。但事实上，只有在存在者间关系而非主客体关系中，才能真正做到这一点。这意味着使主客二元性中的客体转换成第三人称的存在者间的存在，乃是主体本身自足存在的必要条件。因为，如果我思-我在主体只有作为存在者自己去存在才能获得自足性，他只能在他的存在者间世界中构成自己的存在事态，而对象则作为主体存在之所及而到场。在这种情况中，对象性存在者成全了我思-我在主体存在的自足性，同时也就居有了自己的一个存在位置：对象成了主体存在行为之所及，是因为对象性本身也是一个存在者。当然，这意味着主体客体的二元性逻辑已经失效，创生和被给与这些意义给与程序也失去了任何意义。人们常说，没有作品，也就没有创造者；没有被给与的对象，也就谈不上主体的视界。这暗示着，即使在意义论域中也已经展露了某种适用于存在者间关系的平等性逻辑。一言以蔽之，受造者占位而居于第三人称的存在者间世界，乃是创造者自己成为第三人称之自足存在者的存在论条件；就像原先在第一人称论域，主体是对象存在的意义条件一样。

由此可知，"第三人称存在"是在悬搁了"第一人称存在"的意义给与程序之后才开放出来的存在论新维度。主客体的概念被废黜之后，存在者才得以亲临并亲历它自己的存在事态。也可以说，西方存在论传统所承诺的完满自足的"我之在"，从存在论的工作顺序上恰恰是后来才达到的。作为对象性的"为我而在者"其实已经率先占位而行，而所谓主体性之无条件的自足性从一开始就暗示了"我之在"的第三人称维度，只是无缘将它表现出来。随着"为我而在者"的第三人称维度渐趋明朗，"我之在"本身的第三人称维度也成为可以理解的。废除了意义论域之后，我思主体与我思对象之间、"此在"与"上手的东西"之间的不平等的主客二元逻辑被废弃，一切存在者自己去存在的第三人称结构作为一个问题提上了议程。

五、第三人称存在论的准则

第三人称存在论是在不引入主体性前提的情况下正确提出存在问题的一个工作计划,这就是:直接把存在者自己构成并亲历其事的存在表现为一个存在论原理。下面,我们对第三人称论域的基本准则逐一进行说明。

第一个准则的说明:用存在行为取代存在的现象

存在论的基本问题是存在如何由存在者本身去构成。第三人称论域的建立使这一问题成为合法的问题。由于第三人称存在论排除一切从"我思"或者"我在"出发诠释存在意义的思路,"它存在"("它是")成为唯一的问题要点。但这仍然只是一个原理的形式。在排除了存在的创造问题和显现问题之后,这个"它存在"原理的内容是什么? 存在者究竟如何"由它去是其所是者"?

凡存在总是存在者自己去存在。当我们断言存在不是一个描述性的现象概念,我们好像在重复康德的论断:"存在不是谓词。"其实并非如此。康德的完整说法是:对于一个存在者,任何一个谓词都增加对它的性状的描述,只有"是"这个词不作这种增加,而仅仅限于作出"有一个存在者"的判定,这个判定"肯定它是作为与我的概念有关的一个对象"。[①] 康德显然是在第一人称论域讨论存在(是)的概念:"是"的存在论要义在于"肯定一个东西是作为与我的概念有关的一个对象"。然而真正说来,存在之所以不是一个描述性的谓词,只是因为描述按其本质是一个主体的认知行为,属于主体看存在的一种方式,被描述的存在永

---

① 康德:《纯粹理性批判》,韦卓民译,华中师范大学出版社 1991 年,第 530—531 页。

远是向着一个主体的视界给与自身的存在现象。而在第三人称论域，存在不表示任何"与我的概念有关"的对象性，存在只表示一个存在者构成它的存在事态的存在行为，而不是被主体设定、并在主体的视界中显现、因而可以描述的某种状态（现象）。存在的有效性不需要引入思想性尺度，因此能够保证存在本身的内容原理得以建立起来，并放弃康德对"存在现象"与"存在本身"的认识论划分。

第二个准则的说明：用存在者间性取代主客二元性

在第三人称论域，任何一个存在事态只能在存在者间关系中构成。排除主体视界之后，这种存在者间关系为存在者自己存在提供"世界"前提，标示存在者的"所在"位置，具体说就是提供了"之间性"和"平等性"这两个关系性规定：第一，"世界"作为存在论条件意味着存在者在量的方面必是复多，只有一个存在者的绝对孤独的世界是不能设想的，因为存在之绝对的无所及等于无世界，也就等于不存在。正因为存在在量的方面是复多，因此才有"之间性"，存在事态的发生才有其"场所"。第二，由于在存在者间的复多性中，每一个存在者在它的存在事态中都实行自己的存在行为，所以之间性必定是一种"平等性"。这是因为，在一个不适用主客二元性逻辑的新论域中，每一存在都不是作为"对象"，而是作为"本身"直接到场，这必然导致一切存在在其有效性上的平等。平等的存在者间关系决非一个任意的理论虚构，而是建立一个无主体、无尺度的存在论新论域的必要准备性步骤，只有用平等的存在者间性取代主客二元性，才能把第三人称论域真正建立起来。

按照主客体模式，一个存在要么是主观的，要么是客观的。由此导致悖谬：存在如果有意义就必须是"向主体存在"，但存在按其本意又必然是客观的自己存在。如何在向主体存在中保住这个存在的客观性？这一难题令哲学家们殚思竭虑。且不说诸如"存在是经验基础上的主客观统一"之类理论说法如何虚矫无力难以服人，这个问题的提问方向就是错的。因为即使客观性的获得被归结为主体经过努力而超越了自身、达到了事物本身的真理,这个客观性仍然是一个被设定的尺度概念,而非先定性的存在实相概念。先定的存在之实际性内容既不是主观的,也不是客观的,而是存在者间的。存在论的真理是揭示存在者如其所然而然,其内容便是存在者在平等的之间性中"自-然"到场。使然性的主客对立关系则可以限定为存在者间关系的一种特例,但决非存在的唯一本意。其恰当的限定便是:主体与对象作为存在者之间,在一种名为"存在领悟"的特殊相关性中互有所及。存在之领悟乃是人这种特殊存在者的特殊存在行为,它需要在第三人称论域中重新勘定其本质。这是建立第三人称存在的一个决定性环节。(本书后面的内容将对这个问题作仔细的讨论。)

第三个准则的说明:用历事取代创生

第三人称存在意味着存在者在其存在事态中到场。存在者可能到场,也可能不到场,到场的可能性标志着"存在行为的力度"。如果一个存在以本身性到场,则它必须是可重复到场的同一个存在者。这就是存在行为的"历事"实相,意味着一个存在事态的内容就是在时间中重复自身。它保证存在的可重复性和同一性二者的一致。可重复性又进一步引出历事的时效性问题,任何历事都必有它的初与终,其重复自身内容仅在它的初与终之间的区间内有效。另一方面,在固持不变的本身性中重复自身内容,其结果就是存在的平凡性。而存在的创生则具有非凡性。第三人称论域悬搁一切非凡,只用平凡测量存在行为的力度,即存在历事内容的可再性程度。存在之可能性就取决于这种存在行为的力度。一个存在事态固持其本身内容的可重复性越高,表示存在行为越有力度,这个存在也就越平凡。具有最大可能性的存在就是绝对必然的存在,例如逻辑上的重言式命题,这种必然性在其存在的内容方面恰恰是最平凡的。另一方面,完全不可能重复自身的存在就是奇迹,它的可重复性等于零。奇迹作为"不可能的存在",具有最大的非凡性,因此它的存在要求最高的创生力量。奇迹标志创造存在能力的极限。反之,存在之可能性越大,对创生力量越无所求。这证明了存在的有效性只能基于一个存在重复自身内容的历事,而不基于存在的被创生。创生也不是存在论的原初问题。即使把奇迹理解为"在观念中存在"也没用,因为在观念中存在的奇迹等于不可能存在的观念,比如只有上帝才能创造出来的作品。

　　第三人称存在论要求以历事取代创生来表现存在被构成的内容实相,因为创生作为"使存在者存在"的使然性,不可能是存在的本意。下面我们从历史角度对这一点略作说明,可以使之更加明显。

　　存在的创生原则基于一个自然史的直观,即任一东西的起源如果在时间中发生,它必然是由某种原因"被造成"。西方哲学从这个自然史的原因概念抽象出存在论的创造方法概念,把创造一个东西的方法当作这个东西存在的本质。但是如果不引入意义论域前提,"使……存在"的创生本不是真正的存在论问题。古代的创生概念并没有严格的存在论意谓。亚里士多德把创生分为"自然所成"和"技术所成",以此划分自然事物和人工制品的界限。技术制造是创生的一般样式。但是人不仅制造用具,而且创造精神事物,如观念、艺术品以及一切广义上的文本等。人类一切制造活动的本质是把形式赋予内容质料,形式则由人的灵魂创造出来。"灵魂创造形式"的观念和"每一事物之创生必有创生者"的观念,是亚里士多德创生理论中最重要的两个观念。① 这两个观念被中古的神学存在论和近代的意识哲学存在论所继承,却发展出错误的问题导向。中古的神学存在论认为:上帝"在元始创造了天地",天地二字包含六合之内一切受造之物。"天地之所以有,是受造而有",所以存在就是被创生,任何存在者之为存在者就在于它是受造之物。② 这个创造存在的观念在近代西方哲学中由天地六合之内的自然事物领域转向内在化的意识领域。意识主体和意识对象之间的

---

　　① 参看亚里士多德:《形而上学》,吴寿彭译,商务印书馆 2009 年(珍藏本),卷七章七。

　　② 奥古斯丁:《忏悔录》,周士良译,商务印书馆 1989 年,第 234—235 页。

"使……存在"关系进入了意义存在论的问题域。人作为创生者的特征在于他不仅按自然形式制造事物,而且能有所领悟地诠释事物的存在。换言之,人在其对存在的领悟中使对象存在,因为人创造了意义世界,存在只有对这世界而言才有意义。

可知创生本不是存在论问题,只是在第一人称论域对存在所作的动力学解释把存在当作"使……存在"时,创生问题才开始成为一个存在论问题。这个错误提法只有真正揭示出存在的历事实相之后才能消除。但是仅从语言学的观点来看,"创生"这个词也不可能是一个存在论概念。因为某物之被创造出来乃是该事物生成起源的自然史问题,而非构成它的存在事态的存在问题,即使在抽象事物领域也是如此。这种创生包括形形色色的种类:制作、生育、做某事、创作作品、设置、假定、想到、说出、写出,等等。自然史的创生概念甚至和存在论的"自-然"法度保持一致,并不包含意义问题。

第四个准则的说明:用相与取代被给与

前面曾提到,第三人称存在的"世界"概念,用来表示诸存在者进入了存在者间的相关性。我们亦曾把这种相关性初步规定为"相与",以此取代存在作为对象性的"被给与"。现在对此作进一步说明。

一个存在者存在必有其"位置"。存在论的"位置"概念是用来表示这种存在者间性的关系概念,而非一个空间场所概念。凡存在必有所及。一个存在者在被它所及的另一个存在中显示自己存在的"踪迹",同时也就在这个"他者存在"中标出了自己存在的"位置"。如果我面前有一把椅子,这把椅子存在的内容实相决不是"向我给与"、"在旁边"或者"在我的世界中上到手头"等,而是"它自己存在着",并且在与我的特定之间性中开启着它的"世界",此时我的存在必然承载着它的存在的某种"消息"。反之亦然。凡此种种"消息"、"踪迹"和"位置"诸规定,均属于椅子作为一个存在者的存在行为有其所及的确证。于是互及互在的存在者间世界取代了主体性的意义世界,产生了存在问题的新提法。

在这里,椅子如果作为一个存在者便只能是亲历其存在事态的历事者,
而不是"在旁边的"、无生命的物。物性、对象性、在旁边的现成性等,全
都是第一人称论域的存在论规定,表示一个东西向主体的视界显现着
给与自身的各种描述状态。

我们用"相与"这个中国古代用语来表示存在者间关系①,取代西
方哲学的"被给与"概念。相与表示第三人称存在者间平等的互及互在
性,被给与性则是第一人称的存在形式。显然相与所表示的这种存在
者间关系无所不在,因为任何存在事态总是构显于某种具体的关系中:
逻辑关系、因果关系、时空关系、人际关系等。但是相与始终应该作为
严格的存在论术语,表示存在者间的互有所及,而被给与则仅仅表示主
体指向客体的单向度的把握和认知。

但是被给与性(或者"原初给与的直观")在西方思路中何以成为存
在的本质规定,这仍然值得追问。如果我意识到在这个世界上有一个
东西存在,我就必须能"证明"之。如果我从"人的立场"出发去证明存
在者存在,就只能诉诸知觉、想象、概念等统握方式。这是唯一有效的
方法:存在因其向我的视界被给与出来而得到了证明。被给与性的效
力就在于,它保证着一个存在在认知上的"可证明性",不能由被给与性
证明的存在就没有意义。因此胡塞尔把"每一种原初给与的直观都是
认识的合法源泉"称为"一切原则的原则"。② 然而存在论有权追回"可
证明性"本身的合法性何在? 结果表明,存在在被给与性上的证明只是
对存在的认识论解释方法,只在第一人称论域的存在问题中有效,在这
里,主体性预先被设定为存在有效性的最后根据,一切存在都从这一根
据上得来:存在就是向主体被给与。主体本身的存在则是自明的,因为

---

① "相与"一词在中国古书中常见不鲜,略举几例:贾谊《过秦论》:"致天下之士,
合从缔交,相与为一。"《汉书·董仲舒传》:"天人相与之际,甚可畏也。"陶渊明《饮酒》
诗:"山气日夕佳,飞鸟相与还。"苏轼《前赤壁赋》:"相与枕藉乎舟中,不知东方之
既白。"

② 胡塞尔:《纯粹现象学通论》,李幼蒸译,商务印书馆 1992 年,第 84 页。

主体通过反省的内知觉直接向自己证明自己的存在。

然而对存在论来说,主体性作为从一种特殊存在者立场出发的一个被选的出发点,只具有"设定性"。被给与性作为设定性的根据并无最后的效力,因此才有悖谬性的"存在判定问题":如果某主体用被给与性判定存在,则该主体本身的存在也必须用第二级的被给与性加以判定,如此下去,存在判定陷入无穷倒退,直至最后设定一个最高存在者给出最后的判定和最后的根据,仍未逃出设定性。

存在如果真有一个出发点作为合法根据,这个出发点必须是一个基于天道的先定性。这个先定性就是:"凡存在总是存在者自己去存在。"这是一个简单的真理,但这确实就是存在之道的本意。我们在这一简单真理的基础上可以开出整个全新的第三人称存在论论域。用"相与"概念取代"被给与"概念,便是基于存在本意的一个工作步骤,而决不是一个可有可无的构词机巧。

到现在,我们已经演证了第三人称存在论的基本原理。但这还只是为全部研究工作搭建起一个论域框架。构成分析需要从这个原理出发,在一切可能的具体存在者的具体存在范本上证明这个原理确实就是存在之道的本意,否则,原理的演证就会成为一派无用的空论。

第二章　问题结构

一、存在的"天之道"与"人之道"

第三人称存在论的一般原理,应该具有对任何存在者存在都有效的普遍解释力和平均适用性,因为,它所依据并加以表现的东西是作为"天之道"的"自-然"。但存在之道的究诘者是人,究诘本身作为天之道得以表现自身的一种样式,当属于天道运行的一部分。在这一章,我们打算从人的存在问题入手,来剖析第三人称存在论的问题结构。关键在于,存在总是因我们这种存在者的存在状况而成为问题。今天,再次重提存在问题的即时性背景是:对存在本意的意义解释已经造成一种强大的使然性力量,不断打破存在天道自行运演的"自-然"法度;无论对哲学理论还是对人类的现实生活来说,情况都是如此。对存在的究诘一直是被意义解释控制的领域。在此究诘之中,与人相关的存在总体性状况由科学和哲学的一般理论加以规定,其思想顺序是:存在总体性的即时状况往往首先显露于科学的实际发展,然后再由形而上学的存在论研究加以概念化的规定。让我对此略作说明。

存在是某种存在者间的关系。科学的研究一般不直接介入对存在者间关系的解释,但却在其概念基础上表现这种关系。科学研究以绝对的客观态度朝向事物,纯粹的事物领域成为与人的精神领域相对立的自然,即科学的对象领域,这种自然对象运用物理学术语和数学方法来规定,不受人的主观情感左右。然而任何科学问题都有其形而上学前提,要求首先把科学问题作为存在问题来理解。由此便可看到,科学其实只是人的特殊存在方式。科学研究通过把存在者改造成"客观事物"的概念来控制事物,从而把存在者变成单向度的被给与对象。而存在者间性这一科学探索的前提性问题在科学中却没有确定的位置,因为一切科学领域都毫无例外地变成"绝对主体的事情",数理方法在此绝对性中将世界"属人化",其结果在存在论上恰恰是最主观的。虽然近代科学一直尽力回避存在者间性这一前提性问题,但是科学活动按其存在行为的本性却仍然表现着某种存在者间关系,因为任何事物领域之所以可能纳入科学的专门园地,其根源正在于它们先定地就是与人有关的某个存在者间的区域性。这个前提性问题现在正将自己的必然性力量彰显出来(例如可考虑一下生态环境等各种"全球性问题")。重新发现这一前提性问题的重要性,不仅不会败坏科学,反而有助于实现科学的真正价值。

科学的目标是达到绝对精确的自然描述和揭示,科学运动的实际后果却是将自然存在"属人化",事物领域在其作为科学对象的意义上其实更像是一幅"人文景观",处于准确无误的使然性状态中。在这一运动的最后阶段,人文现象本身:人的精神及其历史,也被要求成为科学的对象。但是,在科学运动的这个终端上极有可能出现一个反向运动。这很大程度取决于人文科学(所谓精神科学)能否达到一种存在论上的觉悟。人文研究描述人类的精神史,并确信精神史是人的唯一本质。然而精神史本身恰是人这种特殊存在者的本质性的存在行为样式,它从属于存在的"自-然"法度,而不服从科学的规矩。因此与科学的世界观的属人化趋势相反,在人文学领域反而包含着按"自-然"之道正确说明人与事物之间的存在者间关系的可能性。这一科学上的逆反趋势应和着第三人称存在论的基本哲学态度:排除科学造成的使然性思维方式,把人的存在问题置于"自-然"的新基础之上。

在神圣的哲学领域内部,传统西方哲学对存在本意的人类学解释已经走到它的极限,所有第一人称的存在问题领域都已开拓殆尽。其中最重要的哲学学科是认识论和伦理学。作为科学之基础的认识论实际上支撑着整个意义存在论的基础。经过笛卡尔,到康德的批判哲学和经验主义的心理学,再到胡塞尔的现象学理论这一系列的转换,认识论研究已经穷尽了全部可能的内在化领域,并得到它的最后真理,那就是:主体性思路是存在论的一条死路。认识论以这个发现终结了自己的伟大使命。分析哲学想把存在的意义基础从意识转移到语言,这显然并未超出第一人称论域。分析哲学只能算认识论的一场余波。另一方面,伦理学从最早开始就以人作为世界存在的目的和价值根据,因此不可能指望伦理学来解决存在问题。如果存在论从意义论域转入第三人称论域,伦理学本身的基础是否会完全瓦解,就是一个问题;与这一问题相比,传统的义务论与功利论之争变得无关紧要。生态伦理学就产生于和这个传统争论完全无关的新趋向。生态伦理学的现有论据尚嫌单薄,只有建立了第三人称存在论的完整基础之后,生态伦理学才有成功的希望。存在主义哲学是传统伦理学的余波。美学、神学、历史理论、文化理论等则统统是认识论和伦理学两大显学的分支。

存在是哲学的第一问题。古代东西方的智者曾以不同方式直接面临这一问题。后来者则试图从人类自身的存在问题去揭示一般存在之道,他们用认识论和伦理学去开拓这条道路。认识论和伦理学用辉煌的思想力量从"我思"和"我在"两个方面穷尽了全部存在的意义问题,最后终于又把一般存在之道这个老问题重新归还给存在论。[①] 在这种情势下,存在论成了唯一有可能正确提出和解决存在问题的场所。存

[①] 本书从对第一人称存在论的批判而自然推演出对近代西方认识论和伦理学的批判,当然这一批判没有采取专题研究的方式,而是就着某些存在论问题的讨论而进行。另外,我在其他地方对近代西方美学也做过类似的批判,参见拙著《超越审美现代性——从文艺美学到政治美学》,南京大学出版社 2017 年。

在问题的迫切性也由此变得空前突出。显然,存在论研究需要一个新起点,但这其实只是又回到了古代智者的那个起点:凡存在总是存在者自己去存在。第三人称存在论从这个起点出发,通过用"存在实相"重新揭示每一种存在者存在的统一本意,来接近一般存在之道,然后由此出发,重启对人的存在问题的研究。这并非简单的反其道而行之,而是需要重新创建存在论的全部论域。

因此,首先从人的存在问题入手,来确定第三人称存在论的问题结构,并不意味着这种存在者的存在具有优先的范本资格。如前所述,科学和哲学是人类追问存在的首要理论形态,对存在本意的究诘作为人的使命乃是一般存在之道的昭显方式。因此科学和哲学的一般理论趋向总是标识着与人相关的存在之道的总体性状况,从而指示出存在问题的结构、方向和紧迫性程度。这是我们展开存在论研究的一个指导线索。循此线索,我们选择从人的存在问题入手,但是必须时刻牢记,这一研究已不是在第一人称论域内进行,而是在第三人称论域内进行。

对存在论来说,中国古代思想对"天之道"与"人之道"的划分恰恰是一个最重要的划分。按照中国古代观念,对存在本意的究诘之所以应该从人的问题开始,其目的在于"究天人之际"。这就引导第三人称存在论在引入任何特殊存在者范本之前,须首先演证一般存在之道的原理来作为总的论域前提,然后才引入人的存在来作为窥测存在本意的一个范本。这显然与西方存在论的研究路径不同。西方思路的机断在于,一般不把统一的存在之道设为前提,而是一上手便抓住这种特殊的存在者,将全部存在问题限定在"人的世界"之内。我们已经看到,此时人的存在不是作为一般存在之道的一个特殊范本,而是被设定为第一人称性的"世界主体",世界是以这个主体为前提的唯心主义的意义世界。在意义世界,一切事物都是被给与的对象;人非事物,而是一种特殊存在,是其他一切存在者为之存在的尺度。

二、领悟和诠释把存在变成"意义"

根据第三人称存在论，如果一个东西是一个第三人称存在，那么它以它的本身性位格去承担的那个存在事态的内容就是不可替代的。因此，人的存在先定地具有其不可替代的内容，这个内容由他自己去居有——这非常容易理解。然而，人的存在在其一般的不可替代性中却有一种特殊情况，必须另加说明。

在存在论上，"人的状况"的特殊性在于：这种存在者在其本己"分位"上的"自-然"存在中，另有一种特殊的历事内容，就是对此存在的内容及其可能样式有所领悟并进行诠释。而且这正是人的存在行为的一种最深刻的可能性。

领悟通过诠释活动在存在事态与存在诠释者之间创造出一种关系，仿佛是一个责任。诠释的本质就在于使存在成为人对存在对象要求负起的一种给与意义的责任，从而使存在成为可显现的和可证明的。意义问题在其原初情境中便与存在的领悟与诠释过程相关联。由诠释加于存在对象的责任特性是这样一种特性，它取消存在者间的平等的之间性，使成为对象的存在作为某种"特定的意谓"进入诠释过程，此时存在者的存在不是由存在者自己去直接构成，而是由诠释指定的标记形式来替代之。这就是中国古代思想称之为"名"的那种作用。存在的责任性质要求存在作为对象向领悟和诠释给出它的存在，这决定了存在者的"存在之实"必须由诠释指定的"存在之名"替代之，从而成为诠释"所意谓的东西"，这就是"意义"。名实之辨导致的"存在替代"是领悟与诠释的特有现象，领悟与诠释则是人的存在历事的本质特性。"替代"在存在论上意味着，人这种特殊存在者在其本分位存在之不可替代性中，制造出一种分位未定的"非分存在"。某东西之存在向人被给与，实则等于该存在被标记意义的存在之名所替代。

语词显然是最普遍、最有效的存在标记形式。观念次之。当然诠释也可以直接赋予任何东西以指代特性，用来代替其他事物的存在。比如偶像替代神的存在，图像替代事物或事实的存在，等等。不论用作标记之物是什么，这些东西本身的存在在存在论上其实都另有说法，但是为了诠释存在的意义，它们只充当存在之名。正是这种由诠释指定下来的存在替代产生出意义问题。

"意义"这个概念的本义是指一个标记形式与它所表示的东西之间的一种关系。意义概念古已有之。词项在其使用中因有所指代而有其意义。此意义由约定和习惯加以确定，所谓"名无固宜，约之以命，约定俗成谓之宜，异于约则谓之不宜。名无固实，约之以命实。约定俗成谓之实名。"①在分析哲学中，意义通常指语词的思想内涵，有时则直接被看成是语词所指称的事物。本来一个语词指代一个事物，这只是普通的语言学现象。但在存在论上，事物作为存在对象所归属的责任性质，却把这种普通的词物指代关系改造成存在的意义问题。意义概念并不简单地等于语词的所指，而是导致由存在诠释的名实之辨所造成的存在替代。存在替代是意义问题的实质。意义作为一个存在论问题在语言的结构中有其原初的根据。

意义问题是一个至为复杂的问题，需要更仔细的讨论。这里只暂先指明一点：人类作为"有理性的存在者"是造成一切意义问题的根源。因为保证着意义的约定性只能是出于诠释存在的需要，而诠释按其本性必然排斥直接的存在者间性。一个存在如果不能直接在本身性实相上构显，而只能在对它的诠释中现身，则诠释本不受"自-然"法度的限制，因而并无法度可言。诠释是自由的。由此必将导致存在替代的无穷发生，因为诠释可以为任何可能存在者指定存在之名，那些无穷多被输入诠释程序的存在者其实只是替代性的空位形式，真实的存在者并不到场，或者根本就无此存在者。在这种情况中，人作为存在之领悟-

---

① 参看《荀子·正名》。

诠释者,已经不是在存在者间关系中居有其"去存在"的历事内容,而是身不由己地进入了"使……存在"的使然性之中。此种超越本分位的使然性不断制造出无所谓且无归属的非分存在,僭越存在之道的"自-然"法度。例如,产品和文本充斥于市且近在手边,在物质上和精神上均造成巨大的赝足,但存在者间的真实"相与"反而成了罕见的事情,真正到场存在的感受反而更加生疏遥远,因为真实的存在已经被图像和符号所替代。诠释造成的存在替代不可避免地带来对存在的压迫,人的存在所特有的这种过分能力反而败坏人的生活。

由此可知,只有预先设定意义前提,对存在本意的第一人称人类学解释才必然有效。因为意义问题意味着人的存在已然率先被确立为一切存在问题的自明尺度。这种自明性还包含着西方思路的另一机断:依尺度开展的存在诠释具有领悟样式,而有所领悟地去存在正是人自己去存在的特殊样式。这就不难理解笛卡尔的"我思故我在"命题何以是近代西方哲学的起点,从存在论上来说,这个命题把整个西方哲学不可改变地推上了通往意义论域之路。这就是哲学史的实情。

在后来的发展中,由笛卡尔命题分化出把事情引入意义论域的两条线路,这就是"我思"思路和"我在"思路。这两者均在现象学哲学中达到最完美也最极端的理论形式。让我们撮其要而论之。

胡塞尔的现象学要求排除全部真实世界的存在,只允许把这个世界的现象"剩余给我们"。① 这个要求用明白的存在论术语来表达,就是要求用存在的标记形式(观念、语词等)来替代存在本身,把全部客观性都"还原"为主观性。胡塞尔开展分析的论域是意识,而且是这样的一种特殊意识,即在其绝对自身性中被反思目光所指向和把握的"纯粹意识"。② 在纯粹意识中我们不设定世界的存在,因为我们已经把纯粹

---

① 胡塞尔:《纯粹现象学及其研究领域和方法》,见倪梁康选编:《胡塞尔选集》上册,上海三联书店 1997 年,第 160 页。

② 胡塞尔:《纯粹现象学及其研究领域和方法》,见倪梁康选编:《胡塞尔选集》上册,上海三联书店 1997 年,第 158 - 160 页。

意识本身把握为如其所是的"整个绝对存在"。① 另一方面:"现实本身……其实在绝对意义上它什么也不是,它没有任何'绝对本质',它有关于某种事物的本质性,这种事物必然只是意向性的,只是被意识者,在意识中被表象者和显现者。"②

现象学在存在问题上坚决反对所谓"自然态度",这并不等于反对第三人称存在论。但是现象学在其新的"现象学态度"中重新修正"存在"这个词的用法,这就深深侵入了存在论的问题,而不再仅仅是一个认识论问题。"现象学还原"取消了存在者自己的本身性存在。还原使一切存在者都成为空位,其有效性取决于意向性行为的实施。存在——胡塞尔喜欢称之为"绝对存在"或者"绝对的自身性"——从存在者方面来看,就在于朝向我思主体的原初所与性;对此主体来说,一个有效存在就等于是意向性行为的一次实行。意向性行为不是一般的存在行为,因为它不生存于存在者间的存在事态之中,而生存于意向作用-意向对象的替代结构中。在胡塞尔这里,人的存在问题被进一步缩小限制在绝对意识这一个特定课题上,其存在论上的功能仅仅是作存在替代,并且是存在替代的一种极端情形:让一切存在者都进入借助反思作用来确定的纯粹意识,使之处于绝对的被标记状态之中。由此便过渡到胡塞尔对存在问题的最主要结论:一切实在都通过"意义给与"而存在,所谓存在者只是某种意义统一体。③

像这样完全不顾一般的存在者存在,只把与人的存在的某种特殊相关性变成全部存在研究的唯一课题,从而把存在论变成人类学,的确把存在者世界遗漏太多。但存在者世界既然存在,就不可能真的被遗漏,只不过在某种理论态度中被置之不理。由于置之不理的"悬搁"只表示对于存在者所取的一种方法论态度,当我们追问这种方法与态度本身的根据时,存在者存在再次现身,重新生成为问题。由于世界是存

---

① 胡塞尔:《纯粹现象学通论》,李幼蒸译,商务印书馆 1992 年,第 136 页。
② 胡塞尔:《纯粹现象学通论》,李幼蒸译,商务印书馆 1992 年,第 135 页。
③ 胡塞尔:《纯粹现象学通论》,李幼蒸译,商务印书馆 1992 年,第 148 页。

在者间世界，且存在之内容实相具有不可替代性，所以从第三人称存在论的观点来看，即使在某种理论态度中完全不顾一般的存在者存在，这种"不顾"本身在存在论上仍然已经预设了领悟关系中存在者间的相关，此种相关虽在特定的理论态度中被摆在存在分析的背景深处而不提，但却不可改变地是一个大问题。一旦存在分析直接面对这一问题，人的存在作为存在论的主题便只具有有限的合法性，而不是绝对的唯一性。"我思"思路成为近代西方主导性思路对存在论来说是一件令人遗憾的事，因为它作为通向存在本意的道路的确是太窄了，遗漏了太多的事情内容。

与之相比，海德格尔后来开拓的生存论分析的新路要宽阔得多。海德格尔对"世界之为世界"的分析对西方存在论来说真是闻所未闻。由于海德格尔的工作，终于让存在者可以"在世界之中"——而不是"在意识之中"——来和人直接相遇了。但是这个世界被定义为人的一种生存论性质，存在者的存在只有被人的生存所覆盖才有意义，结果是：生存论分析以全新的手法重建了意义论域。海德格尔用"东西的上手性"来规定事物的存在，上手标志着与人的生存相关，凡不上手的东西都是无世界可言的现成存在。"现成存在"是海德格尔特有的一个术语，它除了判定"存在无效"这样一种否定性之外，在存在论上没有任何进一步的规定。但是从第三人称存在论的利益来看，它恰恰预示了非常要紧的问题。另一方面，与此在生存的相关性仅仅被规定为"用具性"，这一格局又太窄了。因为事实上，存在论的"相关性"比"有用性"的概念内涵要丰富得多，也重要得多。只有在由存在之"历事"承担起的存在者间关系中，才能真正可靠地说明这种存在论的相关性，而这正是打破和超越意义论域这个任务所要求的。

胡塞尔和海德格尔显然都把"人是尺度"当作了存在问题的自明出发点，但恰恰是这个出发点不合于存在之道，从而导致他们分别以错误的方法把事情引入人的存在问题。问题的要点在于，虽然领悟作为人的特殊存在行为是引起意义问题的根源，但是，这并不意味着人的存在作为问题必须在意义论域中才能提出。哲学当然有义务开启人类学这一研究领域,但这个问题式决不是自明的,需要为之提供理由。从问题的正面来说,我们必须从第三人称维度上面临人的存在问题。在这种情况下,人的存在不是作为自明的尺度,而是需要在存在者间关系中就其历事内容加以展示的东西;而且这种展示决不等于要向着一个主体显现自身。展示(或"展露出来"、"让看见"),是存在行为禀赋的一种功能,是存在者提供自己存在消息的一种办法:存在者向其互及者显现,向存在者间显现,向它自己的世界显现自身。

三、领悟和诠释如何进入真正的存在?

领悟和诠释使第三人称存在的建立成为难题,因为领悟和诠释造成的存在替代是意义问题的根源。所以必须在第三人称论域中重新探讨领悟和诠释的本质。但下面的讨论仅仅是初步的准备性工作,更深入的研究请参看本书第六章。

首先需要把存在领悟与一般的意识特性加以区分。西方哲学中意识与存在的对立可能是一个范畴错误。意识与存在是不同层级的问题,分别属于不同的论域,有着完全不同的逻辑。意识属于思想问题,它大行于近代西方的意识哲学;而存在作为问题则属于形而上学,那是完全不同的另一个问题界面。① 西方思路对意识概念的传统解释完全出于第一人称:(1) 在意识中我思主体的意识作用指向所思对象;(2) 此意识作用超出我思主体而达于外部对象并切合之,从而成为真理。这种对意识本质的解释完全是一个思想性解释,而不是一个存在性解释。思想问题的要义在于它服从于主客二元性逻辑,但却把主体本身的存在设为前提而不加追问,由此出发去追问存在问题。

_____

① 关于思想问题与存在问题的严格划分,参看本书第十二章。

　　问题在于,西方思路一直把这种"发乎内而形于外"的意识概念当作解析存在问题的前提,使解决问题的程序本末倒置。按照这一解决,存在问题具有存在追问的形式,存在追问的目标则在乎对存在本意的诠释;人之所以是选定的追问者,是因为只有意识才使诠释成为可能。意识作用的对象就其内涵来说总是某种可以描述的现象。这种解决问题的顺序基于如下观念:"对于任一存在者,仅当能知道它如此这般,才能断定它存在。"这样就把存在问题转换成思想问题。这正是西方存在论研究遭遇的最大混乱之一。存在之所以被规定为第一人称的意义存在(例如康德的"经验性自然"概念)[1],其根源盖出于此。在第一人称论域中处理存在问题,我思主体被确立为先定的尺度,一切可能的存在者存在都要诉诸主体对于客体的"意义给与"作用。其结果是,存在问题的焦点由存在者存在转向存在的意义,存在就是被给与性,存在者是"向……存在"的空位形式,"自在之物"则是不能究诘的悬设。

　　但是这种对存在问题的解决,"把有待追问的东西当作前提",其本身恰恰是禁不住究诘的。意识属于思想问题,思想问题的解决以存在之本意为前提,而存在之本意是一个独立自足的存在论问题。存在问题的这种自足性基于以下观念:"任何存在者,仅当它自己去存在,才能作为如此这般的对象被描述。"由此观之,实在论的立场比唯心论更接近于存在之道的真理,因为它更远离意义论域。

　　意识确实使对存在的解释成为难题。为了把思想问题纳入存在问题来解决,必须通过一个步骤,就是把意识按其存在论本质重新规定为人这种存在者的存在行为。这一任务要求放弃传统的意识概念,为此我们选用"领悟"这个词取代意识作为标识思想的存在论术语。由此可得如下命题:存在之领悟作为人的存在行为是人的存在的一种本质内容,这种领悟和传统的意识特性完全不同。

---

　　① 参看康德:《纯粹理性批判》,韦卓民译,华中师范大学出版社 1991 年,第 246、411 页。

在第三人称论域,存在之领悟作为一种"关系"具有明显而确定的相与结构。不过它包含多种通道,并非如人们通常认为的那样仅仅是"有所觉知地去谈及"。

"有所觉知地去谈及",是存在领悟之相与结构最明显也最简单的一种样式。觉知与言谈当其作为存在领悟的通道时,其所觉知者所谈及者并没有停留在存在事态的某种现象上,而是指向更带根本性的存在决断,即存在者存在与不存在这两种可能性。存在有其实相,决断表示一个存在者取其实相的可能性,因此决断只有两种情况,表示"存在"与"不存在"完全由存在者自己到场与不到场来决定,而与主体意识的存在设定无关。

(1)"有所觉知地谈及"属于存在领悟的肯定方式。当领悟以此种方式发生时,存在决断进入肯定性:存在者的存在取其实相。在此肯定中,存在的决断在觉知与言谈中开展出"这一个"存在区域,言谈者自身和言谈所及者均在此区域中居有自己的一个位置——它们通过领悟构显自己的存在,就此使对存在的领悟成为一种存在者间关系。因为觉知和言谈如果是对存在本身的领悟,就一定进入到特定的关系性存在,而非如通常认为的那样仅仅指向一个自一性的实体。人们常说领悟总是"对某东西的领悟.",这话如果不以主体性为前提就代表着一种积极的存在论洞见,即对存在者间相与的意识。人们的思想习惯是把东西的存在"看成"向着觉知言谈者被给与,后者的存在本身则跟东西的被给与问题无关。其实所谓"人的存在"如果不是一个空洞的概念,恰恰需要在每一次觉知言谈所开启的关系域中有其位置和踪迹可言,而决不是一个解决存在问题的自明前提。存在论的正面说法是:领悟意味着去存在者在领悟中通达他与之相关的那个世界,领悟作为一种存在行为就是该存在者"向其领悟之所及而存在"的历事。

(2)如果存在之领悟采取否定性样式,即领悟者无所觉知无所言及地去存在,此时存在决断便进入一种无标记的实相。无所觉知并不等于存在领悟完全取消，而只是领悟的否定样式。按其本质，"无所领悟"倒恰恰是这种特殊存在者"去存在"的一种肯定性的存在样式。但是对此肯定性的存在论界说却仍然系于存在领悟。在存在论上，存在决断无标记地取其实相具有更重要的根本性，因为这种情况更真实地贴近人这种存在者存在的"自-然"法度。无所领悟地去存在，意味着这个存在不是通过觉知和言谈的"相与"来表现，而是通过自己的"历事"直接加以表现。在这种情况中，这种存在者直接到场，进入存在者间的"之间性"，并且本然地逗留在存在的"平等性"水平上。例如，我可以无所觉知地以某种特定方式存在：置身于某种场合，使用某种工具，做某事，等等。这样一种非反思的存在方式恰恰属于"无所领悟地有所及于他者"，因此属于原初的存在历事。这也证明了对存在的领悟何以不同于普通的意识特性。

领悟总是试图用标记形式穷尽地替代事物的全部存在内容。人的"自-然"存在中包含的这种特殊问题，我们称之为"存在的意义关涉"。"存在的意义关涉"并不等于存在的意义问题，相反，它们是存在论研究首先遇到的正常课题。因为按第三人称存在论的原理，对于任何存在者来说，其存在本身都不可能超出其实际性内容，即不可能在构成自己存在事态的内容之外去替代其他存在者的存在。思想作为领悟，本然地属于人的存在的内容，由它引起的存在问题也本然地属于这种存在内容内部的问题，而不属于替代性的意义给与关系。语词的标记功能是人的存在领悟的一种本质能力，但是，对一般存在的"天之道"来说，事物的存在却永远先于语词的存在。连语词本身都属于事物。所以当语词充当存在之名时，事物本身的存在却始终居有其存在的全部内容和力度，从而使得穷尽全部事物存在内容的存在替代成为一个不可能达到的目标。

四、我们存在的第一人称维度

下面对人的存在的第一人称结构作专题研究。

问题是：人何以作为存在者？这样被追问的人的存在可以分为不同的层级：所谓人的存在首先是我的存在；我的意识（我思）首先确证着我自己（自我）和我的意识本身的存在，随即又确证着我的身体的自然存在。按这样一种方式又可以推论出别人的身心的存在。然后又可以得到更抽象的一些层级：人的价值性存在、社会性存在、历史性存在等等。上述人的存在的所有这些层级有一个共同的存在论本质，即它们全是第一人称性，并属于意义论域。一般地，在一切可能存在的情况中，只有人这种存在者的存在在其原初含义上就是第一人称的。人的这种特殊本质使他成为一切存在的尺度，赋予存在以"意义"。

在第一人称论域，一切存在者都通过"意义给与作用"而存在。这种意义给与作用的功能是"使……对象化"，这一程序本身的要义可被概括为一个总教条：存在就是被给与。我们不难注意到，这里讨论的意义给与程序特别适用于人与事物的关系：人作为唯一的世界主体使一切事物成为自己的对象，事物的存在在其最基础的物质自然性上便落入了意义问题，更不消说价值实体、审美对象、观念事物、语词、宗教、历史和风俗的存在问题了。现在要提出的问题是：人作为给与意义的主体，是否可能以及如何可能使他自己的存在成为一种对象性，从而被赋予意义？

人在他与事物的存在论关联中设置其意义关涉结构。在这一关联中，人的意义存在完全不同于事物的意义存在而另有说法。这种差别起源于人的存在的一系列特殊情况，那正是一些被整个第一人称问题设定为基本前提的东西。

（1）意义存在论的全部思想以下述原理为出发点，即：人这种存在者的本质就是去存在。这意味着,人的存在的意义就是这一存在本身。由于这一存在事先将自己设为目的,我们说它具有"自属性"。又由于这一存在总是首先作为"我自己的存在"被领悟,我们说它具有第一人称性。被设为目的的那种存在者,其意义存在显然不同于一般事物那种纯粹的对象性,因为"这一存在赋予自己以意义"。存在的意义问题在目的与手段、主体与对象之间确立起来的界限是一个绝对的界限,人的存在本身的对象性则是只具有相对性的理论机巧。在此我们发现,仅就人与事物的相关性来探究人的意义存在的结构,那就等于假设世界只有一个绝对单一的主体,人作为"唯一的世界主体"是一切存在的目的,他赋予一切事物的存在以意义,使之成为属人的纯粹对象性;而当追问人本身的意义存在的对象性结构时,由于假设人是"唯一的世界主体",这件事的实质就变成了:人的存在作为目的的光辉须照临自身,由此产生出一种特殊的"自属的"对象性,其结果是让这种存在者作为目的的绝对价值重现自身。很显然,在这种情境中追问人自身的对象性存在的意义,并未给意义存在论增添任何实质性的新内容,只是让我们知道人的对象性意义不同于事物的对象性意义,却不了解这一意义是怎样的。

(2)人的意义存在在其事实性上具有自成目的的"自属性",在领悟维度上则具有向自己确证自己这样一种特性,可称之为人的意义存在的"自明性"。自属性和自明性属于人的存在的两种特殊情况。因为人的意义存在既然不是他的存在行为,就必然是他的存在的某种现象状态,这种存在状态必然是第一人称的:我的诸可能存在状态向着我自己的主体视界被直接给与出来,并由我自己的存在直接确证之。这就是人的意义存在的自明性:这种存在者的对象性作为一系列可能的现象状态直接向着他的主体性视界显现自身。这种自明性显然不同于事物存在的可证明性,后者属于一种绝对的客观性和对象性。

重要的是,人的自属-自明的意义存在结构,对于将他的存在问题引入第三人称论域,反而具有一种天然的引导作用,因为自属-自明的意义结构实际上消弭着主体与对象二元性的划界,所以成为将人的存在问题引入第三人称论域的一个契机。稍后我们对此将作更仔细的讨论。

人的意义存在必然是人的存在的某种描述性状态,在其中,这种存在者本身并未到场。因为每一描述性存在的本质都是"向……存在"和"为……存在",由此而具有使然性、替代性和现象性等一系列特征。为使人的意义存在的结构成为可理解的,必须打破人的存在之对象性和主体性的同一化自属结构。为此我们采取如下步骤:人的存在的有意义的内容一定要在这种存在者实际生存于其中的各种可能境遇中发现。人随时可成为一个纯粹对象,只要我们的考察转入他生存于其中的人与人之间的"人世间关系"中,在这里不可能有"唯一的世界主体",因为在这里,每个人都是主体,对该主体而言的"别人的存在"则具有了纯粹的对象性。换言之,在人与人之间的关系中,任何一个人的存在都可以成为绝对的对象性,仅当有某个他人或人格性实体被设定为主体性,例如领袖、家长、专业权威、时尚、政治信条、道德价值标准、法律的强制作用、政治性或社会性实体,等等。人的意义存在的结构可以从"人世间"维度上来说明之。

人的一切人世间的存在都具有有所领悟的"行事"样式,其要义在于,存在者对自己的这一存在有所要求,行事作为人的存在的历事便由这一要求引导。即使他完全无所作为、无所要求地活着,这个存在状态也仍然属于他的一种行事:不提出任何要求就是他的要求。然而,如果该存在者的存在出离了他的被领悟的存在要求,或者这一存在要求根本未被领悟,那么这个存在即便仍然具有行事的外表,但本质上已蜕变为一种"拟行事",我愿称之为"存在姿态"。这一蜕变的本质在存在论上涉及如下可能性,即变质的存在按其新的本质适应着某个"别人"的存在要求。在这种情况下,后者转换成为一个具有尺度资格的主体,朝向它的存在姿态则变成一种对象性。

现在我们对人的意义存在作如下规定:一般地,人的意义存在就是

他按照别人作为主体的存在要求而展示的存在姿态。在此他并不作为
存在者去行事，而只是作为对象性向主体显现其存在状态。这里显然
发生了对存在的替代。但必须注意，这并非像事物的情况那样，由观念
或语词对事物本身的存在实行"异质性替代"，而是由对象自我用另一
种拟行事来取代其原初存在行事的"同质性替代"，使这个存在由内容
蜕变为姿态。"行事"与"拟行事"两者从现象的角度看具有本质的统
一性。

　　另外还须注意，人的意义存在也不可能像事物那样去适应人的最
基本的意义尺度，即那种让客体给与自身的经验模式，例如诸种"第一
性质"和"第二性质"。约束人的对象性存在的意义尺度必然来自一种
人世间关系的要求，具有社会性或伦理性。这是因为，"人世间存在"不
仅是人的一种可能的存在关联，而且是人的更本质、更具现实性的存在
关联。在这里，人作为"类存在者"要求普遍性。因此极为习见的情形
是，人作为对象性，为了使其存在成为按普遍尺度有意义的，必须不断
地将自己的存在转换成种种"合适的"存在姿态，例如：符合惯例的"得
体"，做给别人看的"世故"，违反本心意愿的应酬敷衍，自我保护的谨慎
从事，等等。所有这些日常情况在存在论上意味着人的存在处于替代
性、使然性的现象状态，他自己的本真存在被锁闭和否定。尤其当存在
者处于这种存在替代状态而不自知，反而相信这就是他自己的真实存
在时，他的存在作为存在姿态就变得尤其"有意义"，因为他完全按别人
的尺度存在：为别人活着。

五、我们存在的第三人称维度

　　第三人称存在论不再通过意义给与程序去说明人的存在，而要从
理论上证明：人的存在是由这种存在者自己去构成的存在事态。这是
如何做到的？

由于"我存在"是人的存在进入领悟的第一个基本事实,这一点决定了人的存在按其原初意义就是第一人称的。如果存在分析从我们自己存在所关涉的任何事实出发,即使是最具明证性的事实,也只能落入第一人称问题。但是只有一种例外,即一个基于"天之道"的事实,这就是:我的存在的每一个可能事态都是一个存在者的存在以及由这一存在者有其所及的存在。这个事实本身超越了第一人称的限度,具有绝对先定的存在论上的有效性。

让我们记住这个要点。显然,我的存在总是落实于我的某些具体的存在可能性,它们具有确定的内容;这种内容当其向我显现之时,它们具有可描述样式,由此而获得对象性。进一步说,某个存在的可能性能够作为一个现象向主体被给与出来,是因为它总有一个"被看到"、"被说到"的向度;但一个经常被忽略的事实是,人作为一个存在者去存在的内容还有一个"被做到"的向度。我的存在在其具体样式中被我有所领悟地说到——在这里,"被我说到"与"我去做到"是存在的两种同等程度的可能性。当这两者由同一存在者实行时,存在的意义给与程序便转化为一个自属性结构:我自己总能"说到"我的存在,这个"所说"作为我去存在的一个可能性便意味着一个新的"所做",而我可以重新说到我之所说,如此推衍下去以至于无穷倒退。在这种无穷倒退中,"被我说到"不能成为存在之有效性的最后根据,只有"我去做到"才是最后的有效性,因为它是事情发生的终极原因,是位于存在开端的东西,而非来自主体性这一前提。其结果是:我的存在之自成目的的意义以这种自属性为契机,而转换成我自己去存在的存在行为。这个"我"不再是一个第一人称的主体,而是一个第三人称的存在者。

另一方面,在非自属的纯粹意义结构中,人的意义存在进入人世间关系。此时我的存在显现为"为别人而存在"的对象性存在姿态,问题再次变得复杂。如果我的存在不能以我自身为根据,而必须是为了别人的原因才有意义,这个存在就转换成可描述的现象。在生活中这表现为"为别人活着",例如,我作为医生是为了病人而活着,作为律师是为了当事人活着,作为一个行事"得体"的人是为了应酬敷衍世故而活着。这种"为别人活着"的存在状态是一些无可否认的日常事实,如何将它们转换为人在人世间存在的存在行为?此问题是构成分析的一个复杂论题,涉及对伦理学基础的批判,这里不能尽述其详,①只能先揭示如下的要点,即必须区分"为别人活着"的两种不同情况:(1)为别人而是其所是,(2)为别人的存在要求而是其所是。让我对此略作说明:

"为别人而存在"这种情况,是一个人对自己作为存在者存在的一个重要行事要求,存在者的这个行事"及于"一个他者的存在,这保证着存在者自己的存在事态得以构成。显然一个人是医生这件事取决于有他者作为病人而存在。这种情况在存在论上属于我的存在的一种存在者间性:作为病人的他者进入了我的存在事态之中,并承载我作为医生的存在消息。

另一种情况,"为别人的存在要求而存在"则属于典型的存在替代,此时一个人的存在完全蜕变为种种存在姿态,其实质是把对自己去存在的要求当成负担推卸和转嫁给别人,此种转嫁和推卸还往往以"有意义"为借口。比如一个人受尽磨难但仍坚持活下去,如果是为了某种虚伪无聊的理由而为,一旦这个理由被取消,他的存在也就失去意义。但这时他的存在在存在论上却依然有效,因为他作为存在者仍然保有行事能力,他的存在可能因为失去意义而变得极端乏味,但这种极端情况恰好揭示出所谓"存在的意义"的本质,即:存在者将自己的存在要求推卸转嫁于别人。存在姿态中的推卸与转嫁,不论其是否被自觉,本身也是一种存在要求,它引导着这样一种存在行为:这种存在行为将自己存在的内容寄托于一种与事实相反的说法之中。比如海德格尔说违反世故的良知属于人的本真存在。这话如果不设定意义前提,在第三人称论域中也能成立。这样,我们通过非自属的意义结构,将人在人世间的意义存在划分为"为别人活着"的两种类型而转换成为第三人称的存在

---

① 在存在论角度对伦理学所作的批判,参看本书第五章。

行为：(1) 将自己的存在消息寄托于别人的存在上；(2) 将自己的存在消息寄托于一种非现实的反事实存在上。

其实，这里极力试图说明的观点相当简单：存在由存在行为构成，人的存在由他自己以存在者位格去做的事情来确证，这些事情在某个可能的视野中转化为种种现象状态，但这在存在论上并不改变那些事情的第三人称本质，即它们是由存在者自行去是的所是。但是在理论上把存在的现象规定转换成人的存在行为，容易引起这样的质疑：所谓开启第三人称论域，不过是用人的存在的"一种事实"去说明这个存在的"另一种事实"，比如用"作为医生"这一存在之有所及的行事来说明医生向病人展示其"有意义的存在"，从而对这些事实重新作出"解释"。这些解释活动本身将自行瓦解所谓存在的第三人称向度，因为解释本身正意味着对事实重新赋予意义的主体行为。

对这个质疑可作如下回答：第一，必须记住，在这里以抽象概念形式提及的人的存在也就是我们自己的存在，因此具有自我关涉的性质。由于这种解释活动直接关涉我们既作为行事者又作为解释者的自属性存在，所以它恰恰是一个存在的可能性样式，在其中展示出我们这种存在者的存在实情，即这一存在由我们这种存在者的"所做"来构成其内容。这正是我们把自己作为存在者的存在问题提上议题所获得的一种便利，由此直接而透彻地把构显存在本身实相的内容机理加以确证。

第二，关于"事实性"问题则需记住，人的存在的事实性并不必然意味着意义论域中仅仅基于思想判定才有效的客观性。在构成分析中，事实性表示存在之可能性的肯定决断。人的存在既可以处于存在解释的"所与"之维，也可以处于自行去是其所是的"所是"之维。这看上去是完全不同类型的两种存在事实，但作为事实基底的存在的肯定性决断却是两者共同分有的第三人称本意。从存在论上说，这种本意先于任何理论的解释活动便已确定下来，解释活动只能依它而行。前面的分析工作试图指出，在第三人称论域，存在解释的"所与之维"根本不足以构成存在事态，更不用说作为存在有效性的根据，因为此时所与者只是存在者的一个未到场的空位形式，一个根据主体设定的存在尺度而作的假设，一个存在事实的影子；存在者先于一切解释而禀赋的对自己存在的构成机理则深藏不露。

可以举一个有点极端的例子来说明这种困境。胡塞尔把内在化的事物（观念）称为"绝对存在者"①，就因为它可以由内省的"内在知觉"直接给与来保证其存在，比如我在反思中意识到自己的一个情感体验。其实这种对事物存在的绝对担保无非是因为人的内省活动可以直接创生它的对象（观念）。但是，从存在论上说，把内在事物的存在完全等同于内省活动的创生，却是悖谬性的。因为一个内在事物如何在人的心理学机能中被创生，属于内在事物的发生学问题，或者更确切地说，属于该事物之生成起源的自然史问题，而不是存在论问题；这个内在事物作为存在者的存在则另有其根本无法用创生来说明的内容实情，那是它必须自己去构成的存在内容，这一内容只有在其"所是之维"上才能发生，而这一切只有在第三人称维度上才能得到确证。

人的存在即使在非构成性上也是以各种行为状态为其内容：身体行为，心理行为，个人行为，社会行为，以及所有这些行为的历史性特征等。传统哲学从不同的观点去解说人的存在，无论这种观点是主体性认识论还是人类学本体论，是科学主义还是人本主义，是逻辑主义还是历史主义，其本质都是把人的存在的行为内容当作现象问题来"看"；每一次这样的"看存在"，其结果都得到它的某种意义。第三人称存在论开创的新问题废除一切既有的"看存在"的观点和尺度，只给人的存在真理展示自身的任务留下唯一的一条道路，这就是存在行为对存在的直接构成。

---

① 胡塞尔：《纯粹现象学通论》，李幼蒸译，商务印书馆 1992 年，参看§44—§46。

六、让存在论走出"意义"世界

第三人称存在论的基本问题是：由存在者自己去构成的存在如何可能？它要求对人的存在的分析应该提供出第三人称存在的一个完整范本。人的独特性在于，他在对存在的领悟中存在；领悟不仅构显存在，而且必然替代存在，一切特定的存在尺度和意义问题皆由对存在的领悟而来。于是人的存在的"问题性"就凸显为：这一存在如何在其领悟造成的意义关涉中证明自身是第三人称的存在？显然这一问题不能再按传统西方思路在主观性的界面上予以解决，而需要引入全新的维度与方法。

前面的工作对此问题的初步解答是：在人的存在中本然地包含着自觉的领悟作为其内容，此领悟造成了一切特定的存在尺度；但领悟本身却不是一个尺度，而是人的存在本身之绝对本然的一种内容——领悟不是普通的存在可能性，而是人的一切存在可能性之被构显出来（现实化）的前提。因为在生活中，人总是直接在领悟中亲历自己的这一存在，于是该存在成了他有意去做的一件事情。在此意义上，人的存在历事等于"行事"。前面曾指出"历事"是一般存在事态的一个基本实相，它在特殊存在者身上则衍生出"行事"这种特殊样式：行事意味着在对存在的自觉意识中去历事。这是因为，只有从对存在的领悟中才能产生出构显存在的要求。行事不仅归属于历事的内容，它还在领悟中超越这一内容而具有创造性：人不仅在可能性中自己存在，他还创造存在的可能性，创造着"使……存在"的条件。也就是说，这种存在者在其存在的"自-然"法度中具有"使-然"性。正是在这里，这种存在者在其领悟特性造成的意义关涉中将自己的"自-然"存在顽强地表现出来。因此，当我们说人的存在是第三人称论域的第一个范本时，这一断言恰恰是在人的存在是一切使然性的意义关涉之根源这种辩证的说法上得到印证的。

存在领悟和一般意识的差别在于,对存在的意识仅仅回顾和表象现成的存在状态,存在领悟则关注和设计存在者自己去存在的各种可能性,因而具有行为特性。特别重要的是,人的有所领悟的存在历事具有"全面性"特征,即他有能力设想这一存在所包容的全部可能性:(1)理论上,存在领悟可以使任何存在者在被领悟的可能性中来与人相关,也可以在一切相关者不到场的情况下去设计其存在相关性之可能性。这意味着穷尽了到场的一切可能性。关键是必须把这种有所领悟的存在历事置于存在者间关系中来把握,而不是把他设定为存在的尺度和世界的目的。(2)人对自己亲历其事地"去存在"这一事实有所领悟,这种独特的存在实相在存在论上意味着:人的存在行为直接及于自身。这种及于自身的结果就是人的存在的直接构显,它是一切向外的所及得以实行的前提。

人在及于一切存在者的同时及于自身——人的存在行为的这种全面性初步确证着第三人称存在论的原理,也决定着这种存在者率先进入第三人称论域的理由。但是必须再次强调,有意的存在行事无论怎样与众不同,它都并不超出基于"天之道"的存在历事的机理,领悟能力作为人的存在的特殊内容也不使他高于一般平等的存在者间关系。领悟能力确实使人的存在问题成为一般存在问题的有效起点,因为领悟使人的存在能够在被领悟的可能性中与任何他者相与,同时也能使自身和他者的一切存在被替代或者被遮蔽而不能到场,从而使一般的存在者存在能够在人的存在中生成为问题。

与此同时,领悟对存在之可能性的设计如果不受任何限制,便不可避免地会导致意义问题。所谓意义问题即追问"存在者在何种意义尺度上存在"。为了杜绝意义问题,存在领悟必须根据第三人称存在论的原理对自身的存在设计功能作出如下限制:

(1)如果存在领悟能够设计自己存在的可能性,那么这种设计意味着一定就是直接去构成这个存在,而不是把这个可能性设计成只是某种存在的现象图景，让意识表象之。对人的生活来说，仅仅意识到存在是不够的，必须把自己的存在做成一件事情，生活才有实效。

（2）领悟对存在之可能性的设计，本质上从属于存在者间的相关。在领悟中，那相关者的存在本身不被领悟的设计所决定，而只是它自己的存在行为之有所及；领悟只能决定领悟者自己的存在要求，并根据这一要求向着相关者与之共同构成的世界一齐到场。如果领悟试图设计相关者的存在本身之可能性，这相当于在他者不曾到场的情况下将其存在设为对象，从而进入对那个他者的存在意识，得到的只是替代那个他者存在的现象和意义。如果一个事物自己到场存在，则这一存在无须作为某种意义被人的存在领悟重新设计，此时它的每一个所是，它对出自领悟的每一种存在设计的居有，都属于它自己的存在行为，而不是意义尺度上的思想效果。

"任何存在只有与人的生活相关才是有意义的，人的生活则因其本身而有意义。"存在论的意义问题之所以不可避免，是因为它与上述人类最基本的直观相一致。"意义"意味着一个存在对人具有的某种关系，这种关系本身的存在是无法否认的，它体现为任何存在总能向人的视野显现为某种现象，或由人的生活赋予其某种价值。存在如果超出人的可能性之外便无意义，这也是对的，因为这符合"意义"概念的严格定义。——但是，所有这些通常不言而喻的说法在存在论上却全都基于对存在的第一人称人类学解释，这种解释违反存在运行的"自-然"之道，即任何存在都只能由存在者自己去构成，别人不能代庖。在现实中，我们看到了这种对存在的人类学解释多么深刻地影响了人类生活和科学发展的历史，由此引起的难题早已日渐分明。

关键在于，意义问题不是严格的存在论问题，而是认识论和伦理学的问题。认识论和伦理学都要求存在必须有意义，并给出了满足这一要求的条件。认识论要求一个存在只有作为现象向主体显现出来才有意义，伦理学则要求一个存在只有对人的生活有价值才有意义。现象世界和价值世界都是由思想重新创生的对象性世界概念，它们完全游离了存在者存在这个存在论的真正问题。由认识论和伦理学造成的这个哲学格局，可以通过存在论的构成分析破除之。在对存在问题作出真正完满的存在论解决的基础上，也许有可能重新审视认识论和伦理学的问题。在第三人称论域，世界由存在者间共同到场的存在行为构成，生活则是人对自己存在可能性进行设计的历事内容。"人的可能性"决不只是使然性的意义给与作用，而是人作为存在者在存在者间法度中实行的存在行为。事物对人确实具有某种"有意义的关系"，但事物的存在本身决不能归结为这一"关系"；反之，事物的存在恰恰是这一"关系"得以可能的存在论前提。因为，人即使能表象一个事物的存在图像，能给与该存在以价值，乃至能制造一个事物，也无法代替该事物去存在，只能在自己和事物的存在间者关系中承受事物的存在。事物存在的"意义"则相当于该存在对人的生活要求承担起的一种责任，即为人的存在提供世界法度的保证。

第三章　事　物

形式与内容的划分直接和存在问题有关：内容表示存在者存在的本身性，形式则表示存在向思想给与自身的方式。"形式先于内容"是西方哲学传统的一个基本教条。第三人称存在论摒弃这一西方教条。我们已经指明，一般存在问题的解决与我们这种存在者的存在本然地联系在一起，其最主要的原因便是存在问题起于追问，而追问是人的事情。但这只是存在问题在"形式"上的条件，存在的"内容"本身，即所追问的那个"什么去是"，则始终属于存在者的存在。存在问题的焦点必须从其形式条件转向其内容实情，从提问者主体转移到被追问的存在者身上。

在西方思路中，"物"这个概念始终是一个意义存在论的概念：如果从人类学的世界主体立场出发，就会把一切存在者都说成是"物"，然后再把实体性、广延性、持存性、对象性、现成性、用具性等等说成是"物"的存在规定。第三人称存在论对事物存在的研究反其道而行之：把一切事物都归属于"存在者"，再把这种存在者进一步分析为"个体"和"相关者"。用"存在者"取代"物"，这可不是简单的概念游戏；只有采取这一步骤，存在论研究才能突破意义论域而另辟蹊径。由于事物的存在直接合于"自-然"法度，所以我想在这一章预先就事物的存在把第三人称存在论的原理演证一番，此后再集中探讨人的存在问题。

一、事物如何作为存在者自己去存在？

对于事物的存在,有两种自明的、但却互相矛盾的直观,使它成为一个难题:

1. 一个事物的存在是它自身的存在;

2. 一个事物的存在必然包含我们对这一存在的规定,因此事物只能在被规定的意义上存在。

其实这里并不存在真正的矛盾,而是发生了思想问题和存在问题的混淆。前已说明,存在问题具有逻辑在先性,但存在问题的解决却和思想问题的意义关涉扯在一起。因此,这种混淆虽然出自一个范畴错误,①但却已经把事物之存在作为一个问题推出,这就是:"一个事物自己构成的存在何以可能?"

存在不是思想的描述性效果。如果追求存在的描述性,就会发现"x存在"这种说法在思想内容上相当空洞,仅仅相当于说"x是"。这在语法形式上显然不完整,因此人们总是更关注"x在何种意义上存在"这种实质性的思想内容。而对思想内容的关注实际上是对存在的思想性解释的要求。

思想性解释把存在问题改造成思想问题。对事物存在作思想性解释意味着把存在归结为思想的可规定性:"一切属于存在的东西只能作为实体的一种规定才被思维。"②由于思想具有描述能力,因此事物的存在总是落在"是如此这般的"这种描述性上,这种描述性限定存在的不同意义,内容本身则由事物向思想(主体)的"自身所与的存在"来保证。例如,道路旁的一根电线杆,当我们断言它作为一个存在者存在

---

① 对思想问题和存在问题更严格的区分,参看本书第十二章。

② 康德:《纯粹理性批判》,韦卓民译,华中师范大学出版社1991年,第219页。

时,必须以一系列相应的描述性规定作为条件:它是一个物体,具有确定的空间位置;是公共通讯系统的一个设施,具有使用价值;是一次重要约会地点的标志,对约会者象征着一个重大机会;但对其他人来说,则仅仅是上下班路线上景物排列中最乏味的一环,如此等等。总之,如果不具备必要的可规定性,谈论事物存在就会变得毫无意义。

但是基于思想的可规定性去理解事物的存在,其结果是事物作为存在者的存在成为无法确定的东西。因为,对事物存在的思想性规定属于存在的"意义给与"形式,每一种可规定性都承诺着特定的意义尺度。逻辑上,一个事物的存在有可能在无限多的主观尺度上被规定:知觉、记忆、想象、命名、谈及、使用、制造、价值判断、鉴赏、期待、惧怕等等。任何依据尺度的存在都是片面的"表象",存在者的存在本身则始终隐而不显。经验主义与存在主义创立了两种最著名的意义尺度;当存在作为思想问题时,对于和某事物没有任何经验关联或生存关联的主观性来说,该事物的存在等于无规定的空无。这种不确定性的根源不能在思想问题中得到说明,只能在存在问题中获得解释。

一个事物之所以存在,是因为它自己去存在,而不是因为这个存在在描述性上被规定。这乃是第三人称存在基于"天之道"的自明之理。为了把对存在的思想解释统一于这个原理,需要借助于一个步骤,就是撤消对事物存在的描述性规定。此时,事物的存在对思想显现为一种否定性:"一个什么也不是的东西",一个"无规定者"。但是无规定者不等于不存在,因为思想的否定性不等于存在的否定性。存在不是描述性,而是存在者的存在行为,因此"无规定"作为对思想的否定只是取消了描述性,但却不能取消存在者的存在。

由此显示出对思想性解释的存在论限制:思想对于存在的规定,无论其为作出规定还是撤消规定,都必须在存在者上有所归属;"所思"在任何可能性上都不允许是无。因此,"无规定者"作为思想的否定性规定并不对应于"非存在",[①]而是对应于一个不在任何尺度上被给与的

---

① 参考康德:"感性直观之完全没有实在性的存在,其本身永远不能被知觉到。"见《纯粹理性批判》,韦卓民译,华中师范大学出版社 1991 年,第 211 页。

存在者。按照第三人称存在论的原理,完全排除被给与性的存在属于存在者间性的一种有效样式,而不是无,这种绝对的无规定性反倒恰好是事物之存在进入第三人称问题的一个契机。

一个存在者在无规定条件下的那种初始存在,意味着这一存在需要自行展示,即由认知对象的可规定性变成存在者"自化于世"的可行性。一个事物的存在,当我们排除对它的一切描述时,它仍然是一个"非无",一个不能完全落入虚无性深渊的东西。它作为"没有任何意义的东西"横陈在与我们作为否定性主体相关的世界之内,以它作为存在者的全部存在可能性顽强固持着与我们的存在关联。海德格尔的"纯粹现成性"概念非常接近这种存在上的无规定性,他称之为"纯粹摆在那里的物",①将其排除于他的生存论世界之外。现成性在意义论域中可能是一个无意义的问题,但在第三人称论域却是追问事物存在的一个良好启示。

"什么也不是"并未中止存在者存在,而只是中止了意义给与程序。严格地说,在意义给与程序中,存在者自己"从未存在过"。另一方面,借助于"什么也不是"这种情况突出出来的存在者存在的初始性则宣布,这一存在先于一切思想规定就已起始了。但它作为问题必须转入另一个论域才能成立。按照第三人称存在论的原理,属于存在者的存在永远是一种构成自身的存在内容;一个事物当它在思想规定上"什么也不是"之时,它的存在行为恰恰承担起其存在的全部可能性,即:在一切情况下,它都自行去是其所是者。在这种情况中,事物存在的每一个可能规定,都是它在内容方面的一个"所是者",而非一个"所与性"。对于那个事物的存在来说:电线杆、圆柱形物体、人工制造品、路标、约会地点、乏味的景象……这里的每一种规定都起始于它"自行去是"的一个"所是",但在第三人称论域中,这种"所是"却不可再转换成"所与",因为"所是"根本不是思想性的规定,而是存在性的自行展示和世界

---

① 海德格尔:《存在与时间》,陈嘉映、王庆节译,三联书店 1987 年,第 85 页。

诠构。

事物的实际性存在先于一切意义就已承担起它的历事所及的全部内容，但是存在分析只有在撤消一切描述的无规定性中，才能思考到事物的这一存在，因为事物只有在"什么也不是"的初始性之无形之象中，才能摆脱意义论域中的思想替代作用，从而作为可行性而启动其存在者"自行去是其所是"机理。可将此机理概述如下：（1）在每一个"所是"中，事物作为个体有它确定的存在分位，就是说它的存在是不可替代的；（2）每一个"所是"都在特定的相关性中被确定，这种相关性是由事物本身参与其构成和诠释（诠构）的世界性。依此理便可说明"x 如此这般"这种存在诠释的可能性。例如，在"我知道 x 是一根电线杆"这个例子中，存在论上的实情在于：首先，"是一根电线杆"作为这个存在者的一个"所是"，属于并且起始于它的存在行为，但是在这个"所是的存在"和这一存在的"被给与"之间并没有存在论上的因果关系，它们分属于完全不同的论域，因果关系是一种认识论解释，属于意义领域。其次，这一存在行为之所及，乃是包括有我的存在领悟在内的一个存在者间世界，存在者 x 本身始终对此世界具有诠构作用；"是一根电线杆"这一述谓，作为对相关性的领悟和诠释，只不过是这一相关性的内容部分之一。因为，存在的每一个肯定性决断都展示为一个存在事态（即使该事态的内容是观念性的）；尽管该事态在对存在的领悟中具有思想判定的形式，但它在存在论上就其天道内容而言却不是第一人称的判定性，而是第三人称的"所是者"，因而只能归属于存在者的历事，而不是被给与性。

通过彻底排除思想性的"物规定"而把"所与的存在"转换成"所是的存在"——这一步骤可能引起一系列质疑："所是"作为事物自行存在的内容难道不是思想对事物存在重新赋予的一个规定吗？当一个事物不在任何尺度上向我们的世界被给与时，它当然不再是一个对象性，但说它仍然与我们"在存在者间世界中相关"，这是什么意思？这个"世界"与我们习常所在的世界有何不同？

一个"什么也不是"的东西在存在论上并不是无,而是标志着事物完全出离了主客体间的对象性关联。这种"非对象性存在"即便在"我们的世界"中也到处都是,例如一条道路上完全被忽略的某个场景,或者年深日久被彻底遗忘的某些面孔或某个事件细节等。它们对思想来说完全无所规定,但却仍然"存在",这就是那些完全退出了"边缘"的东西。思想描述的有效性有一个作为界限的边缘,这个边缘或界限对存在论研究来说却是具有正面内容的东西。要言之,绝对的"边缘外"存在就其排除一切可规定性而言,标志着事物本身之绝对存在的构成;就其排除主客关联而言,等于是肯定了事物存在的第三人称特性。

凡存在者的存在都有其"效用",展示因此才成为可能。被规定或被判定就是一种存在效用,其存在论上的本质是对存在者的替代。当主观性的"物规定"简约到零时,替代不再可能,事物本身的世界性便构显出来。事物自立于它所在的世界,自己去构成它的一切可能的存在事态,其存在出于"自-然"法度,不管这些事态是否被给与。哲学应该如何确证并彰显这存在之道的自行展示呢?可以用"自化"这个古代术语直接说出它。[①] 事物"自化于世"正是存在替代的"反面情况",其效用便是所谓"限定"。也可以用第三人称存在论的术语来表述这一原理:在存在的之间性中,无规定的存在者自己存在必有其所及,每个这种有所及都有其效用,那就是"限定"。事物在其存在中有所及地限定它与之相关的世界,这又是事物存在向着一个主体视界被给与的"反面情况"。

"限定"作为事物存在之所及的"效用",适用于事物所在的全部可能世界。但限定作为思想性规定的反向运作却首先指向思想的那些替代形式,如象征物、观念、语词等。唯物论者说:"意识是客观事物的主观表象。"语言哲学的实在论者说:"凡被语词指称的事物必然存在。"这些说法陈旧笨拙,但却预示了第三人称存在的限定作用;只不过他们的

---

① 参看《老子》第 37 章。

问题不是在构成论域中提出,所以看不到存在者间性的界面。正是相关性奠定了事物存在从被给与的现象性向存在行为的限定效用转换,也即从"所与的存在"向"所是的存在"转换的前提。一个事物在它"什么也不是"时恰恰承担起其存在的全部内容——这件事的存在论实情是:事物之存在反而"限定"着任何与之相关的世界内容(例如语词、观念、人的生存等等),使得该存在者的任何一个"所是"都成为对那个世界的一个"限定效用"。具体地说,此限定效用有两个方面:

(1)从相关世界的建立来说,限定表现为一种构成作用。超越了主观性问题的世界并不意味着是一个怪异的世界,其实这就是我们生活于其中的世界,只是这世界的存在不是以被给与的方式显现,而是以存在者间到场齐全的方式显现。

(2)从相关世界的自行展示来说,限定表现为一种诠释作用。诠释通常是一个认知概念。理论性的诠释是人的存在领悟的基本形式,也是事物进入意义论域的通道,因为诠释就意味着用存在之名来替代存在之实。存在论上的诠释则表示事物存在行为的一种限定效用,其功能是将事物与之相关的世界就其内容构显出来。因此我们也将这种存在论诠释称为"诠构"。诠构不必诉诸语词和观念这些领悟形式,除非语词和观念本身作为存在者到场。诠构的基本形式是到场。存在者到场恰好保证着到场者与之相关世界的自行展示。

二、事物存在诸原理的系统讨论

现在对基本术语作一些补充说明。历事和相与都是标示存在实相的谓词。与之相应的主词是个体和相关者,它们全都是用来表示第三人称存在者的概念。

"个体"表示存在事态的历事者,它仅仅表示存在作为存在行为的历事实相,因此与西方哲学中的"实体"概念有所不同。实体概念的假

设太多,在其归属方面表示属人的对象性,在其内容方面则表示属性
(即现象特性)的承担者。因此实体是一个表示意义存在的概念。个体
则只表示存在者,其具体的量的规定就是单一性。这个单一性表示存
在的一个位置,用来标识存在之肯定性决断的条件:(1)作为必要条
件:如果某东西不具有单一性,就不可能存在;(2)作为充分条件:如果
某东西仅是一个单一性,它仍然不可能存在,因为绝对的单一性等于无
世界的自一性,一个存在事态必须在由诸单一性综合而成的复多性(即
之间性)中才能构成。因此很显然,存在者存在的充分条件必须包括相
关性。

　　"相关者"表示存在者间关系。确切地说,相关表示存在者存在的
世界法度,与之相应的量规定是复多性。个体的单一性是存在历事的
一个必要条件,但绝对的单一性不可能开启世界,有初有终的存在者历
事必须在这个世界中才能实行。因此只有在以复多性为基础而产生的
之间性中,存在才有它的世界,个体也才有它的一个位置可言。

　　第三人称存在论用"个体"和"相关者"这两个构词所表示的东西,
正是这种经过严格考量的第三人称存在者概念。因此,一个存在者必
定同时作为个体和相关者,相应地,一个存在行为必定具有历事和相与
这两种实相。存在者个体的历事和存在者间的相与是一个存在事态构
成自身的两种基本内容机理。第三人称存在论的理论体系据此划分为
"世界论"和"个体论"两部,其中"个体论"包括个体性原理和可再性原
理,"世界论"包括复多性原理和相关性原理。在这一节,我们将系统叙
述事物存在分位所包含的这四个原理。但是这四个原理却是适用于一
切存在者存在的,在第二卷的"范本研究"中,它们将引导对人的第三人
称存在的系统讨论。

　　1. 个体性原理

　　一个事物如果存在,则它的存在事态必须由它自己去构成。这一
点如何保证? 只能由存在者自己来保证,而不能诉诸其他依尺度而设
定的条件。这就是第三人称存在的自足性。我们的分析工作已经揭

示,事物的存在首先要求它在无规定情况下的纯粹到场。因为,在普通意义上,只要有足够多的"有一个事物,它如此这般"这种类型陈述的合取,便可组成某种存在图景。但在存在论上,"有一个事物"这件事的有效性却不依赖于那些描述性的规定。在这种语境中,"有一个事物"这种说法的思想内容变得相当空洞,几乎无所言说,但它反而在其空洞性上预先决定着一切存在图景的生成。存在问题正是在这个空洞之至的无规定性上找到了自己的原初起点。由这个无规定性标识的事物存在之存在论内容说法是:事物作为存在者自行去是其一切所是者。因此,一个事物作为一个以其本身性到场的存在者,首先要求它是无规定的"这一个"。我们把这一要求构词为"个体性"。

个体表示存在者存在先于一切可规定性的基体,这非常接近西方思路中的"实体"概念,但却有一个根本性的区别:"实体"是一个对象性概念,而"个体"则表示事物是第三人称的存在者。

一切事物都在世界之中存在,这在第一人称论域意味着事物被设定存在于属人的意义世界,但在第三人称论域却意味着事物存在对世界的"诠构"。诠构的限定效用当然不能再归结为某种时间性与空间性、具体事物与抽象事物、实在与观念等规定,因为这些全都是思想性的存在规定。诠构的存在论要义是存在者在世界之中占位,从而使存在者有其分位。个体作为存在的基体,仅表示存在占位。此占位乃是存在行为的第一要义,因为事物只有在其确定的存在分位上,才能将其存在的可再性和可及性实相展示出来。因此从正面说,占位作为个体性的质的方面,就是基体先于一切规定的纯粹到场,表示存在者自行构成其存在事态的一个肯定性的决断。

占位概念的这种空洞性可能显得难于理解,其实它与人们的存在直观有着十分明确的联系。我们对于"x 存在"及其否定性即"无"这两种情况之间的差别有着明白的理解;同样我们对于"x 如此这般"和"并非 x 如此这般"这两者之间的差别也有明白的理解。但是,我们对这两种差别之间的关系却容易糊涂。因为人们习惯于用"x 如此这般"去限定"x存在"的有效性,断定存在的本质就是以"如此这般"的描述性规定向思想主体给与自身。但是对于存在的否定性即"无"的定义却付诸阙如。显然不能用"x如此这般"的否定去定义"无",因为对"x如此这般"的否定并非对"x存在"的否定,而只是对某种描述性规定的撤消;逻辑上,它可能导致任何其他的描述性规定,唯独不导致"无"这一存在本身之否定。这种不对称揭露了意义存在论的困难:用思想的判定尺度决定存在的有效性,就使存在变成不确定的;在最坏的情况下,即使x根本不存在,我们仍能谈论"x如此这般",结果 x 的存在与不存在没有差别。显然"x如此这般"预先承诺了 x 的存在,但它并不能决定这个存在,因为"有"与"无"先于一切属性规定,乃是存在分析的一个特殊问题。西方哲学解决这一困难的方法是用"实体"概念(即现象中的永恒东西)来作为存在的基体,现象中的一切(属性规定)变化都是这个永恒东西的存在方式,它们"或者被用来述说一个实体,或者是存在于一个实体里面"①。但是实体被设定为存在的基体时,其目标只是用它来保证存在现象在时间中联结的统一性,因此它所代表的存在,其有效性仍然取决于意义给与程序。"有"与"无"的决定仍然是一个问题。

"存在的基体"作为自己去存在的存在者,自行决断自己的有与无,该决断先于一切"x如此这般"的属性规定。构成分析用个体作为存在的基体,有与无取决于个体的存在占位,由此产生了存在论上的"先定性",即占位先于一切思想性的规定。这表现为:如果一事物存在,思想在任何描述性规定中都不能否定这个存在。因为由存在占位确定下来的有与无,其有效性先于对这个存在者的任何思想性规定,所以如果有某 x,思想在任何情况下都不能取消它。

逻辑学的"个体"概念与"类"概念是存在论上的存在分位的对应形式。其中,个体概念对于确定"有"与"无"这两种存在决断之间的界限有一种特殊的利害关系。存在者作为个体在质的方面表现为无规定的

---

① 亚里士多德:《范畴篇 解释篇》,方书春译,三联书店 1957 年,第 12 页。

纯粹占位性,在量的方面则表现为"这一个"这种单一性。占位否定了
对存在的否定,占位拒斥着"无";然而个体作为占位者只是在其量的单
一性上才得以实现这种对等于零的"无"的否定。"没有单一性就没有
存在"这个命题是"存在总是存在者存在"这一总的存在之道的另一必
然后果,它是就存在的必要条件而言。因为,凡存在者永远都是"某一
个"确定的存在者,即使是抽象事物或共相,它在存在论上仍作为"某一
个"而有其分位。如果我们思考存在的世界法度,那么只有一个存在者
的世界不可思议;但是如果我们思考存在与虚无的界限,这种思考却只
能就某个存在者 x 来进行,因为,如果某 x 存在,这种质性的肯定性决
断总是建立在这一个 x 存在这种单一性的量规定上。此量规定和一切
思想的描述性规定有本质区别,完全是存在论性的。"这一个"是存在
者 x 将自己的存在从等于零的虚无中提取出来并予以肯定的最原初的
标志,因此,它也就是存在的肯定性决断的基本样式。

在第三人称存在论中,"位置"表示存在者自己的存在,单一性则能
够先于一切表象状态就标示出一个位置,用这样一个位置标示出来的
存在就是一个第三人称的"个体",而决不会是联结一组表象状态的统
一性即实体。因为实体之被假定为"永恒的东西"并不是为了表示存在
者的存在,而是用来保证时间中一切现象联结在经验上的统一性,所以
永恒的东西实际上仍是一种对象性,即朝向主体的"自身所与的存在",
它本身在存在论上并无位置可言,只是存在空位的标记形式,其内容则
是一系列表象(偶性)的相互联结。因此对于实体也就不可能有单一性
这种量规定,不可能用它表示存在的位置。这就是为什么第三人称存
在论必须用个体取代实体来作为存在的基体——这可不是任意设计的
概念游戏。如果一个事物要具身为一个第三人称性,那它必须在一切
思想的描述性规定之先就将自己的存在决断下来。

在西方的主体性思路中,一切存在者都是物,物作为对象性的存在
是实体。在第三人称论域,事物作为存在者在其存在行为中存在,在存
在者间的世界法度上构显,实现为事物对世界的诠构,也即它作为存在

者对它与之相关的存在事态的限定效用。存在者的历事和存在者间的相与是这种存在事态的两个基本内容实相，被给与则属于对这种存在事态的意义解释。诠构在存在论上的内容性说法是：事物作为存在者，它所构成的一切存在事实，也即它的每一个特定"所是"都证明着，它在它的世界中占有一个位置。个体性原理所证明的是：事物作为个体，乃是诠构的"身份"前提，因为占位和单一性正是事物之存在对世界的诠构作用的存在论本质。

2. 可再性原理

事物的存在内容排除对象性的思想规定，只用"占有一个位置"来标识其初始性，仅仅表示对"无"的否定。但是，在存在进入这一初始性之后，事物的存在又有自己的实际性内容需要进一步展示。一个存在者占有一个位置本然地蕴涵着这个存在"固持"着自己的内容。存在具有固持性，因为存在只有"有初有终"才可能有肯定性的内容，即使一个事物只存在了短短的一瞬间也是如此。否则，"无始无终"谓之"无"。我们之所以在理论上必须承认存在行为具有历事结构，是因为存在者本身必然在固持性的历事中"推进"自己的存在；这个存在的初与终限定了存在事态的有效性区间，存在的推进则展示为存在之内容在这一区间内固持自身。这样的话，存在如何固持着被推进，就成了需要探讨的问题，而非以上面的个体性原理就能说明。"可再性原理"就是：如果存在由存在者自己去构成，这一存在的内容就是存在者在其存在中将其存在行为重复实行。根据前面的分析，事物之存在对其存在者间世界的诠构作用，需要有基于事物本身存在论结构的一系列原理作为保证：个体性原理用"一个位置"来保证诠构的身份要素，可再性原理则用"内容的重复"来保证诠构的内容要素。

存在的固持与推进具有时间性，但时间性并不是第三人称存在的充分条件，因为即使第一人称存在，其现象的呈现也都具有前后相继的历时性，其存在的发生本身则是一个一次性的事件，并被某个原因所决定。但也恰恰在这里，我们可以从历时性的不同内容来确定第三人称存在的本质。那就是说,现象性存在是前后相继的因果性,本身性存在则是重复自身内容的固持性。这再次证明了在第三人称论域,存在不是现象性的描述状态,而是存在者的存在行为;因为重复自身的存在内容不可再归结为服从因果律的自然现象,而是服从同一律的存在事态,因果律只能决定存在的一次性自然发生,而存在基于"天之道"的同一性则是那存在内容无数次对自身的重复,不能用因果律来解释,也与存在事态发生的自然原因无关。

现在进一步深入我们的问题:何为"存在内容的自身重复"? 事物能够决断自己存在,仅当它能够固持并推进这一存在。可再性原理不考虑存在的发生问题,而只考虑这个存在本身的推进。构成分析的空洞性在这里又一次得到表现。例如,一座房子如果存在,那个存在的内容就只是它以"到场占位并固持之"这一存在行为去构成的存在事态,而和它可能归属的任何因果关联和意义关联无关。存在分析的任务在于:在这一推进的初与终之间有一个内容需要辨析说明,这种内容就是重复自身。由于存在的推进有初有终,所以这一推进必然包括着一系列时间上的点,其内容据此而划分为由不同"次第"组成的一个系列关联体,其中的每一个次第相当于存在行为的一次实行,此存在行为的每一次实行并非跟随在另一次实行之后(或之前),而是完全重合于其他次第的实行,因为在不同的次第之间没有内容上的差别,它们是同一个整体性内容。我们把这种情况称为"一个存在事态的内容在其区间内对自身的重复"。此种内容重复的根据在于:每一个特定的存在都归属于那同一个存在者。

因此,所谓重复自身的存在内容决不意味着存在者的某种现象状态的持续,也不意味着在不同时间点上的不同状态在内容上的完全同一。比如,一座房子的不同现象特性的相等并不等于存在内容的自身重复。在第三人称论域,所谓存在内容的重复只表示存在行为的重复实行,其中每一次实行都落实在该存在者的一个"自身所是的存在"上。因此,"去存在"就意味着事物按下述规则不断重新决定自己之所是,即：使自己的一切所是保持同一。这样的话，如果一个存在包含着一系列的所是，则每一个在前的所是者其实就是在后的所是者，反之亦然。这种存在内容之重复显然不是单纯的时间关系，而是事物存在的一种内容实相，表示一个存在者的存在行为固持着自身。因为，一个存在者，在它的各个"所是"之间，并不一定有时间性的联系和因果联系，而只有向同一个存在者的被决定的归属性，即所有这些"所是"彼此都是同一个所是者。比如一座房子，它可以是一处居所，一间仓库，一座牢房，一个纪念性遗址或者是一处废弃的空屋；凡此种种，都归属于那同一个事物的存在，该事物作为存在者固持并推进自己的这一存在，其实情无非是该存在行为及于自身。我们在前面曾指出，这种情况是一切存在有所及之所以可能的前提，也是事物在相关性中对世界的诠构作用的前提。

可再性原理是一个内容原理而非形式原理，但这一内容并非思想性规定的内容，而是存在事态的事情内容。按照这样的内容原理，(1) 事物作为存在者，决定自身存在历事的内容；(2) 这种内容，在其区间之内，除了对自身的重复以外，没有其他任何东西，因此相当空洞。一座房子如果存在，在存在论上这就是一个绝对事实，没有任何力量可以改变它。我们可以通过变换意义尺度来改变它的现象特性，例如关于这座房子的外观、物理特性、实用价值乃至审美价值等方面的规定，都可作出改变；我们甚至可以通过操纵它的非区间性即前存在的条件来取消它的因果性事实存在的发生，比如搁置它的建造或者根本不建造它。但这种因果性事实中的创造问题与存在论问题无关，构成分析把一个存在严格限定在存在的区间性之内有效。房子如果存在，必有其历事的区间性，在此区间性之内，一个现象性事实的改变并不能改变那个存在本身的内容，即它作为存在者的存在。和一切现象规定的差异和变化无关的那个在存在论上绝对有效的事情内容始终是同一个存在事态：它始终在重复自身的内容。

为了说明存在之自身重复的内容机理，可以在存在的时间性维度上,将各个被重复的所是者分解为"最初所是"、"曾经所是"、"即将所是"和"最终所是",等等。不过必须明确,存在的初与终作为存在构成的两极界限是不可改变的,因而是一种"先定性",因为最初所是者与最终所是者在内容上只可能有唯一的绝对一致。"曾经"与"即将"则可适用于存在区间内任何两个点或两个"所是"之间的关系,所以成为分析"存在之可重复性"的有效技术设定。曾经与即将的这种"设定性",也使得它们作为同一存在内容之任意二组成部分的划分具有两种可能性;它们可以是存在性划分,也可以是思想性划分。但存在论上的设定性决不等同于意义尺度的设定性。因为,我们曾指出,可再性原理意味着,一个事物的存在,其"再次去是"必须等于它的"所曾经是",它的"即将去是"必须等于它的"再次去是"。这种同一性只能是存在的同一性而非思想的同一性。比如,一支乐曲中的一个乐句,作为思想性的"所与的存在",它承当着一系列不同的规定性,因此它的"曾经"和"即将"可能具有完全不同的内容。比如,这个乐句"曾是"一个幼儿学习演奏时的噪音,但它却"将是"多年以后亲人心中的一个美好回忆。而在另一维度上,作为存在性的"自身所是的存在",那个乐句在它的任何"曾是-将是"关系设定中都绝对同一地始终是它自身,由确定的音调、乐曲记号、节拍、旋律等构成,这不可改变。

由此可知,曾是与将是并不产生两个不同的存在,尽管它们总能对应于不同的可规定性。但是,这种对曾经和即将的设定究竟依据什么?这里的问题就在于:何为一个存在者的"所是者"? 我们曾指出每一个所是代表存在者存在内容的一个被重复的"部分",每一部分都可能拥有不同的杂多身份,但它们作为所是者却永远固持着那同一个存在者的存在。例如,一座房子有它作为存在者的存在,它的各个所是者又可能有不同的杂多身份:居所、仓库、牢房、废墟、纪念遗址,等等。正是在这些貌似不同的所是者中,存在者得以将自己统一的存在内容一步一步向前推进。当然,一个特定的杂多身份可以根据某种被给与性或有用性的尺度来决定,此时存在者的存在便被标记替代,标记作为偶然的杂多身份具有完全脱离存在者独立的意义存在，其有与无取决于尺度，而不取决于存在者自身。但是另一方面，如果不同的杂多身份确实可能属于同一存在者的各个"所是者"，那就必须而且只能把它们确定为那个存在内容的自身重复，并借"曾是"与"将是"的设定加以表现。此时曾经与即将所赋有的杂多身份的不同并不是依据不同意义尺度作出的规定，而是那个事物在其存在行为的不同相关中之不同所及。因此，一座房子的存在当它与居住者相关，便是居所；与物品相关，便是仓库；与惩罚相关，便是牢房；与历史相关，便是纪念性遗址。由此也可推论："所是"的重复不仅仅归结为时间关系，在一个存在者的各个所是之间，除了时间性联系，还有存在者间的相关性作为更原初的问题。"所是的存在"和"所与的存在"之间的不同则在于，"所是的存在"就其起始于存在者的存在行为而言永远是第三人称的，而所与性则是存在者在其标记形式中向主体视界的被给与性。

但是存在者如何在它的各个所是之间的差异中重复自身的存在并保持同一？这涉及对同一性问题的解释。前面曾指出，同一性在第三人称论域并不表示不同思想规定在指称同一个事物时意义上的相等，而是表示一个事物与它自身之间的关系。① 现在进一步明确这个"事物与它自身的关系"，其含义为：事物的存在行为在其可及性上首先涉及自身。存在行为之及于自身成为存在行为一切所及之所以可能的前提，是因为所谓"及于自身"的具体内容说法无非是：存在者在其存在事态的推进中不断地重复这一存在事态的内容，从而能够建立起自己的历事区间，并固持自己的存在。这样，事物才得以在确定不移的存在分位上进入存在者间关系，以此保证和其他存在者的相与互及。

在思想观念不是作为拟存在者，而是作为存在之标记形式的情况下，同一性不应该表示思想观念间的关系，而应该表示事物与它自身之间的关系。第三人称存在论决不局限于形式逻辑的范围之内来使用对

---

① 参看本书第一章第三节。

存在分析如此至关重要的"同一性"概念,而要使同一性概念脱离思想问题,变成存在问题。同一律在"A＝A"这一形式上并非意味着两个思想性标记就它们可以替代同一个存在者而言,它们就具有同一性;而是说,某事物 A 如果存在,其天道内容便是:由它去是它之所是。因此"A＝A"这一重言式本然地蕴涵着"存在内容重复自身"这一存在之本意。在此,同一律恰恰运载着至大无外的存在之道,而决不仅仅是意义问题的思维规律。即便只从形式上讲,任何思想也总是对某存在者之存在的所思,而一切存在无不服从作为同一律的存在之道。

存在行为不同于一般的行为概念的根据,也只能到存在的可再性原理中去寻找。普通的行为概念服从于因果律,因而总是导致"变易"概念。这样的变易需要用一系列描述性状态的相继更替来规定其内容。因此,普通行为具有一次性,它不能重复自己。如果一个行为保持某种内容相同的状态规定,比如用手按住桌面上的一个球不动,这只能算时间上的一种持续性,谈不上对这个行为的重复。如果在"重新开始"的意义上重复一个具有完全相同状态规定的行为,那得到的已经是另一个行为,原来的那个行为并未重复自身,而是被中止了。重复自身内容乃是存在行为的特殊机理,这个存在行为仅仅表示存在者的存在并且就是那个存在。在存在行为的有效区间内,存在服从于同一律,因此不引入变易概念。由于不引入变易且不用任何状态规定,存在就成为存在者按一种特殊规则的所行之事,它在特殊的存在论论域中展示自身的内容原理,即不断重新决断自身之所是,让所有的可能"所是"保持同一。存在行为的固持性和一般行为的持续性之差别也就在于:后者无论其在时间上保持多么久,它永远是一个一次性的事件,绝对谈不上对自身内容的重复,更不消说在这种重复中推进自身。

3. 复多性原理

任何一个事物的存在都不能在绝对空洞的虚无中表现出来,它必有其所及。每一个存在者都有它的世界,它总是在它的世界中去构成自己的这个存在事态。事物通过"占位"所肯定下来的东西,是将自己的存在"添加"给它的世界,从而肯定自己与这个世界的相关性。由此产生问题:何谓世界? 第三人称存在论的基本问题是如何构显存在者自己存在的内容(而非现象、意义)。存在论的世界概念表示存在者构显自己存在的界限或法度。在意义论域中,世界被定义为形形色色的认识论尺度:仅当我采取特定的态度(物理的、算术的、神话的、常识的等),相应的世界才对我存在。或者像海德格尔那样把世界定义为"此在的一种存在性质"。① 构成分析当然拒绝这种世界概念。世界作为存在论术语也不等于一个旁在性的时空场所,而是存在者间相关性的界限或法度,"在世界中存在"表示进入存在者间的相关性。由此可知,世界作为存在法度在量上的要求必须是复多性,因为相关无非是存在者之存在有其所及,绝对无所及的自一性也就等于不存在。但复多性作为世界的量之法度又是如何可能的? 回答是:存在者将自己的存在添加于它的世界。

存在之添加生成复多性,从而生成存在者间性,这只在第三人称论域中才有可能。这件事的前提是:一个事物能够将自己的存在添加于世界,仅当这个事物占有自己存在的"一个位置"。世界作为法度则意味着开启出存在的"区域性",从而让存在之位置成为可构成的,并让诸位置成为可相关的。如果一个事物的存在是作为现象被给与,那就只有第一人称主体的世界;事物的存在既然没有自己去占位,也就无由添加于它的世界。在这里,无论存在者的单一性还是世界的复多性(存在者间性)都无从谈起。根据前面的分析,事物的存在对世界的"诠构"首先在于事物直接去构成它的世界,单一性和占位是这种诠构作用的表现;但这只是从存在者方面来说的。而从世界方面来说,诠构的本质恰在于存在者将自己的"那一个"存在添加到世界中去,使之"凑成"世界复多性的一个部分。因此这件事的完整存在论内容说法应该是:事物在它的世界中占有"一个位置",同时,它又将这个位置添加给那个世

---

① 海德格尔:《存在与时间》,陈嘉映、王庆节译,三联书店 1987 年,第 80 页。

界。所以世界的"存在"不同于存在者的存在,这不是存在论的直接问题,但却是存在问题得以提出的前提。因为存在者的存在必然要求复多性这一世界法度,而且直接参与建立这一法度。只有一个存在者的绝对自一的世界是不可思议的。对构成分析来说,世界是"一"(世界的存在是一个整体)这种玄妙的说法毫无道理。因为存在是存在者的存在行为,而非作为"一"的整体性这种状态规定,"多"也不是指互相对立的现象性杂多的个别存在,而是指世界的量之法度。每一个事物都在它的世界中构成自己的存在事态,并将此存在添加于它的世界,这种构成和添加必然导致复多性。

任何一个事物的存在必有它向之存在的"去处"。这倒不等于某个特定的具体处所,而是一种关系概念。但存在之所向的"去处"却又不能仅仅落在该存在随时可能牵扯到、但又非常不确定的种种杂多关系上,比如说场景的设置、时间上的联系、事态的合成、力学上的相互作用、生态学上的互为天敌或互相依存,等等,而是以任何这样一种杂多关系为其函项、因而更具确定性的存在论上的复多性。例如,窗台上的一盆花,无论它的存在在其杂多关系上如何丰富多彩,诸如它由某个人培植,处于一个特定的方位,拥有某种颜色和香气,还可能寄托着岁月流逝的情感含义等,这每一种杂多关系都是复多性的存在论函项,而复多性则构成存在行为之所向的"去处"。所以当人们问,存在者作为单一性将自身的存在从虚无中提取出来时,它将这一存在置于何处?回答只能是复多性。复多性作为世界的量之法度支撑着存在的世界性。当然人们也会注意到,这种对复多性的解说包含着循环论证:复多性的生成依赖于存在者间的相关,但复多性又开启着相关性。

在任何情况下都需要有复多性作为世界法度才能保证相关。世界之为复多性意味着,根本没有在一切存在者之外作为空洞场地的世界,世界不过是由相关的存在者向其去处添加其存在的一个关系概念。因为,相关事物"在同一个世界存在"这件事的存在论内容说法是,这些事物之存在作为存在行为具有互及性,因而互为去处;这远不止于一种空间或时间关系。所以对于个体 A 和个体 B 来说，无论在普通的杂多情况中，个体 B 是处于 A 之内或之外、之前或之后、近处或远处，或者相反；在存在论上，A 和 B 都已因其各有自己独立的存在而占有"一个位置"。就这些位置是以向同一个世界添加自己的方式来相互打通联系而言，A 和 B 是共同到场的，同时在 A—B 之间也就建立起区域性。此时复多性从存在者存在方面来看便是之间性了。

由此可以明了，一个存在将自身添加于世界，决不导致依意义尺度而显现的现象，而是自行将其"存在内容"添加给了在之间性中发生的存在事态，从而开启一个存在者间的"世界"。人类从自身特有的经验结构出发，总是把存在的世界性理解成存在可以向其给与自身的一个"主体的视界"。即便在这里，我们仍能认识到，仅当有一个事物之所是作为内容被添加于一个存在事态，才有可能获得一个所与性的描述规定。也就是说，事物作为存在者以添加自身于之间性的方式诠构它与之相关的世界。

4. 相关性原理

相关是存在者间关系。由于每一个存在事态都只能在复多性中成立，所以任何一个存在事态都不可避免地具有"综合性"。但是相关原理并不增加存在作为现象性而系属的那种关系系列，因为相关并不是一般的关系现象，比如一幅画挂在墙上就具有一种空间关系，一个场景引起我们的某种回忆就属于一种意识关系，任何这样的一种关系都以思想对存在的现象特性进行规定和综合为条件。相关则建立起和一切这种思想性综合作用完全不同的纯粹的存在论综合。这里的问题是：在复多性世界法度中，诸存在者存在如何仅仅由于它们自己的共同到场而得到保证？依主体性尺度所作的综合只能保证思想性的现象间关系。相关则意味着，由于存在者将自己的存在添加于它的世界，因而才有这种特殊的关系，其内容是存在者间存在行为的互有所及，而不是一个主体对于对象之规定性的综合。于是，即使两个东西在其规定性上保有某种关系，但它们在存在论上却可能毫无关涉，比如在一张纸上写出一个完全随意因而绝对无序的字母排列，就会产生这种结果。反过来说，某两个事物在其可规定性方面可能无关，但在存在论上却有相关性，例如在语言研究中，如果一段古代楔形文字碑铭中遗失了某个符号，虽然两者之间不可能在可规定性方面形成有效的综合，但两者的存在却有着不可否认的相关性。

相关性原理不过是个体性、可再性与复多性诸原理在存在者"自行去是其所是者"上的统一运用：如果一个存在者是第三人称个体，它必然在世界中占有一个位置，并不断重复这一存在；如果这个存在的内容在重复中被固持，它又必然将这个存在添加给它所系属的那个世界。

事物存在的相关性要求事物必须使它与之相与的存在是和自己"同构"的。如果一个事物的存在有所及于他者，那么，这个存在必定约束着它与之相关的那个他者的可及性及其样式。这是因为，就特定存在事态而言，该事物的存在永远具有在先性——仅当该事物已然自己存在，才能对他者有所及，并使之来与自己相关。另一方面，尽管那在先的事物存在的类型是存在者自行决定的，但该类型却要在存在者间具体的相关性内容中才能构成和确证。显然，构成分析如何能以这种"先定的"方式来规定一个存在行为的类型和样式，这还是一个新的理论问题。

我们从一个特定的问题入手：事物如何在与人的相关中构成自己的存在？这个存在的一切"所是"之内容均与人的存在有关，但却并非被人的存在所决定，或向人的存在被给与，这些内容仍然被事物自己的存在所决定，确切地说，是被这一存在对人的存在有所及的特殊结构所决定。事物与人作为两种不同分位的存在者，其存在行为具有完全不同的类型，而事物的存在有所及地与人相关之所以可能，则缘于在这两种存在的不同类型之间有着确定的"同构性"。

为了引入存在行为类型的同构性原理，我们需要进一步推进在前面表述过的第三人称存在论最基本的一些原理。"存在行为"是用来理解存在的新概念，事物的存在行为构显它的存在事态的全部内容。构显等于说这一存在的内容"自化于世"即自行展开于它的世界,可称之为"存在的现实化"。这种现实化必须具有确定的类型。我们将不同存在行为在存在者间实现的类型化称之为"同构作用"。"事物作为存在者在与人相关中构显自己的存在"这一原理,必须诉诸存在行为的同构性这一前提。那么,如果事物的存在在其与人相关中不再作为被给与的对象性,它的存在行为的类型将如何重新决定?这方面有一个重要的说明线索,即:在事物与人的特定相关性中,人拥有对存在的领悟和诠释。事物的存在行为如何能先于我们对这一存在的一切领悟和诠释而独立有效?

"对存在有所领悟并使之观念化是人的存在行为的一种本质可能性"——这一论断的存在论前提有待澄清。领悟如果属于存在行为的特定类型则必有所及,此所及性在存在论上不会是单向的观念化作用,而是人与事物作为存在者共同到场的存在者间性。一般的存在行为之可及性也不等于现象上的因果作用,而是对他者存在实行的同构作用,从而使之具有相关所要求的类型。

领悟如果属于人的存在行为的一个类型,则必须能够展示出其与事物存在的同构性。在领悟中不仅包含思想对事物存在的观念化作用,同时也包含有事物对思想之存在的类型化作用;与"观念化"平行的这种对思想之存在的类型化,我称之为"世界化",它要求必须使对存在的领悟本身成为有世界的。领悟必须有其世界法度,因为领悟必须是对某存在者存在之领悟。世界化将领悟带入存在者之间,使领悟作为存在行为在存在论上成为可能。例如,我此刻对这个房间的存在有所领悟,我断言它"存在着"。这件事在存在论上的内容说法,不仅是我在思想中将这房间的存在观念化,同时房间之存在也使我的领悟成为有其所及的和有世界的。领悟当然是人的一种本质性的存在行为。另一方面,每一个事物的存在行为则具有另一种本质可能性,即:进入领悟,使领悟在存在论上成为人和事物存在者间的相与方式。事物在与人的相关中本然地能够使自己的存在作为内容而进入人对这一存在的领悟,由此而产生一种最普遍的事物存在之同构作用,就是使领悟"世界化",正如人的存在之同构作用使事物的存在"观念化"。需要并能够被领悟,作为事物对人的存在行为的类型化作用,乃是一个存在论解释,它给出思想之存在的存在论根据,完全不同于对思想的认识论解释,即把领悟当作思想对事物的朝向、把握、统摄等观念化作用。

事物的存在使与之相关者的存在来和自己同构——可称之为"事物的存在需求"。在与人相关中,事物的存在在人的每一种有所领悟的存在方式中实现它的存在需求,以此对与之相关者的存在行为实行普遍的同构作用,奠定相与互及的种种特定的同构性格局,使存在本身成为自行构显出来的现实化事态。例如,空间物体的存在本然地要求着看,声音要求听,工具要求使用,作品要求制造,事件要求被经历和被回忆,等等。上述情况中的每一种,在存在分析从"属人世界"向"存在者间世界"的转换中,都获得了重要而全新的理论后果,需要逐一加以研究,但我们在此不拟多论。

反之,如果坚持认识论的功能化解释,而把相关性的存在同构作用和事物的存在需求,全都看成仅仅是精心构造出来的概念游戏,用人类的经验存在观来提供它们有效性的根据,我们只能重新退回到意义存在论的困境中,而不得不把"事物本身自己去存在"当作纯粹的幻想。我们不仅让当下到场的一切事物——例如桌子、台灯、书,以及概念、语词等抽象事物——的本身性存在悬而未决,而且让我们自身存在的世界法度隐而不显;而这一切作为先定性却正是一切理论活动和观念化功能作用在存在论上的根据。如果没有事物的存在作为世界内容在先,任何关于存在的思想形式和经验形式才都是纯粹的幻想。

因此,事物的第三人称存在与人相关,不再从事物向人的经验被给与这一维度得到确证,而是将事物之所是直接添加于人的存在,每一个这样的"所是"都以它的"自己去是"为内容。由此产生出特定的效用,此效用也并非向人显现事物的状态,而是人必须在自己的存在中接受事物存在之"所求",因此,这不仅仅是对存在的领悟,而且包括其他更本质的相与途径,如制造与废弃、要求与摆脱……等等。海德格尔早已证明,人与事物的存在相关,并不意味着人"知道"事物存在,而是人在其自身的实际性存在中直接"承受"那一事物存在之所及的内容。此时是否"被给与"无关紧要,只有"相与"才将存在者存在的内容确定下来,并使得构成分析能够认定第三人称性的存在事实:"那个事物是包含人之存在于其中的那个世界中的另一个存在者。"

相关性标志着事物存在行为之间的类型关联,就像因果性标志事物存在状态之间的现象关联一样。按照可能经验的规律,一个所与的原因决定一个结果的存在;而按照同构作用的规律,任何一个存在在它现实化为存在事态的可能趋向中,都蕴涵着支配它之所及者之取相类型的力量,这就是存在论上"有其所及"的本质。例如,事实性存在与观念性存在属于不同的存在行为类型。由此产生了下述差别:一间真实的房子,其存在与一个真实居住者之存在的相关性,跟这间房子与一个想象中的居住者的存在之相关性,这两种情况属于完全不同类型的存在者间关系;而作为房子存在之所及的居住者之真实性与想象性这两种存在行为的差别,完全取决于房子作为存在者的存在(或不存在,或其他存在取相)。如果房子本身就是一个观念性存在,由此又会导致完全不同的存在者间之世界共属结构,此时任何真实的居住者的存在都成为悖谬性的。任何一个真实居住者存在,当且仅当那间房子是一个真实存在。

三、携事物原理踏上追寻存在本意之途

对事物存在的构成分析本质上属于存在诠释,其最终目的是从理论上把事物的存在揭示出来,但又不沦为思想对于对象的描述性规定。这带来一些极为困难的问题,这些问题的解决仍然系于对存在的诠释,因为这些问题的解决等于要求:被诠释的事物之存在对自己与之相关

的存在事态具有诠释作用,使诠释成为事物本身的一种存在论机理。这看来是不可思议的,因为诠释只能属于领悟,从而属于人的存在。但这个解决却是可能的。我们在上面的讨论已经把这个问题带入了它所要求的新论域。我们曾指出,与诠释有关的存在问题原初地包含着存在的名实之辨。存在者存在,按其"自-然"法度由存在者自行构成,才使存在之实成为可能。存在之实是第三人称存在论的基本问题,我们亦称之为存在的内容问题。和存在之实相对的存在之名,却和我们对存在的领悟机制有一种本质关联,所以成为存在问题的一个迷途。

如何走出这一迷途?这是一个非常困难的问题。我们在上面演证的事物存在诸原理为这一问题的解决带来了初步的光明。按此原理,事物的存在在其与人相关时,该存在的"被给与"转换成它向它和人的存在者间世界的自行展示(即构显)。此种自行展示无须由人来给与意义,反而对人的存在境遇造成一种强制性的添加和限定作用。人对存在的领悟为了使自己成为有世界的,必须就事物的存在需求来展开,并提供出事物的存在消息。此时领悟的种种内容可以说都属于存在者存在的自行"说出"。我们曾指出,个体的自一性存在无法展示自身,当存在者将其世界性构显出来时,它实际上也就将自己的存在展示于那个世界了;这种"展示"就在于将一个存在事态"整全地"完成之。就事物的存在在完成其"存在图景"方面有所作为而言,我们称为事物的存在行为对它与之相关的世界具有"诠构"作用。例如,对一座纪念碑的存在来说,存在者本身对世界的诠构作用表现为:它首先先于一切领悟将一个事实强行决定下来,即对它所属的那个世界来说,"有此事物"与"无此物"不一样,这个事实先于一切对该事物存在的现象性描述;以此为前提,在该纪念碑和领悟本身的关联之中,它将其存在的一切可能性"强加"于领悟:它作为一座石碑建筑、一个场所、一种历史事件的标志,在某种确定性上创造出那个领悟性存在的特定劫数境遇;于是在通过存在行为的同构作用奠定的世界格局中,纪念碑作为存在者在领悟的每一种可能性中实现自己的存在需求——建造、闻知、亲自瞻仰、探询、回忆、利用,等等。

　　事物存在的世界诠构机理在批判方面的功能,是打破"存在是思想的判定方式"这一传统教条,废置存在论的"心的论域"。这同时要求反对另一传统教条即"形式决定内容",说明存在的实际性内容如何先于存在的意义形式。这一点已经做到。存在之实本身作为存在行为诠构它自己的内容意谓,在这种情况下,存在之实的自行决断是无条件的,存在者在其存在行为中向着它与之相关的世界展示出("说出")自己存在的内容,这个内容先于存在判定。在"存在就是被判定"这一教条中,关于"x 存在"的断言是有条件的,其有效性依赖于"x 如此这般"的描述,但由此揭示出来的东西只是存在的现象,即意义给与形式,其前提条件是存在者必须进入主体的意识之内。但是存在诠释的世界法度要求诠释必须有世界,因此必须置于事物和人相关的统一的存在区域;具体来说,判定作为诠释的步骤之一总是"对……的判定",第三人称存在论不允许这种判定有任何自外于存在问题的独立的认识论视野。在这个新论域中,一个存在者的存在,不再如通常所说的那样只有被判定才有意义,而是仅当它自行去是其所是之时,它的存在才是可判定的。这种"自行去是"机理不再由判定来定义,而是由存在者的存在行为来保证。

卷　二

第三人称存在论的范本

存在问题是哲学的第一主题。形而上学作为第一哲学,其最终目的是把一般存在之道表现于一个理论体系。在本书的第一卷,我们给出了存在论的一般原理及其问题结构,由此初步建立起存在论的一个新论域。在第二卷,我们将在这一新论域中以人这种存在者为范本,系统展开和证明第三人称存在论的主题与原理;为此将进行一系列具体问题的研究,直到终于在我们选定的这个范本上确证一般存在之道的真理。

首先需要说明,"范本"这个概念的含义是:这种特殊存在者的存在问题,对于追寻一般存在之道这个总问题来说,只具有例示性。排除意义问题之后,对人的存在问题的研究,不是为了建立尺度,而是为了在人的存在分位上验证"凡存在总是存在者自己存在"这一原理,这就是范本。由此面临一项以前从未尝试的工作:人这种存在者——如何在他的存在行为中——构成他自己的第三人称存在?我们有足够的信心宣称,在这个范本中已经包含了一般存在之道运行的完整轨迹,其前提条件是:这种存在者的存在行为必须取得"存在互及"和"存在历事"这两种内容实相。存在行为取其二实相为"互及"与"历事",并非任意杜撰,而只是为了更好地猜测和接近存在的本意,并在后面的研究工作中证明之。

海德格尔曾将存在问题的结构勘定为"问之所问——问之何所问——被问及的东西"三者,并且用"存在——存在的意义——存在者本身"三种理念分别作为其归属。① 其实当我们把存在规定为存在行为时,海德格尔的"问之所问是存在"这一问题即被取消,他的第二个问题"问之何所问是存在的意义"也因为提问方向错误而无效,只余下"被问及的东西即存在者本身"这一问题有效。我们完全可以用一种更明晰的方式去说明存在问题的结构,它包含以下三点:(1) 谁去存在?(2) 该存在者如何去存在? (3) 该存在者何所在?

在第三人称论域中,问题(1)"谁去存在"预先肯定了凡存在一定是存在者的存在,所以"谁去存在"之所问实为:谁在亲历它自己存在事态的过程中构成此存在? 由此牵出的问题(2)"如何去存在",不能诉诸存在现象,只能归结为存在者自己的存在历事。问题(3)"何所在"之所问,则是存在的"世界场所"问题。这就非常明显:存在问题的基本构成要点,已经预示着存在行为必落实于"历事"和"互及"二实相;与之相应的构成分析工作,也划分成"个体论"与"世界论"两个部分。这一划分将指引我们对人的存在之范本研究的整个方向。

第一部分　构成分析的世界论

引　论

我们的存在天生包含着"自-然"与"使-然"两种存在法度的矛盾,可称为"人的存在的两重性":(1) 人在"自-然"法度中存在,意味着他和任何存在者一样自己去存在,直接到场行事并自行去是其所是者。

---

① 　参看海德格尔:《存在与时间》,陈嘉映、王庆节译,三联书店 1987 年,第 7—9 页。

（2）人的存在中的使然性是这一存在的独特之处，即对存在有所觉知和领悟这样一类特殊能力，原则上，人能觉知到一切存在（包括自身）的可能性和完满程度。本来，对存在的领悟属于人的存在的一种本然内容，但领悟却能够在一切存在之外和之上建立起一个"看"存在和"判断"存在的新界面。由此提出了一个问题：我们存在的有效性，是从存在者自己存在的原初界面上得到，还是从存在领悟的新界面上得到？人类根深蒂固的存在直观是：我们的存在仅当它进入某个视界和判断中获得对象性，才能获得有效性。视界和判断作为存在的有效性尺度，外在于并高于一切存在事态的内容；而视界本身作为人的存在的存在论根据，则是不能追问的。

但是上述存在直观本身的有效性是有前提的，即把存在"看成"可以表象和摹拟的现象状态；视界和判断只能在这个限度内充当现象性存在的有效性根据，但却决不可成为存在者自己存在之内容的"自-然"根据。因为对存在的领悟和判断属于人的存在行事的一种内容，所以它不能判断它自身的有效性。根据第三人称存在论的原理，如果一个存在在它被"看成"如此这般的可能性之外，而另有被"做成"一件事情的可能性，那么，我们的存在便只能在存在者的存在行为这个维度上有效。

上述存在直观相当于说：一个存在仅当它相关于人的可能性时，才是可以究诘的。这个说法其实带来了一种正面的哲学启示。由于"人的可能性"是个含糊的概念，它总是被狭隘地限定为存在视界的意义给与作用。在这种情况中，作为"看存在者"的人的存在超越一切存在追问而高高在上，作为自在之物的"存在者自己存在"也不被追问。但是，"人的可能性"也有一种更切近其本然内容的含义，即这种存在者构成自己存在的诸可能性。相应地，所谓"与人的可能性相关"是指对人构成自身存在之可能性有所及。人对存在的领悟和诠释作为使然性，属于其"自-然"存在的一个特殊内容。这种"自-然"法度上人的可能性则是一个需要进一步追问的问题，因为人只有在自己亲自到场的存在中才能展示其存在的可能性,从而开启其有所及的区域,构成他的"何所在"的世界。这意味着人对存在的领悟和判断,其本身的存在论基础是需要追问和检查的。于是所谓"存在者自己的存在"也成为可以究诘的。

现在可以明了,我们这种存在者存在的使然性及其虚假问题(意义问题)给第三人称存在论带来的一个利益,就是它提示了存在的相关性问题。在上面的一系列准备性工作之后,我们现在可以就该问题的探讨提出如下引论:

依据一般存在之道,人的存在行为必有所及,据此,那决定着"与人的可能性相关"这一情况的根源,我们称之为"人的存在的世界性机理"。第三人称存在论对这一机理的研究工作,我们称之为"世界论"。世界论的问题和任务是:依据人的存在相关性之具体结构和理念顺序,澄清该存在者如何在其存在者间关系的诸具体类型中构显自己的存在内容。这个工作将依循如下步骤逐步进行:

1. 及于事物,其理念为"诠构"(第四章);

2. 及于他人,其理念为"人世间"(第五章);

3. 及于自身,其理念为"拟构"(第六章);

4. 相关性的统一本意,其理念为"到场齐全"(第七章)。

第四章　及于事物与诠构

一、在存在论上，人与事物如何相关？

在"人与事物的关系"这个标题下，可以囊括全部传统认识论问题和美学问题的主题，即：我作为有理性的存在者，何以把握事物存在的认知义和美义？这类主题一直渊源于第一人称的意义论域。① 当我们在第三人称论域重提这个问题，即用存在者存在取代存在的现象概念时，就把这个问题重提为：在第三人称论域，人与事物存在者间的相关性，其存在论的正确说法是什么？

"有理性的存在者"这一本质如果等于认知存在的一种能力，那就意味着人类只能达到存在的现象。因为认知按其本质只能在思想的反思活动中涉及事物的存在，故必须使用存在之名来替代存在之实。从这种"存在的知识"角度着眼，康德将存在划分为"存在现象"和"存在本身"就是对的，因为这种知识只能是关于我们如何在思想中运用"存在之名"的知识，在这里，我们以任何方式都不能了解作为"存在之实"的

① 本章及后面的第六章，包含有对近代西方认识论的批判，第五章则有对西方伦理学的批判，至于我对近现代西方美学的批判，参见拙著《超越审美现代性——从文艺美学到政治美学》，南京大学出版社 2017 年。

事物本身,因为"如果去掉我们主观的素质,则所表现的对象连同感性直观所赋予它的各种性质都无处可寻,且无法可寻。因为确定它作为现象的形态的正是这个主观的素质"①。但是在存在论的新问题中,却可发现"人的存在的二重性"决定着他既可在存在之名中、又可在存在之实中关涉事物的存在,由此可以看到,康德对存在概念的划分尽管代表了伟大的智慧,但他得到的结论却是错的,因为被他悬搁的存在者存在的"本身性"恰恰是存在论的真正问题,而存在现象作为人的存在之意义关涉的派生问题,反而应该被悬搁。存在论研究之所以有权提出这种反其道而行的要求,乃是基于这样的见识:所谓"有理性的存在者",不仅仅意味着他"看存在"的方式(这只是表面的非存在论的理解),而首要地意味着那是他"去存在"的方式。

所以,人和事物只有在存在之实中才能对彼此的存在互有所及。但是,如何将存在者的存在引入他的存在之实,这仍然是一个问题。为此并不要求中止理论上的追问,只要求中止现象作为存在论第一问题的资格,以便为另一种追问让出道路。关于存在之实与存在之名的关系是一个相当复杂的问题,我们将在下一节作专题讨论,这里只能暂先指出,存在之实代表存在者存在之内容的实际性,它排除主体认知(看存在)的抽象化作用,并在容量上远远超出认知的思想抽象。例如,人的存在的实际性内容远远不只是在"看"这一种维度上关联事物的存在,人作为存在者居于他的存在实际性中时,其内容也远远超出他作为认知者的主观性所及的内容。同理,在事物方面,可以给出取消存在现象作为第一问题资格的理由如下:从质的方面说,存在现象作为存在向主体的被给与性,只在认识论维度上才成为第一问题,在存在论维度上则显示其为问题的一个歧途;从量的方面说,思想的抽象作用在于,向认知者给与自身的存在现象总是按某种尺度来规范存在,因此必然遗漏掉存在之实的许多实际性内容,并由此显示符号作为存在之名的震

---

① 康德:《纯粹理性批判》,韦卓民译,华中师范大学出版社1991年,第80页。

撼人心的力量。比如语词可以把沉重痛苦的生活事实改造成美丽的诗意的生活图景。在古代文献中,语词把非常平淡的古代仪式改造得十分庄严,这是因为借助语词力量显现出来的存在现象省略了许多存在的实际性内容,才赋予存在现象以某种特定的统一的意义。这种无法避免的存在遗漏正是存在论在意义论域中支付的代价。一个"有意义的存在"意味着依尺度只选择存在实际性中的某些内容,通过认知程序将其制作为存在现象。但现象作为存在论问题的不可靠性也恰恰暴露在这里。我们由此可得到如下提示:

1. 由"有理性的存在者"作为世界主体去揭示世界存在的本意这个理想是无法实现的幻想。因为认知在其抽象性上不仅阻隔存在者在实际性中到场,而且注定减损存在的实际性内容,此外还带来反思的主体性本身在存在论上的无根性难题。这就造成了由人作为存在主体去通达存在本意这一思路的绝对限度。于是存在追问的正道只能是追问人作为存在者在其存在之实中的实际性存在,因为只有在存在之实中才能保全和这一存在相关的事物存在内容的完满性。

2. 那种对存在内容的遗漏从反面证明,事物的实际性存在就其与人相关而言,具有几乎是无限的丰富性,决非借助存在之名的现象所能穷尽者。事物对人的存在之所以具有一种强制性的相关性力量,其原因盖出于此。所以,无论人的存在领悟怎样设计其存在的可能性,都不能摆脱来自事物存在的碍事、不凑手、绝迹、神秘性和真相不明等情况。这在存在论上决定了:人在其存在的实际性中总是"就事物之存在而存在"。

我们用"就事物之存在而存在"来表示人的存在之世界性的一个基本定理。由此得到如下启示:在人和事物的关系问题中,人的存在本身其实始终成问题地有待构成。根据我们前面对"人的存在之问题性"的分析可知,构成分析要求由这一存在者在领悟中设计出自己存在的全部可能性。现在,我们把这一要求在"与事物相关"方面涉及的问题清理如下:

第一,如果人这种存在者要居有他的存在之实,他就必须就事物本身的存在而存在,而不是就用来替代事物的语词和观念而存在。在语词和观念被用作存在之名而不是本身作为存在者去存在的限度内,人的存在永远在它的实际性上关涉于事物,而不是在意识的反思性上关涉于观念和语词。

第二,这种存在者在领悟中设计自己存在的种种可能性,通常说到一个人的某种存在,在存在论上是指他以一个可能的行事来做成他自己的存在,使之成为可行之事。但是对存在的设计不同于普通的自由选择,而是必须就他与之相关的事物存在来设计自己存在的可能性,才能将其切实做成。尽管人在设计自己存在可能性方面是自由的,他却不能用这种自由取消或改变事物存在的实际性,因为事物作为存在者并不"设计"自己存在的内容,它在"自-然"法度中直接构成其存在,并居有其存在的全部可能性。因此,事物存在的实际性内容不仅是不可取消的,而且是无限丰富的。人之所以必须就事物之存而是其所是,其根源盖出于此。在这里,人的存在的每一种可能性事实上都被他与事物存在的特定相关性所限定。比如,一个人作为律师而存在,他必须就一系列事物的存在来设计自己的行事,才能将这个存在做成一事:接手案子,寻求有利证据和线索,应付不利证据,对一切无关紧要的东西则置之不理,等等。在这里,由案件、证据、线索组成的事物系列对人的存在行事的强制性约束显而易见,那些东西显然不是仅供认知的存在对象,就其强制性而言甚至不具有工具性,它们是决定人的行事能否成功的"客观条件限制"。

"就事物之存在而存在"这一点,表示"事物对人的存在论约束"。它是事物存在一个原初的、但却被忽视的存在论内容说法,说的是:一个人的存在只有被事物的存在所及才能构显自身。而所谓人"需要"对自己的存在有所作为,则意味着这个存在必须向其可能性敞开自身才是可设计的和可行的,但这只有在其"就事物之存在而存在"的存在者间互及性中才谈得上:首先,其"存在位置"需要在互及中被决定,因为在绝对的自一性中无世界可言,任何存在者只有在存在者间的复多性构成的存在事态中占位，才谈得上在世界中存在。其次，"存在消息"需要在互及中被承载。所谓存在消息就是一个存在的实际性内容在互及中被包容于存在者间的联系之中，一个存在不可能将其实际性内容完全锁闭于自身，否则只能断言它根本就是无内容的。最后，"存在踪迹"需要在互及中辨认。一个存在在历事中固持自身（重复自身内容），但这种历事只有在互及中"始终作为它自身的存在"有踪迹可寻，才能作为一个问题在存在分析中有话可说。

　　事物的存在，正是基于它分有了"可及性"这种内容实相，才使得人必须"就事物而存在"。可根据上面给出的条目内容对此作补充说明：由于人需要将自己的存在做成某事，所以"构显"总是诉诸存在的某种特定可能性，这就是存在行事。人的任何选择性的行为，诸如观看、使用、谋求、承办、躲避、惧怕，等等，就其隶属于人的存在的一种可能性而言，均堪称他的存在行事。在每个行事中，人借助于他作出的具体选择而将自己的存在直接托付给某种事物，即便他在行事之中对自己的存在并无明确的自觉意识也不要紧，这反而使他能够更切实地生存于自己的存在之实之中。比如作为律师承办案子，承办是一个存在行事，这件事在存在论上的内容说法是，人作为一个存在者去是其所是（律师）。很显然，这个存在作为一种需要的本质就是让自己牵扯进由相关事物（包括案件、证据、法律、当事人、法官和检察官等）构成的这个存在区域之中，这个存在者只能在该事物区域中去是其所是——"是那个律师"，他的这一存在的全部实际性内容都不容置疑地被包容在这个区域之中。在存在论上，那就是他的"世界"，在这里，存在者亲自投入他的存在之实当中，就相关事物的存在而顺其势展开自己的存在事态。这样的一个存在行事与"主体-对象"的意义存在模式格格不入，因为后者意味着一个荒谬的结果，即存在的实际性内容不曾被包容在存在者间的存在之实中，而是被锁闭在主体的存在意识中。这证明了，即使在哲学中，人与事物的关系也不可仅仅包括在"认知"这个题目下，牵动着一个人存在可能性的他的一切存在行事都包含有人与事物的关系。因此，如果主体的存在认知被设定为有效性的前提,在其实际性中发生的一切存在行事便根本无法进入存在论的问题。

　　案子可以承办,这在存在论上的内容说法是:事物作为存在者的存在是可及的。案子也可以被拒绝承办,或者被悬起来,这也是一种可及性。不管哪种情况,从与人相关上来说,事物之存在的内容就是被人的存在行事所涉及。在这里,被涉及与被给与的差别在于:可承办不是事物存在的一种现象状态,而是事物存在的一种可行性;承办在存在论上的内容说法也不是承办者的存在觉知,而是承办者的存在本身。因此,只有人的存在行事直接施加于事物的"存在之实",承办和被承办才是可行的。从"认知"角度来看,承办是"人的事情",所以"被承办"作为一种被动结构只能向人给与自身,否则根本谈不上。但是,从"存在"角度来说,可承办作为事物存在的一种可及性并非就人而有其意义,而是就人而有其自身,这种"被涉及"本身就起源于它对自己存在的"需要":事物让人以承办的存在行事来涉及自己的"那个"存在,从而把这个存在构显出来。作为存在需要的存在具有被动结构,这是人和事物在"自-然"法度上共享的一致性。在人和事物的相关性中,事物之存在才具有被动结构:被看、被使用、被承办、被谋求、被制止、被回避等;而当人在其存在行事中被事物所成全,或者所限制、所阻碍、所压迫之时,人的存在需求同样也是被动的。当然,事物的存在并不具有行事样式,而是在人的存在行事中构显自己的存在,但这不是向主体的视界显现,而是向与人相关的世界添加它自己存在的内容。

二、"名实之辨"的存在论解说

　　如前所述,人的存在的特殊性就在于,这种存在者在他存在的"自-然"法度中本然地拥有另一种存在法度即使然性,由此引出的问题就是对于事物存在的思想性替代。

"使然"者,"使……存在"之谓也。使然性触及事物的存在问题,并且是在我们对事物之存在有所领悟的诠释中触及这个问题。因此使然性并不在于人可以改变事物的天然属性或空间位置、安排事物的用途、计算事物的价值等普通活动上,而是人对事物的存在所作的一种特殊诠释,就是把人对事物的安置当作事物存在的本质。我们看到,现代思想家抨击技术对自然生态的粗暴破坏,其实,只有在存在的使然性已经成为存在论问题的背景下,技术才能真正暴露其为一种违反"自-然"之道的暴力。

让我们进一步说明一个使然性存在的形式和内容。一个使然性,无论表现于何种超越"自-然"法度的存在行事,本质上都属于人对存在的某种诠释。但是,诠释是人特有的存在内容,对人来说,诠释并不必然产生使然性。但对事物(或一切对象性存在者)来说,诠释却通过观念和语词的替代作用而导致存在的替代问题。如果事物的存在只在对它的诠释中有效,那就只能得到替代这个存在的形式。这是使然性存在的形式方面。另一方面,从内容来说,由于只能按"人的方式"去诠释事物的存在,所以,一个事物的使然性存在其实只是人自己的某种可能性。在"主体与对象"的二元性逻辑中,贯彻了对存在本意最强的使然性解释。

一般来说,存在替代起源于对存在的诠释,而诠释必然遗漏存在的实际性内容,因为,作为诠释之基础的"我思对事物的朝向和把握"具有选择性。对存在的诠释在不同论域具有完全不同的意谓。在第一人称论域,诠释主导着存在的意义给与程序;一个存在是有意义的,仅当它具有思想性的替代形式。由于在意义论域中,任何事物的存在都转换成它的替代形式,任何存在都只能在这个形式上成为问题,所以,替代本身反而不能成为自觉的批判性问题。比如西方思路中存在替代的两种最重要的理论形式,即作为"对象性"被给与的事物存在,和作为"用具性"向人上手的事物存在,其存在论上的统一说法为:"人根据某一尺度对事物的存在实行诠释。"存在论批判只有在新论域中才有可能。

替代用存在之名替代存在之实。我们曾说明存在之实就是存在的实际性内容，现在需要回答何谓存在之名。形式上，存在之名可以是由诠释指定的一切符号，但在存在论上，存在之名意味着思想在诠释中对存在作出的判断和设定。语词和观念显然是最普通的存在之名形式，因为存在诠释必须在思想和言说中进行。但绘制图象和制作摹本也可充当存在标记，比如赝品可以乱真，但赝品之为赝品在存在论上的根源却在于它是存在的替代形式。诠释也可以指定一个事物直接替代另一个事物的存在。而且存在之名也并不定格于严格的标记物与被标记物的存在对应关系。比如用语词和图象来代替一个事实上并不存在的事物的存在（即虚构）；或者与之相反，在领悟和诠释中对某种东西的存在故意视而不见听而不闻。此二者同属存在之名的反常使用，就其遮蔽或消弭存在者的存在消息而言，在存在论上堪称更具有力度的存在替代形式。

在西方思路中对名实之辨的存在论结构的解说，由于基于意义前提，很少有能切中问题之要害者。在这个问题上可以断言，从斯多葛学派到中世纪的经院学者再到分析哲学家是一脉相承，绝少变化。分析哲学的指称理论完全在第一人称论域内讨论名实关系，所以发展成一种极端形式化的存在替代理论。"名词的意义就是它的指称"，这一核心观点蕴涵的结论是：意义给与程序应该诉诸语词而不是观念，因为事物只有作为语词的指称才能进入存在问题，并且本然地承载了语词赋予它的某种意义。

在中国古代关于名实关系的讨论中，却能找到纯正的存在论问题的极为罕见的例证，那就是老子和公孙龙。《老子》一书中反复强调的道之"无名"状态（"道常无名"、"道隐无名"），洞察到在存在的"自-然"中，由存在者自行构成的存在之实优先于一切存在之名的思想替代形式，所以，"无名之朴"恰恰是存在依天道展示自身实际性内容的存在论真理状态。① 在公孙龙《名实论》中，对"物"（存在者）、"位"（存在分

① 《老子》第32、41、37章。

位）、"实"（存在之实）、"名"（存在之名）这些术语的定义，严格符合于第
三人称存在论的基本原理。在《指物论》中给出了对名实关系的一个相
当复杂严谨的存在论分析："指"（存在之名）生于"谓"（存在诠释），"指"
只是诠释作出的存在设定，代表一个存在的空位形式，故曰"天下之所
无"；物作为一个存在者则是"天下之所有"。由此推论到："以天下之所
有为天下之所无，未可"，由于存在替代僭越了存在论的固有主题，因而
与存在之道不相容。①

　　从历史考察回到替代问题的正面批判，需要特别注意的是，使用存
在之名只是替代的普通样式，替代问题的本质则取决于哲学的论域前
提。"意义"这个前提，完全排除了存在的实际性维度，只保留存在的现
象性作为唯一的自足的问题。现象既是存在的替代形式，又是存在的
意义给与形式，但现象本身只是第一人称主体的一种设定，只能向主体
的视界被给与而有其存在，所以在第一人称论域，替代的本质后果是存
在者的存在实际上被取消了。但是，在第一人称论域并没有自觉的替
代问题，或者说，在这里"看不到"这个替代问题，因为存在者并不作为
被替代者而存在，而是它在意义尺度上根本就"不存在"。存在者的存
在之所以被取消，其根源在于存在之实不可能是"合尺度的"，因此无法
进入"主体的视域"。只有在第三人称论域中，才有可能将第一人称存
在的替代本质暴露出来，从而把存在之名与存在之实的关系作为问题
提出来，因为在这里，存在之实成为存在论的问题域。"天之道"决定了
存在者的实际性存在不可能被取消，但却能够被某种标记形式所消隐。
这意味着即使在人的实际性存在中也仍然有替代问题，但其性质和意
义性替代不同。构成分析则将这种实际性替代当成一个自觉的理论
问题。

　　人即使作为"自-然"法度上的存在者，也和事物不一样，表现在：就

———————————

　　①　当然无法否认，中国先秦的名实之争带有浓厚的政治色彩和社会意谓。关于
名实关系的许多观点（孔、墨、荀等）都代表一种政治观点而非存在论的问题。

算他作为存在者就事物的存在而存在,而且以此作为他自己去存在的内容,他对这一切也仍旧始终保有领悟能力。由此产生出人的存在对自身实行替代的特殊可能性。这种替代的本质是:它使原有的"就事物而存在"结构的诸环节变形,由此带来某种新的存在者分位和存在相关性。这完全不同于意义存在中的替代,后者把一切存在都变成属人的设定形式。在人的"自-然"存在的自反性替代中,事物存在与他的相关性被揭示,但并不是由他的领悟赋予某种意义,反而是人在其领悟中承担起相关者的存在消息。在人的日常生活中,如果和他的存在密切相关的事物不能直接到场,替代的问题就会变得十分紧迫。比如当我们思念某个人或需要某种东西或有其他要求时,就是这样。替代在存在论上的一种后果是使存在者不能到场,但在另一情况下又可以重新组织到场。为了在相关中实现存在的某种可能性,我们经常径直就自己与之相关的事物的某种存在替代标记来设计自己的存在行事,此时相关性的原始结构发生变形,其后果是:替代者本身已转换成独立的存在者分位,从而带来某种新的存在者间相关性。以祭扫坟墓为例。在原初的相关性中,坟墓只是死者的存在替代物,生者借助于这个替代物来寄托对死者存在的追思之情。就这个原始的相关性来说,生者只和死者的"曾经存在"相关,而祭扫之际,亡者并不到场(因为他已经不在),仅由坟墓代替之,于是向作为替代物的坟墓付出感情便显得不可思议。但是这件事在存在论上的本质在于:坟墓作为一个存在标记从一开始就获得了它独立的存在分位。祭扫意味着生者就这一由替代转化而来的存在内容另行设计自己的存在行事,由此产生出全部祭扫礼仪的严肃性:奉献祭品,并倾注真实的情感,仿佛死者真能享用。

存在者的实际性存在按其本意是不可替代的。所以第三人称论域中的替代并非真正的存在替代,而是标记物作为符号从存在之名向存在之实的分位转换。标记物本身也是事物,其标记功能由存在诠释指定,此时它作为存在之名并不关涉人的存在本身,而是关涉人对一切可能存在的诠释程序。诠释具有双重维度：在认识论上，诠释只代表第一人称主体"看存在"的目光，诠释本身的存在问题不被追问，相应地，语词、观念、图像等标记物的存在亦不被追问，它们只是存在认知程序的诸环节，充当存在现象的载体；但在存在论上，诠释本身的存在成为问题，此时诠释展示自身为人的一种特殊存在方式。我们借用人们熟悉的一种说法称之为"诠释的实在化"。与此相应的情况是，由诠释指派的诸存在标记物亦获得了一种存在论的新规定，它们作为存在者和人的存在本身直接相关，其互及性的内涵完全超出原有的诠释。墓碑不只是自然界的一块石头，但它也不只是人所设定的一个标记符号，事物一旦被制作为一座墓碑，它便作为一件神圣之物去存在，人就不再能取消它的神圣性，只能就其"是墓碑"这一存在之所是者设置自己的相关之事，不仅拜谒祭扫属于"就墓碑之存在而展开的存在"，甚至断碑掘墓也是如此。特别应该清楚的是，"是一座墓碑"作为这个事物的存在内容，并不等同于人的一个意义设定，因为在第三人称维度上，人把一块石头当作墓碑来看待来使用这件事，并非一个意义给与程序，而是就该存在者之存在而行的存在历事。人的这一历事本身在存在者间关系上是以那个事物"作为墓碑"去存在为前提的。

　　第三人称存在论对替代问题的解决可以概括如下：替代起源于存在诠释。诠释使用存在之名，遮蔽和遗漏存在之实，所以按存在之道的本意，人和事物的存在者间关系最终应该落实在非诠释性的直接互及上。实施诠释问题的存在论转换（把存在标记物由存在之名转入存在之实）之后，便可开拓出一种无诠释的探究之境，从而实现存在之道的那个要求：人直接作为存在者就事物的存在而推出自己全部的存在可能性，无所遗漏亦无所替代。

三、什么是"诠构"?

任一存在事态的构成在它依循"天之道"的意义上都有一个内容需要"说出",因此而有构显问题。当我们试图"说出"自己的存在时,我们描述它的内容,世界之存在在这样的"说法"中成为一种景观式的东西,把我们带向诠释。这个结果从反面提示出一个问题:既然世界之存在按天道在其实际性上作为一种内容来展开,并按此天道而需要将此内容有所展示,那么它能否自行"说出"它的这个内容? 让我们在这个提示下再作一次努力。

一般的存在诠释的本质在于:通过诠释的意义给与作用使事物的存在形式化,也就是在事物存在的实际性内容之外并行地创造出某种"存在的形式"。诠释把跟事物存在密不可分的诸"所是者"从事物身上提取出来,将其形式化为存在之原初所与性的诸规定,收入主体的视界内。于是便产生了这样的内容和形式的对立:一个事物无论它是什么,对存在者来说这都是它的实际性存在事态的内容,但对第一人称主体来说,这却是一个赋予存在以意义的形式。比如一件农具的存在事先被提取为一个现象,通过诠释而转换为"有用性"这种形式,其具体说法为:在"使用"这种属人的存在形式中,诠释把该事物把握为农具,因此它才"是一件农具",作为农具而存在。海德格尔认为,"使用"作为人的生存活动才最本真最原始地揭示出用具的"存在"。[①] 当然,在诠释中,我还可以赋予该事物存在以其他的形式。

诠释使存在成为有意义的,由此而创造了新的存在。这种形式化的新存在在它与事物的对应关系中获得了符号的种种样式,它当然有

---

① 海德格尔:《存在与时间》,陈嘉映、王庆节译,三联书店 1987 年,第 85—86 页。

权成为存在论的新问题而另有理论上的说法,但却不构成对事物原有的存在问题的回答。因为创造本身不是存在论问题,至多只是事物的自然史问题。所以,对诠释进行存在论批判的要义在于:诠释在世界本身的存在内容之外创造了新的存在形式,并把这个形式的创造问题当成事物存在的根本问题,对事物存在本身却无所提及。但事物存在的内容却不能由思想和主体从外部去创造,而必须由事物自己去构成。比如,由"使用"揭示出来的事物存在(用具性)乃是因被使用获得的存在形式,它是由使用者赋予的一种说法,仿佛是由于被人使用才被赋予的一种生命,好像如不涉及使用,就谈不上"存在"。这就彻底堵塞了追问事物作为存在者存在的前进道路。海德格尔声称他把认识领域的"物"变成了生活领域的"用具"①,其实他只是把自行去是其所是的存在者变成了对象性的"物"。不可否认,事物的存在引起了诠释问题,但事物本身的存在问题却不能靠诠释赋予的形式来解决,只能按存在之道,相信事物自行构成其存在内容并将此内容展示于与人相关之中。于是问题变成:存在者本身如何"诠构"它与之相关的存在?

　　如果事物自己去是其所是,那么这件事的"说法"一定取决于事物自己。但"去存在"和"展示存在内容"却不是一回事。内容展示的本质要求是无标记替代的直接构显,任何事物在这一要求上都无法自己说出自己的存在,这倒不是因为取消替代之后认识论的通道被堵死,使事物本身成为不可知的;而是因为事物根本不能绝对自一地、无所及地存在,而只能在相关性中向着它的世界展示自己的存在。譬如说,事物只能在共同占位的相关中才能展示其所属的类分位。由于人的存在在任何情况下均与事物相关,共同构成统一的综合性存在事态,所以,事物只能在这种特定的相关性中展示自己的存在;而这跟事物作为存在者如何诠构一般世界的存在恰好就是同一问题。我们曾经指出,诠构实

---

　　① 海德格尔:《存在与时间》,陈嘉映、王庆节译,三联书店 1987 年,第 84—85 页。

现为事物对世界存在的某种"限定"效用，但却无需使用语言和观念。诠构的限定效用可以表示为：如果事物不到场，它与之相关的存在事态便无法构成。事物无言，它从不直接说出自己的存在，但事物却在由它限定的这种相关性中"说出"人的存在，同时也就把自己存在的种种内容说法"说出"。让我们对此作进一步深入的分析。

甲，存在作为存在行为必有所及于他者，从而必然包含一个综合性的事态。如果存在事态是一个事件，比如一个历史事件或一个乡村节日庆典，这种综合性就十分明显。而当我们谈到一个存在者时，通常是以个体（一个人、一个事物）作为存在的主目，但即使在这里，个体的存在本身仍然不可否认地包含有一个综合性事态。这是因为，任一个体就其存在必有所及来说，其存在必然是一种复多性的综合。这种综合的本质在于，它保证存在的相关性结构不被扰乱，而相关在这里意味着：任一存在事态都要求在一种其所及者全部到场的"整全性"中构成自身。例如，一件农具对一个农民的存在来说是一个相关者，这个农民的存在则永远包含着一个复多性的综合事态。农民之存在历事的实际内容首要地就是农活和农庄生活，这涉及房舍、田地、农具、种籽等基础条件，涉及树林、草场、农时、气候等环境要素，还涉及到公共聚会场所和各种服务设施如酒馆、商店、邮局、交通工具等。所有这些事物构成的统一的农民之存在事态，将自身展拓于一定的空间范围内，并持存于一定的时间界限内。

多数性由诸相关个体向着统一存在事态添加自身来保证。这个保证性的添加就其对世界存在的构成作用来说，就是事物存在的诠构作用。与农民的存在相关的所有这些事物共同向着这个存在事态添加自身，才使得该事态所要求的多数性综合成为可能。而农具作为一个存在者，它向那个统一存在事态的添加，并不限于通过制造或者购买来获得这件农具并将它"添置"到家当中去之类人的"使用"活动（像海德格尔说的那样）；添加本属于事物的存在，它起源于事物就其自身之"所是"而发生的存在历事，它是当事物在它与之相关的世界中占位而产生的一种限定效用。添加等于说,这个存在者就这么去存在:它在这一存在中使自己"置身"于一个农民生活的总体性中,并保证这个总体生活所要求的多数性中不缺少它"这一个"。唯其"是这件农具",才使那个农民作为存在者的存在成为整全的。

诠构在量的方面就是由添加来保证一个存在事态的复多性和综合性。诠构作为添加,具有明显不同于诠释的存在论结构:"诠构"意味着全体存在者直接向自己与之相关的统一世界添加自身的实际性内容,从而使存在事态成为整全的。"诠释"则是由一个主体赋予一切事物以思想性的存在形式,使之能够朝自己的存在视界被给与出来;这里没有复多性要求,因为事态被形式化之后,其内容转换成了现象,存在者不再作为个体而存在,而没有个体就没有单一性和复多性可言;或者,连复多性本身也只是存在的形式规定,与世界整全性的量之法度无关。①

乙,诠构直接反对"对存在的替代",即要求在事物展示其存在内容时不是以诠释的形式把事物的存在直接说出,而是通过添加自身的实际性内容来"说出"自己的存在。一般说来,诠释的形式化作用有一个本质特征,可称之为"非个别化",即一个对象化的存在者只是一个抽象规定,不具有个体资格和个别化内容,因此对象和对象之间,或者实体和实体之间是无差别的。比如,一个事物如果向人的生存世界存在,它就必是一个"用具"。这个对存在的说明只限于"用具"这个抽象规定,对它的个别性内容则不予考虑。这就是"非个别化原则",它必然导致现象描述。

另一方面,一个通过添加实际性内容完成的存在之自行展示是如何做成的? 回答是:这个实际性是由存在的个别化内容和存在者的个体资格来保证的。个体的个别性存在——这就是一个存在的实际性内容的本质。我们可称之为"存在论的个别化原则",它拒斥存在诠释中给与意义的抽象规定。一般地,诠构绝对服从于个别化原则:每一个事

---

① 参见本书第三章第二节"复多性原理"的内容。

物都在其存在的个别情境中诠构它与之相关的世界。当然,在实际的存在分析中,要彻底地实行个别化原则,只接受个体存在的个别情境,这几乎是不可能的。因为存在分析的目标是揭示一般存在之道的本意,它所包含的个别情境无穷多,而且绝大多数在无标记的情况下湮没无闻。但这里强调的要点是一个必须坚持的存在论真理,即:世界的全部实际性存在是由无数个体的个别化情境构成的,这是诠构作为事物存在内容之自行展示所以可能的基础。在某些有标记的情况下,这就变得很明显。例如一个历史事件,或记忆中的一个生活场景,其中关涉的每一个事物都以其不可改变的个别性向那个事件情境添加自己,参与诠构它的真实内容。这个诠构绝对超越一切意义给与作用。因此(就我了解的一个实例),作为文物的奥斯特里兹战役的军旗不是随便哪面旗帜,而是那面特定的军旗,只有它有资格诠构那个历史性存在。

由添加保证的存在之复多性,是诠构在量的方面的要求,它使一个存在事态成为整全的。由个别性保证的实际性,则是诠构在质的方面的要求,它保证事物作为存在者直接到场,自行展示其在相关中历事的实际内容。

所谓事物诠构"人的存在"意味着事物对人的存在的一种限定效用,此限定效用表现为:只有与某些特定事物个体的特定个别化之"所是"相关,我们作为存在者才能进入自己特定之所是的综合性事态。这是因为我们在自己的存在中本然地已经包含了相关事物的存在消息,只有事物的个别化到场才能提供出这种存在消息,我们不可能在"自己的存在"之外去承受这种存在消息。由此可以明确事物是如何在与人的相关中"说出"自己的存在内容的。即使在第三人称论域,人对自己的存在也是有所领悟的,所以,当事物诠构的限定效用进入人的存在领悟,人必须根据这种限定来设计自己的存在可能性,才能将其做成一事。比如为了成为一个真正的农民,就必须添置一切必备的农具。在这里,事物便已就人的这种设计和行事将自己的存在内容展示地"说出",同时也把人的存在"说出"。

另一方面,第三人称维度上人对事物存在的限定效用,按存在者间的平等性原则(详后文),是同样有效的。比如农具之为农具,必然有一个农民的真实存在与之有关。不幸的是,在第一人称论域,这种限定效用总是被归结为意义给与作用,并通常以人的经验为其形式("使用"显然也是一种经验)。胡塞尔说:"不管物是什么——只有我们能对其作出陈述的物,只有我们对其存在或不存在,如是存在或如彼存在进行争论和做出合理决定的物——它们是经验的物。正是经验本身规定着它们的意义。"①胡塞尔的论域是彻底的第一人称论域,因此,第三人称存在论不仅从根本上拒绝他的问题,而且,即使从相反的方向提出"事物的存在是如何决定人的存在经验的"这一问题,也同样是无效的。因为经验作为第一人称主体的视域,只能在他自己的存在"之外"去"看"事物的现象状态,而无法接受事物存在消息的限定效用。这就从根本上搁置了人的存在如何及于事物的相关性问题。这表明了被经验规定的存在按其本质不能进入存在论的真正问题。而且我们不难指出,在存在论的等级上,存在者存在高于经验存在;相应地,存在和非存在的差别也高于被经验和不被经验的差别。例如,某些事物完全不被知觉,却有可能保持着与人的某种相关性,比如一片原始森林的特定存在即使完全在知识领域之外,它也还是限定着我们人类的存在。

存在的"天之道"使人和事物的存在息息相关,第三人称存在论则以这个相关作为一个理论问题。在这个问题中,世界乃是人和事物互及相与的存在者间性法度。在这里,绝对的"自在之物"即事物存在的绝对自一性,和绝对的"属人世界"即禀赋着赋予存在意义之权能的绝对主体性,是同样无效的思想虚构。诠构是人与事物相关性的一个方面,即事物对世界的构成作用;它之所以受到特殊的强调,完全是出于一个历史原因,即西方哲学自古希腊以来就已定型的意义存在论,造成存在论研究对存在"天之道"的长久忽视。然而,在令人景仰的中国古

---

① 胡塞尔:《纯粹现象学通论》,李幼蒸译,商务印书馆1992年,第130页。

代思想中,却保留了最纯正的"世界诠构"理念,最典型的范例就是《周易》中创立的依事物而言人事的完整体制。在存在论上,人们极易把《周易》中的"圣人设卦观象系辞焉而明凶吉",①解释成借事物之存在去象征人自己的存在需求,从而推出人对自己的一种意识形态性质的警示。但《周易》之"借物而言事"体制却决非象征和警示,而是体现了一种正面的普遍有效且一以贯之的存在论,即:事物作为存在者自化于"属人世界",并以其实际内容诠构这个世界的综合事态。古代人对物象占卜之绝对真诚的信守,决不仅仅是一个主观态度问题(比如原始神灵观念),而是存在"天之道"观念的一个最富原创性的实例。

四、空间性是事物的存在消息

当事物是一个自然事物时,它施及于人的"存在消息"就具体化为各种空间性规定。自笛卡尔用"广延"来规定物体存在以来,空间性问题在西方哲学的事物存在分析中一直占据优先地位。现在来看,这个问题的存在论前提显然需要重新考察,但其存在论上的优先地位却不无道理。当我们说,"有人的世界"到处充满事物的存在消息时,显然这个"到处"牵扯着空间性。因此,"事物的存在消息"这一存在论概念可以在空间性问题上得到深入具体的勘定,传统的空间性问题则可从诠构原理得到一个新说法。

事物在空间中存在,表现为形状、大小、位置、场所、方向、距离等,这些说法组成事物的一系列空间性规定。这些空间规定在传统空间问题中几乎全部被纳入意义论域,作为将事物按空间尺度的存在表现出来的形式规定;但其中却有某些概念经过改造可适用于第三人称的空间分析,用来展示事物相关于人的存在消息,这就是"距离"与"位置"这

---

①　《周易·系辞上》2章。

两个概念。"场所"和"方向"作为空间规定显然是被距离和位置所决定的,所以只是派生性规定。惟有"形状"和"大小"这两个概念,仅仅规定了事物作为现象显现出来的空间形式,因而完全出离了事物空间性的存在论问题。由此可知,康德的空间学说只关心形状、大小、向量这类几何学规定①,并以几何学为最高理想——康德称"几何学乃是综合地又是验前地确定空间各属性的一门科学"②——这绝非偶然。这是因为康德空间学说的主导问题根本不是存在论问题,因此,他的空间概念不仅根本不涉及人与事物存在者间的内容性关系,而且一般地不涉及任何存在者间关系的存在论问题。康德的空间是人类知识原理中固有的先验直观形式,事物在这一形式中被表现出来的是一个"无限的所予量",③一切事物之存在均作为这个总量中的部分向主体给与自身,由此得到的关于事物的任何空间规定都属于"被看到的"存在现象。当需要对这种在空间尺度上被"直观"的存在现象给以规定时,那种纯粹形式上的量的确定性就成了一个最高理想,这就是几何学。康德称:"一切几何命题的断然确定性及其验前构成的可能性,乃奠基于空间的这种验前的必然性。"④但是纯粹几何学的空间关系只在人的存在视界内成立,决不涉及人本身的存在问题。这就决定了形状和大小这两个空间规定不适合引入空间性的存在论问题。存在论的空间也决不会是形状和体积这类仅仅就事物自身的自一性存在作出的数量规定。

存在者自己去存在的空间并非与我们的常识空间性概念完全相异的某种神秘法相。只不过从存在论问题着眼,一个存在者存在的空间性不作为其描述状态的数量规定,而只作为其存在行为的实相规定。

---

① 在康德的空间学说中,关于空间概念、空间关系的说明和空间在量的方面的规定,就是以这种几何学的规定为主导问题的。参看《纯粹理性批判》第一部分:"先验感性论"中"空间概念的形而上学阐明"的第一句话和"空间概念的先验阐明"中所举的例子。

② 康德:《纯粹理性批判》,韦卓民译,华中师范大学出版社1991年,第66页。

③ 康德:《纯粹理性批判》,韦卓民译,华中师范大学出版社1991年,第65页。

④ 康德:《纯粹理性批判》,韦卓民译,华中师范大学出版社1991年,第64页的脚注。

事物自己去存在,有所及而构显其内容实相,当其所及指向人的某种可能性时,它总是向这个可能性的构成添加如下存在消息:某事物对人的这一存在"具有一个距离",并"处于某种位置"。这时就可断言,该事物"在空间中存在"。由此可得原理:

(1)一般的空间作为关系范畴,表示事物与人的存在者间关系。距离和位置即使从字面理解也是某种关系:事物仅当它们就有人的世界而存在时,才有距离和位置问题可言。

(2)事物的空间性属于事物存在之可及性的一个特殊机理,事物依此机理而构成自身的"广延性存在"。当其所及为人的存在可能性时,空间性便转化为存在消息。

(3)人这种存在者尽管在其存在领悟中发展了空间形式概念及其不同层次——比如物理空间、知觉空间,记忆和想象中的空间等——但人的存在的空间性按其构成之道来说却是与事物相通的,即必须本于他作为存在者的存在实相,并且只能在与他者的存在者间关系中成立。不难注意到,距离和位置这两个空间规定的独特本质就在于,它们总是直接关乎人自己的存在的空间性问题,而并不必然涉及人对空间性的纯理性认知。这是因为与描述事物形状、测量事物大小这类认知活动相比,事物与人之间的距离关系和位置关系总是更直接更切实地影响到人的存在的各种可能性的实际构成。这一点马上就会变得更清楚。

甲,距离。距离既是一个空间原理又直接具有例示性。当一个空间事物关涉到人的某种可能性时,距离总是凸显为人的生活中一个首要的实际问题。距离有远有近。但构成分析中的远和近并非由人出发对事物作出的测量,而是事物施及于人的两种存在消息。从存在论上的空间性问题着眼,可以看到,"远"作为存在消息对"近"始终保持其为优先的空间规定,因为距离越是遥远,人与事物间的存在相与问题就变得越富有压力,无论人希望通达事物还是试图躲避事物时都是如此。比如在古代,巨大的空间距离直接诠构着人的生活的"自-然"法度和原始性特征。"遥远"是来自事物世界的首要存在消息,迫使人在设计他的行事内容时必须服从这种"空间性的巨大力量"。道路的遥远、交通工具的落后、远行的艰辛、办事的艰难、消息的闭塞、生活内容的简单重复等等,全部由距离决定下来。但是,这种巨大的距离却发挥着一种积极的存在调节功能,就是抑制存在内容在空间向度上的过分重复(过剩),从而保证进入人的生活的事物存在消息具有纯正度,保证人与事物关系的"自-然"本意。距离本是一种否定性力量,却产生了一个肯定性后果,就是使人在与天地为一的法度中,与事物本身的存在成为"无距离的"。

距离的本质是事物的存在。因为距离作为空间规定取决于存在者的自行去是,距离由此才获得了阻碍与隔绝作用。"两人相距"意味着被一段距离隔开,这段距离的内容无非是一个自然事物的空间系列,包括山川河流城市乡村之类;两人相距之远近作为人的生活内容,取决于并表现于这个事物系列对人的存在行事的诠构作用。同理可知,"一个人与一个事物的距离"确立了两者间的特定空间关系,这个距离的内容就是所有将他们两者隔开的那些"不相干"事物之存在的隔绝作用。事物作为存在者在空间中存在,因此而与人具有距离,这个"具有"在存在论上先于一切消除距离之阻隔作用的主观努力而有效。因为任何这种主观努力都以下述事实为前提,即:消除距离作为人的一种存在行事,其内容须由距离本身作为事物的存在消息来诠构。

乙,位置。事物与事物之间的距离确定事物的空间位置,事物的位置首先是与人的空间性存在有关的一个问题。因此这个位置并非在主观认识中被"看到"的一种空间关系,人对事物位置的领悟也经常不同于事物形状与尺寸之类的纯粹空间意识,因为这种位置关系总是直接触及人的存在。但这并不意味着任何事物的空间位置都由人来安排和设定这种"生存论"的位置概念。位置的第三人称性另有内容说法:事物占据一个空间位置首先是对它的存在的肯定。存在论上的个体占位与事物的空间位置属不同层次的范畴,但一个事物在空间关系中有它的位置这一事实,却必定以存在论占位的肯定性决断为前提,并把这个占位实现为一种特定的存在消息。因此,位置按其本质不是一个空洞的处所所在,可由任一事物填充之。位置是对事物本身存在的一种空间规定,在存在论上则意味着,事物的位置并非某种对象性形式,可被设定亦可被取消,而是个体占位的一个特定样式。位置的这种存在内容拒斥任何替代作用。因此,如果在一特定位置关系中,试图对某一"地点"上的事物用另一事物加以置换时,那个位置本身随即被取消了,整个位置关系随之发生变化,因为事物已不在"那儿"存在了。这在某些特殊情境中看得非常清楚。例如,圣地和历史遗址中事物间的原始位置关系是不可改变的,因为这些事物与人相关的历史性存在内容已经自化于它们的特定位置及其关系中。即使是默默无闻的街道或偏远的乡村,其内部事物位置关系的改变亦足以破坏其原初存在的结构本质和独特风格,只不过这种变化一般不被注意罢了。因此,无论我们把事物安置于何处,每个事物的特定位置作为事物本身存在的空间规定,始终具有"自行去是"的实际性内容,无论事物安放的地点如何改变,建基于这些地点之上的事物位置的存在内容永远是事物的空间性规定的本质。

空间位置的这种存在内容是在与人相关中被决定的。事物的位置作为一种存在消息诠构人的存在的实际可能性。人的每一种可能性的整全都由事物添加自身来保证,但添加在存在论上决不止于数量上的纯粹增长。事物向人的存在添加而成的复多必须具有统一性结构。对自然事物来说,统一性首先意味着把事物的位置规定添加到人的世界事态中去,从而构成特定的空间位置关系,这种统一的空间性由每一事物均"在其位置"来保证。在生活中,事物的实际空间位置经常决定着人的生存环境在空间上的结构、风格、质量等。比如一座大学校舍内各楼区的位置关系,一个社区内各服务设施间的位置关系,一个商场内部各摊位间的位置关系等。这种人与其相关事物之距离的远与近,处处给人的生活立下规矩,比如决定他的行动路线、生活习惯、行为选择等。所谓"人与自然的亲缘关系"首先是一种空间性关系。这个问题的发生和解决在存在论上取决于与人相关的事物位置。

丙,附释。不是人为世界设置空间形式,而是空间在每一特定的距离与位置上都向人开启事物存在的个别内容。距离和位置源自人与事物的存在者间性，源自各方都去实行的存在行为的互及互在。所以，当我在房间内行走，或者我注视某东西时，我断然已"在空间之中"。这件事起始于我的存在的某可能性，同时也就打通了该可能性的事实化道路。由此可知人本然地是一种空间性存在者，"在空间中"是人的历事的固有内容，先于人的空间意识。人并不创造出世界的空间形式，当他的存在行为涉及某个事物（包括他在思想中思考某物的空间规定这种情况在内）时，距离和位置总是"先定的"前提，因为距离和位置作为存在消息的本质内容是事物"自行去是"并"与人相与"。人的空间性仅当他与事物保有某种距离的位置关系时才成立。连"有人的世界"本身的空间性都要在这种位置关系中来决定。

当然，人确实能够设置距离和安排位置，如果把事物的存在看成创生的对象性，"自-然"的距离与位置有时就成了达到事物的障碍，因为有时距离和位置会使事物变得对人毫无意义，比如那些有用、但却处于巨大远距的东西，或者那些虽近在眼前却无用的东西：被废弃的旧建筑、被取消的旧陈设等。于是消除距离和改变位置就成为技术进步在空间向度上的两个主要目的。深山老林中的自然事物经过道路和交通工具的进步而转化成为资源与财富，不仅城市中原有的建筑风格和街道布局经过重新规划而不复存在，甚至乡村也因为引入新的建筑工艺与风格而在空间性上完全消失。在经过使然性变动的空间关系中，事物仍然保留一个距离和一个位置，但这已不是事物自己去存在的那个空间，而是人的设置。而海德格尔恰恰把这种设置距离和位置的（人的）创造活动当成了事物空间性的本质。这是一种"使然性"的空间性观念：因为人本身具有空间性，所以才能让事物在其空间性中来照面，这种"让……来照面"就称为"设置空间"，也叫"给予空间"："这种活动向空间性开放上手的东西。"①但是任何使空间"主观化"的努力只能在

---

① 海德格尔：《存在与时间》，陈嘉映、王庆节译，三联书店1987年，第136—137页。

使然性法度中成立。经过空间设置的事物对人成为有用的或者有意义的,但是,就它与原始空间性中的事物之关系来说,它只是用来替代那个原始存在者的"新东西",比如老屋旧址上盖起的新楼,巨大的空间被消除后开发出的新资源等。技术进步仅仅用"便利"和"舒适"衡量事物的意义,但人与事物的存在者间关系的"自-然-而-然"却难以适用这个尺度。先于替代的原始空间关系中人与事物的相关以一种反面说法继续固持自身,表现为原始距离和原始位置的丧失造成人在其总体性存在事态中的"不舒适"和"不便利",人不能再实行他的一切"自-然-而-然"去是的"所是",由此激起今日日益强烈的"回归自然"的要求。从正面来说,那种原始空间关系中的相关性存在之所以显得有必要被重复,是因为它已经构成了我们的历史,人在这种相关中自行去是地历事,并由那些原始距离和原始位置上的事物之所是来诠构他的"曾经"与"即将"之间的区间,尽管这种历事内容从技术尺度看经常是过时的和无意义的。

五、存在者间的平等与价值理论批判

在人与事物这个特定相关中,存在者间性作为新的世界法度取代主客二元性。这种存在者间关系既要求一个功能原理,使得事物与人能够共同构成其存在事态,为此特别要求确认事物对世界存在的诠构;同时也要求一个等级原理,让人与事物在存在论上成为平等的,从而使存在者间性成为可能。一般来说等级依某种尺度而定。存在等级依人的尺度而定时就是价值。我们现在依据一般存在之道引入一个新的等级概念:一个存在者间关系中的个体,其存在等级由它自己决定,因此一切存在者的存在都是平等的。很显然,当存在者自行决定存在等级时,任何另行制订的外部尺度随即无效,这时意义论的价值差别便转化为存在论的平等结构,价值规定自动取消。

　　人与事物存在者间的平等显然不同于社会学中人与人之间在权利和利益分配上所要求的那种平等，而是一个特殊的存在论问题。那么，这种平等到底是一个什么问题？

　　一般来说，只有在有等级差别的地方才能正当地提出平等的要求。在西方思路中，价值历来都是最基本的存在等级规定，但我们的研究却不能由此而断言：人与事物的平等就等于二者价值上的等价。因为，如果从价值观点来提出这个问题，人与事物的平等在任何意义上都是不可能的：人永远比事物重要。不仅如此，而且人与人之间在善、可敬、高贵等价值上，事物与事物之间在美好、有用、重要性等价值上，也永远不可能是齐一的。

　　所谓存在者间的平等性是一个第三人称存在论的问题，而价值则是意义存在的规定性。价值只对第一人称主体的尺度有效，而且只适用于存在的现象性质。价值作为超出存在事实的一种特殊性质，其实质是对存在之意义的一个等级规定。在意义论域中，对象被给与的现象存在通常划分为事实描述和价值判断两部分。其实二者的联系在于，所谓"事实描述"代表意义的存在判定尺度，用来决定一个对象是否有意义（是否存在），因而是一个二值性概念。而所谓"价值判断"则代表意义的等级判定尺度，用来决定一个存在究竟有多大意义，这种价值特性属于级差性概念，每一种特定的价值，诸如善、美好、重要、崇高等，都包含诸多不同的级别，用以标志一个存在被赋予意义的等级（被赋予了"多少"意义）。一个存在被赋予何种价值等级，则取决于人作为主体的特定生活目的。因此价值按其本质是一个目的论尺度。事物的价值永远与世界存在的目的有关，在世界以人为目的这一总格局下，每个人都选择或创造自己的某种生活目的，并按此目的来决定他的所与世界中对象的价值秩序。圣徒关心存在的善性，艺术家关注存在的美，商人则关注存在的商业价值。因此，价值是意义存在的规定性，在第三人称论域中无法成为一个问题，因为在一个第三人称的存在者间世界，由于取消了主体性这个论域前提，因此也就取消了目的论尺度，使得存在者间谁更重要、谁更高贵之类问题成为不被判定的,所以根本不能当作问题提出。这倒不是说要从思想中一概抹煞善与恶、美与丑、高尚与卑贱、有用与无用等这类生活中的常见差别。

　　存在者间的平等基于存在论上的等级结构而成立,这当然不是一种主体判定的论域内等级,而是个体自行决定的论域间的外部等级,用以决定不同论域存在者在存在论上的优先性——由存在者自行决定的存在和由主体判定的存在在存在论上是有等级差别的。一切自行去是的东西都同时决定了它们之间处于相同的存在等级,这个等级在存在论上永远高于以任何标记形式替代的使然性存在。由此带来的存在者间的平等不能归结为价值上的相等,但却与价值问题有如下联系:价值作为一种主体判定性的存在等级总是由人去判定的"相对价值",那种因事物本身之存在而被判定的价值则可以称之为"绝对价值",它处于根据价值尺度判定的意义存在等级的极限处。绝对价值由于不能自人的角度来判定,因而在意义论域中表现为一个"无用的假设",但它对第三人称论域却是"有用的",因为它标志着主体性尺度的取消。绝对价值已经失去了对人有意义的尺度特性,但当它进入存在问题时,却标志着一个新的存在等级的确立,即由存在者之存在行为自行决定的存在级别及其平等性机理。

　　对于个体 A 和 B,仅当它们的存在都是自行决定的,A 与 B 才处于同一存在等级,并有"平等"之谓。这里的存在等级实为论域范畴,因此,第三人称和第一人称可分别称为"平等性论域"和"不平等性论域"。因此,如果我借用"价值"这个人们熟悉的术语来表示一种论域间的等级概念,那么可以说,存在者间的平等是整个构成分析在方法上的"价值"前提。换言之,平等性决定了全部第三人称存在论的合法性地位,这种合法性是根据统一的存在之道而自行取得的。

　　现将人与事物之存在者间平等性的问题要义简述如下:

　　(1)平等性并不要求按某种新标准将人与事物划归同类存在者,这种划分总是暂时的,相对的,非本质的。平等是说,从存在论的根本问题上来说,人与事物是同等的自己去存在的第三人称存在者。旧有的价值概念不仅为事物划分存在的意义等级,更重要的是在事物与人之间划定有价值物与价值尺度这种主客体间的异质性。人与事物相比不仅是更重要的存在,而且是完全不同质的存在:人是一切存在的创造者、尺度和目的。依一般存在之道而决定的存在者间平等则奠基于人和事物作为存在者的同质性,并在存在者间的相与上把这种同质性表现出来。从根本上说,从主客体关系向存在者间关系的转换正是以存在者存在的平等天道为前提,而决不仅仅是理论分析的概念运作。

(2)平等并非人与事物在某种有用的功能方面可以起同等的作用。任何有用性都相对于人的特定目的而言,它们是人的具体行为的目标;对具体目标来说,人与事物永远不可能平等。平等表示人与事物在存在之构成上具有同等的有用性。存在不是一个具体的目的,但却是使一切目的和有用性成为可能的存在论前提,所以"存在之用"乃是最根本的大用。而任何一个存在都必须将自身构显于有所及的共同存在之中,被它所及的每一个存在者的存在对这种总体性来说都是命运攸关的。这是因为,人和事物的存在服从统一的存在之道,即任何个体都必须就他者而存在才能成为"有世界的",在这个世界中,每一存在均必须由那个存在者自己去构成——这两个要求迫使存在论必须在一切相关者之间平均分配有用性,从而令平等原则普遍有效:一切个体在构成它的存在事态方面(而不是做成一个具体目的)都享有同等的存在之用。[①]

在构成分析的方法中,每一存在者都领受了"个体"与"相关者"这两个主辞规定,这两种"身份"标志又进一步引导存在行为的两个"场"

[①] 可参考海德格尔在《艺术作品的本源》中对希腊神庙的存在本意的说明,从这个说明中可以看出,此时的海德格尔已远离存在的意义问题:"正是神庙作品才嵌合那些道路和关联的统一体,同时使这个统一体聚焦于自身周围;在这些道路和关联中,诞生和死亡,灾祸和福祉,胜利和耻辱,忍耐和堕落——从人类存在那里获得了人类命运的形态。这些敞开的关联所作用的范围,正是这个历史性民族的世界。"参见孙周兴选编:《海德格尔选集》上册,上海三联书店1996年,第262页。

规定即位置与区域,它们的内容分别就是"存在分位"和"存在者间性"。人们不难注意到,构成分析方法的一个基本特点就是:它在一切有关存在者中无差别地平均使用这些术语。这决不仅仅是一种为克服主客两分法而有意为之的理论设计。构词法上的平均性基于存在之道的平等性。因为首先,"存在分位"从来不是一个具体的位所规定,它也不是一个哪怕有最抽象内涵的特性规定。存在分位仅仅表示一种存在之用,即存在者的不可替代性。正是在这个最空洞的有用性上,个体得以平均地获得其存在分位,即:以其不可替代来分有"天之道"从而成为"个体"。这种平均分有格局无可怀疑地来源于一种存在论上的平等原理。另一方面,"存在者间性"也不是普通的场所关系概念或者某种抽象的特性联系概念。互及互在的存在行为建立起存在者间性,它的内容是另一个最空洞的存在论原理,即:"相关者"就其存在而实行的一切实际性添加,全部平均地在双向的之间性中适用。由此平等原理表现为:在世界中,人以领悟和诠释施及事物之存在的每一种限定作用,事物作为存在者都同等地以诠构机理反过来施及于人的存在。事物无言,但这并不妨碍它和人分有共同的存在天道。

六、在"使-然"机制中绽露自身的"自-然"法度

上面的研究侧重于:当事物作为存在者与人相关时,如何超出一切意义形式而展示自己的实际性内容? 根据存在者间的平等原理,下面探讨:人的存在为了构成自身,如何将其存在内容的存在消息施及于事物?

人在与事物的相关中构成自己的存在,其途径既非诠释也非诠构。前者因为必须避开意义问题,后者则因为,人这种存在者绝对有别于事物:人生存于对存在的领悟之中,人的存在的各种可能性总是被当作有待实现的目标来设计和做成,这显示为,人的存在具有创造自身的能

力。由于领悟和创造作为人的特征直接产生意义给与程序，所以对人的存在的一种自然解释便是意义解释。但意义解释从存在论上讲却并非必然的唯一解释，因为领悟和创造作为人的特性只是人的存在的基本事实，它们在存在论上是中立的。当我们把这些特征性事实引入第三人称论域时，便可清理出一些完全不同的问题理路。

由人的上述特征性事实可以推出，人和事物进入存在者间世界的机理根本不同。事物是单一法度的"自-然"存在，事物之历事直接进入相关性，并在存在论上确保相关的实际性。另一方面，人"在存在者间存在"的实际性内容则是：他把这种内容设计为某种可能性，使之能够向自己对他者有所及的行事开放。这样就得到这两种存在者在存在论上的差别：事物是自己去相关，人则是"使……来相关"者，人作为双重法度的特殊存在者，其"自-然"历事是在使然性中完成的。

使然性在意义论域中意味着存在替代作用，在第三人称论域中则意味着人的存在行为的一个本质趋向，即：使相关者到场。到场当然不是一种存在者的"在场"状态，西方思路中的在场概念总是描述性和判定性的。"到场"这个存在论术语则表示机能。到场意味着存在具有综合性，这种要求可以由一种特殊存在者领悟到，对这种存在者来说，到场永远需要设计。

"使……到场"的存在论前提是：每一存在事态在可能性格局中都是可设计的。我们曾将存在行为分析为一种"去是-所是"结构：每一"所是"就其归属于"去是"而言都是存在的一种可能性，并由它所归属的"去是"来承当，这种关系是约束性的，因而不可改变。一般存在之道的先定性就体现于此。反过来，一个去是者却并非必然将自身实现于它的某个特定所是，这种关系是非约束性的。在这里，我们称一个存在向其特定所是的落实为它的"居有"。一个去是者居有何种所是，这要在它的存在者间性中来决定；由于任何个体存在所及的特定相关均在现实化的事实中达成，所以存在之"居有"具有约定性质，是可以改变的。比如一座建筑物作为一个存在，可以是住宅、仓库、纪念地，也可以完全弃置不用，它居有何种所是，这只是一种事实上的可能性。另一方面，由于居有要在相关中决定，所以任何居有都包含有一个综合事态，因为任何具体的存在可能性都体现为"由个体 x 去是 a(b、c……)"这种形式，在这个可能性中总蕴涵着内容的综合。这里显示出到场的总体性要求。如果这座建筑物作为仓库去是其所是，在它的这一"居有"中便必然要求着所贮物品的筹集来源与用途去处，以及与之相关的储存者的生活内容的纷纷到场。

存在者去是其所是，可以是 a，也可以是 b。当居有的这种不确定性在领悟中转换成一种"事实上的可能性"观念时，在存在论上，领悟是把居有的内容作为一种纯粹的可能性据而有之了。"据有"的具体样式是设计："据有"把与自己相关的一个可能居有的整全性要求当作存在行事的目标来设计。很显然，"据有"意味着使然性，它是人的存在行为的本质特征，并在存在论上进入人的存在的"世界论"问题。

使然性不仅加于事物，而且加于人自身，其机理是，使然性在使任何东西到场的同时，首先已使自身到场；因为使然性不仅据有事物，而且将这种"据有"当作自己的行事可能性而重复据有之。这个重复据有的结果是：人自己直接到场居有了。因为人的特殊性就在于，他的任何使然性据有首先且直接就是他的"自-然"历事的居有：一个人当他据有土地和农具这些事物的存在可能性时，他必然同时已作为一个农民而居有其所是者了。所以尽管人的存在的事实性特征是他能创造自身，但他并不因此而自外于一般存在之道。人在据有中把他的所是者按一种可能结构来设计，并在行事中又将其做成一事，从而居有之，这种在事实性上显示为创造性的特殊机理，在存在论上却先定地只属于人的存在的"自-然"内容，其本身是不被创造的。这里要说明，由于存在行为并非普通的行动，所以对可能性的设计也就不是普通的"计划着要做什么事"，而是指在每一具体行动中都对自身的存在根基有所领悟。这意味着能无所遗漏地把自己的每一个所是者都作为一种存在可能性而据有之的一种特殊能力，据有者本身同时又按不易之道居有这些所是者。

另一方面,如果使事物到场就是为事物设计一种存在可能性,这是否意味着创造了一种新的存在？如果人把一件东西当作农具而非其他东西(比如杀人凶器)来使用,这不就是赋予它一种特定的存在本质吗？这种错误的说法立即卷入意义问题。使到场作为设计并非直接"创造出",而是就事物本来居有的某个所是者"作出",是把该所是者作为一个可能性来设计之。人的使然性中的"自-然"法度尽显于此。这件事的完整内容说法是:任何设计均以人的居有为前提,这种居有禀赋着到场的综合性要求,只有以事物的某个所是者为目标才能满足自己。为此他必须首先据有事物之所是者,然后把这一据有当成自己的一种可能性来设计。可见使到场和使存在不是一回事。个体只有自己存在,才能在相关中使之到场;使到场是人特有的相与方式。使事物到场在存在论上的内容说法是:人通过据有而引领事物进入自己的存在区域,并为满足自己去存在的综合性要求而摄取事物的存在内容。这件事之所以可能,则有如下存在论方面的根据:事物作为去是者"先天地"就已居有人能够作为可能性来设计的全部内容之所是。领悟能使事物到场,就在于它能就事物的某种所是内容设计自己的存在区域,使事物恰好能被引领而成为"入围的",即成为向自己的存在事态到场的相关者,好让人能为自己的存在摄取事物的这个实际性内容。所以,使然性在第三人称论域中意味着:事物就人的某种可能性构显自己的本然所是者,这是能够被人设计、被人据有的。这可不是赋予事物某种替代性的形式,也不是将事物存在的可能性变为现实性。

前面曾提出事物存在之可及性便是事物在"自-然"法度上直接到场的世界诠构。与之相比照,人的存在的特征则是使然性的使到场。所以,事物被人的存在区域所包容并承载人的存在消息这件事,即使在使然性上也不必对之作意义解释,而只意味着事物居有了它的某种和人有关的所是者。这就是说,事物存在之内容仅当被一个使然性所动用时,它才能向这个使然性的到场存在构显自己并诠构之,否则它就不能居有那些可能的所是,而在这些所是中本然地承载有人的到场之综合事态的存在消息。由于存在分析属于人的存在领悟的一种形式,而人只能在自己的存在事态内引领事物到场并摄取它的存在内容,这才决定了构成分析只能在人和事物的相关性中提出存在问题。然而,人所据有的事物之可能所是并不穷尽事物实际居有的全部内容,这种事物本身存在的真理性内容远远超出人所能设计的可能性范围。当事物之居有完全超出人的可能性时,根据一般存在之道,只能说该事物和人的存在"无关",却不能说这个事物"不存在"。无关本身反而牵涉到存在问题。由于领悟具有使到场功能,当无关作为无所及进入领悟时,无关性就成为相关性的一种特殊情况和特殊问题。不难理解,在生活中,所谓和人有关的事物之被据有,不仅包括意义论域中的认知、使用、有价值等情况,而且也包括毫无所知、弃置不用、毫无价值等无关性情况。

第五章　人世间存在作为第三人称的问题

一、在人世间存在，会遇到哪些问题？

人与人之间的存在者间关系，是人的存在的更根本的内容。但这并不意味着人与人之间的存在相关性，就其不同于事物与人的相关性来说，把存在问题带入了社会的和伦理的维度。这仍然是一个纯粹的存在论问题。确切地说，人在人世间如何存在，是第三人称存在论的"世界论"的更紧迫的课题。

人的双重法度并行的存在结构，决定了具体的第三人称问题必须以反对意义问题为前提。对人世间存在的研究亦当如此。我们已知，对存在的意义解释在人与事物的相关性中表现得最为明显：事物之存在就是向人的世界被给与，不被给与的存在没有意义，这就是事物的第一人称存在。那么，在对人世间的存在论研究中，意义问题的说法又当如何？

在人世间世界，人的存在的意义也就是人的生活的价值，它决定着人之为人的本质。和事物世界之存在意义的事实化形态相比，人世间世界的存在意义是价值性的，它实现于人的种种社会关系和伦理关系中。价值性的意义在"社会关系"中往往以特定意识形态作为判定标准,因而更加主观化和相对化。比如历史上,忠实于某种政治信念和宗教信念的人,其存在可能被判定为最有意义。相比之下,在"伦理关系"中实现的价值性意义是生活意义的更普遍、更本质的形式,这就是道德价值。

但是,如此表述的价值概念对存在论研究是不够的。为了能在存在论上提出人世间存在的意义问题,上述的价值性意义必须在人际关系中具有一种"主体-对象"的二元性形式。举例来说,康德的道德价值代表了一种使人的生活意义客观化的伟大努力,但他的存在论前提却是第一人称,因为他的"基本法则"是由"作为最高立法者的纯粹实践理性主体"来设定的,[①]所以它才能体现为一种"在一切方面都是善的,因而是无制约的纯粹意志",[②]才能将自己当成一个"绝对命令"。另一方面,那个"本乎道德"即主观上被道德所决定的行为则是对象化的,它使一个人的存在获得意义,因而成为配享幸福者。[③] 但这个存在者的存在却并非由他自己去构成。

我们曾在前面指出,在人与人的关系中,一个人的意义性存在表现为:他按别人作为主体的存在要求将自己的生活展示为一种"存在姿态"。这一规定有两个要点:(1)他按别人的要求去存在,因此是"为别人活着"的对象性。(2)他的这个存在作为显示出来的一种存在姿态,是"做给别人看"的现象性。

这就是人世间意义存在的基本结构。它也恰好可以引出人世间第三人称存在的主要问题。

按第三人称存在论,存在的本意是"天之道",人的存在依循着这个"天之道",那就是他在其存在行为中构显自己的存在。在这一维度上,人是一种普通存在者。但人又是生存于存在领悟中的特殊存在者,其存在具有使然性,由此导致种种意义关涉。第三人称存在论的"世界

---

① 康德:《实践理性批判》,关文运译,商务印书馆 1960 年,第 76 页。

② 康德:《实践理性批判》,关文运译,商务印书馆 1960 年,第 75 页。

③ 参看康德《实践理性批判》第一部第一卷第三章:"纯粹实践理性的动机"。

论"研究就是为了揭示出，人的一切使然性机理都先定地属于他的"自-然"存在的原初内容。比如，对人的及物性的存在分析已经证明，在存在论上，使事物到场的使然性只是人自己居有其存在可能性的一种"自-然"历事。对人与人之间相关性的存在论研究在原理上和上述研究工作一以贯之，但具体的问题结构又有所不同，这是由人世间意义问题的特殊情况决定的。由于人世间的相关者是同质的存在个体，所以这里的"使……到场"作用能够双向地互相施予。这看上去似可证明人与人之存在者间的平等性是天然达成的，其实并非如此。人际社会关系和伦理关系中的不平等是一个公认的普遍事实，其存在论上的根源就在于，人世间特有的价值化的意义问题本然地基于主体与对象的二元性。在此种意义问题中，意义的互相给与使得每一个人作为存在者都可既作为主体，又作为对象，由此造成一切价值化的意义给与程序的"相对化"。

　　有鉴于此，对人世间存在的构成分析把作为出发点的存在者个体规定为"自己"。根据互及性定理，人世间的每个"自己"都必须就"别人"的存在来构显自身的存在，由此产生出人世间存在的世界性。"自己"与"别人"是表示人世间相关性之个体分位的主辞规定，由此得出：人在人世间自己去存在的基本问题是"自己去是"与"别人也是"的关系问题。人世间第三人称存在的两个原理是：(1) 人作为存在者为自己存在，而非为别人存在；(2) 其存在之事需要他自己去做，而非为了做给别人看。很明显，这两条原理分别是对意义存在的对象性原则和现象性原则的否定。最后，我们将以幸福与劫难这两种人世间的存在境遇作为上述原理的"范本"加以分析。

二、"为自己活"与"为别人活"

　　在人世间，人的存在如何被构显为存在者自己去存在的实际性内容,而非意义关联中的存在现象？这个一般原理之下包含有种种行事原则。第一个行事原则,我愿称之为"为自己活"原则。

如果一个行事必须使它所做成的存在被判定为有意义,则该行事只能是为别人而做,那么该存在就是一个意义存在。我把这种情况称为"为别人活着"。如果一个行事构显自己的一个存在事态从而使之有效,该存在就是一个人世间存在者自己去存在的存在行为。这种情况我称之为"为自己活着"。

由于人的存在不是实体而是一种行事内容,此行事所及者的存在法度不同,分析工作的具体问题必有差异。在事物世界,一切事物作为单一法度存在所依循的"自-然"原理,同时也就是人就事物而存在所服从的原理,因此只要人不作为绝对主体而是作为相关者进入事物世界,他对事物行事产生的一切相互关涉,就都没有例外地直接构成他的存在事态。在人世间关系中却不是这样。在这里,我自己的行事所及是和我一样居于双重法度中的别人,这是一些具有同等使然性的其他存在者,所以我的行事在关乎别人的存在方面,随时可被赋予某种意义形式,从而蜕变成向别人而存在的现象性姿态。这样就必须对我的一切行事加以限定,从中甄别出哪些行事构成了我自己的存在,哪些则不能构成。这样就把人在人世间如何自己去存在的问题,转换为他的行事是"为自己"还是"为别人"的问题。

这个"为谁"的问题不是一般的生活目的问题,而是一个存在论问题。因为,"为谁活着"作为生活的目的不成为问题,在生活中,每一个人的生活目的都直接就是为了自己的生存及其质量。"为谁活"只有作为"存在的目的"才是成问题的,因为存在的目的关系到对存在本质的意义解释。在自觉的日常生活状态中,我们力图使自己活得"有意义"。在存在论上对人的存在的意义解释则是:每个人作为存在者都必须使自己的存在获得意义,而一个存在只有向主体被给与出来才有意义,以此而有了"为……去存在"的形式,于是"为谁"成为存在论问题。

一切人世间的存在者,凡在他自己的存在之外另行把某种意义设为这一存在之目的者,都属于为别人而存在。因为,按对世界的目的论解释,只有人这种存在者才能使一个存在获得意义;又因为这里谈的存在不是自属性的而是人世间的,而存在于人世间便意味着一个人的任何"自己去是"都必须在与"别人也是"或"别人根本不是"这些情况的特定关联中被决定。所以,如果我把自己的存在假设为一个必须被超出的东西,在它之外另行为它设立一个目的,则这个目的只能是别人的存在。在这种情况下,我就是为别人活着。这种"为别人活着"不是指在某件事情上替某个别人着想,或被别人控制了自己的生活这类日常人际关系状态,而是指将自己的存在假设为一个必须被赋予意义而超出其实际内容的实体,其结果就和事物存在的意义一样,一个人的存在只能向着某个"谁"被给与才有意义。在人世间维度上,这个"谁"只能是别人的存在,从而,使自己的存在有意义,只能是将其作为对象性交付给别人。

反之,一个人世间存在者为自己活着,是指他的每一个行事都是为了居有自己存在的内容,从而构显这个存在。显然,这个"为自己活"并非利己原则,更不是利他原则,它与行为的动机和后果的道德价值问题无关,因为它不是一个伦理学问题,而是一个存在论问题,该问题只能在自己与别人的人世间相关性中得到解决。具体地说,这个"为自己活"是指存在论上的"自己去是",它只能在与"别人根本不是"和"别人也是"这两种情况的关联中得到落实。前一种情况称为"独处",后一种情况则称为"共事"。独处与共事作为存在论问题,是比利己与利他(幸福与道德)更为根本的人际关系问题。一切伦理学问题都起源于这种关系。

伦理学问题不是存在论问题,但却必然基于存在论的某种立场。传统的伦理学问题本质上是意义问题。伦理学追求人的存在的意义形式,它设某种东西使人的存在有意义,这就是那种本身为善的东西。但善本身又是由世界的目的来定义的,这个目的就是一般的"人的存在",符合这一目的的东西就是本身为善的,它使人的存在有意义。这里显然发生了一种循环论证。这种基于目的论的循环论证使得存在的意义形式并非人类之外某种更高的东西，而只意味着行为规则在一切主体间的普遍有效性。道德原则要求对包括我自己在内的每一个人有效，康德的"把人当成目的"就是做那对包括我在内的每一个主体都有利的事，因此本身为善的东西只有幸福和善良意志。"幸福"是基于人类本性的普遍有效原则，每个人都依此原则被允许追求自己的幸福；"善良意志"则是通过示范-报答作用的普遍有效原则，纯粹的利他，如果没有普遍有效的示范与报答作为前提，则流于不可思议的神圣。很显然，伦理学所要求的普遍有效性在存在论上其实是一个存在尺度，只有合尺度的存在才有意义。这个尺度的内容说法产生于"自己去是"同"别人也是"相关的"共事原理"的一个否定性变型，即：任何独处如果要使自身获有一个意义，便必须进入这样一种人世间关系模式，即："别人都是……，所以我也是……。"显然伦理学的普遍有效原则必须在一种自己与别人共处的共事结构中实现自己。由于每个人都属于"人的存在"，所以我自己的存在即使不是世界的目的本身，也是这个目的的一部分，为了达到这一点，我需要使我的"自己去是"同时就是"别人也是"的一部分，与之完全同一，才能获得普遍有效性。我在这样一种"自己去是"中并不能独立地构成自己的存在，而只能根据对一切主体普遍有效的共事原则来使自己的存在获得一个意义形式。作为合尺度的存在，我的依共事成立的"自己也是"实为存在的一个空位形式，存在者本身并未在"自己去是"中到场。

　　在第三人称论域，存在只以构成自身为目的，不需要外部的目的赋予意义。所以任何人际关系中的共同存在原则作为人世间共事的特定情况，都以每一个个体分位的"自己去是"为前提。伦理学上的普遍有效作为行为法则，实际上只能要求一切存在者重复地居有同一个存在形式，并把这个形式作为一个意义尺度即道德性；但却不能要求存在者重复居有同一个存在内容，因为这是不可能的。因为每一个人的实际性的存在事态内容都属于他的"自己去是"。我可以使自己幸福，或依善良意志原则使别人幸福,但无论谁的幸福,都是由存在者在独处中亲历的历事内容,而不是从外部加于一个存在的意义形式。造成幸福(或不幸)的原因是某种外在于存在的力量,存在分析只关心作为"自己去是"之内容本身的幸福或不幸,它们由每个人在为自己活着的行事中构成,不能替代。因此只有由"自己去是"正面涉及的"别人也是"才能产生一种构成性的共事格局,充当伦理学原则的存在论依据。

每个人都在人世间存在,由此而生成一切日常性事态和历史性事态。但是,"在人世间"这个说法仅仅表示事态的形式,这就是"公共性",这种公共性形式适用于自己与别人之间发生的任何关系。存在的公共性形式则可进一步区分为共事和独处。只有"自己去是"才表示事态的实质,也就是第三人称性,这个"自己去是"本身不是事态,而是事态由以构成的存在行为。这种能够作为存在行为构成一个存在事态的"自己去是",在事物称之为"自化于世",在人世间存在者则称之为"自居世态"。

每一个人世间存在者的自己去是都只能在与"别人也是"或"别人根本不是"的相关中成立,因为这个"自己"在人世间的一切存在事态都必须取得公共性。每一个自己的存在寓于其中的"世态事实"都必然蕴涵一个复多性的综合,使得存在作为"自己的事情"永远同时也是一件与别人有关的"公共的事情"。一个人世间存在者的自己去是在形式上永远意味着:或者把自己置于别人之中,或者完全置身于别人之外。但是必须注意,这种存在论上的形式相关性完全不可等同于生活中普通的人际关系形式,因为"在人世间存在"与"在人世间生活"是不同的概念。普通人际关系的形式是交往,表现为一个人的具体行为对别人产生影响,比如与别人有相同的身份,做相同的事情,在某些事情上帮助别人;或者一切相反。这种交往作为普通行为的对象并不构成存在论上的相关性,只能使人的存在得到某种现象规定。另一方面,"自己去是"却是一个存在论的内容说法,表示存在者自行居有他的存在的一切可能性。所以,这个"自己去是"决不等于"我是如此这般的"这种描述性判断,而是表示一种关系,即我的存在在其公共性上永远和别人的存在有关;相应地,"别人也是"或"别人根本不是"也不是说别人与我自己在描述特性上相同或者相异,而是作为对自己去是的存在事态加以限定的公共性形式。现在可以指出,一个人世间存在者的"自己去是"可以被引入两种可能的公共性形式,第一种是"共事",实现为"自己去是,别人也是"。在这种情况中非常明显,这个自己去是由于被别人摹写复制,从而直接扩展为公共性,也就是说,我已将自己的自居世态完全置于别人之中。第二种公共性形式是"独处",实现为"自己去是,别人根本不是"。这表面上是对公共性的否定,其实是以否定的形式进入公共性之中,因为,完全置身于别人之外的"自居世态"空前突出地展示出自己的个别化存在行为的力度,这件事只有以公共性为前提才有可能,因此使独处反而更加依赖于公共性形式。也正因如此,我们可以看到,独处是人世间存在者在与别人相关中构成自己存在的一种更具根本性的情况。

我们曾用存在者间的"相与"取代"被给与",来建立起第三人称的世界法度。人世间存在者的相与采取公共性形式,在这里,生活作为在人世间存在将其每一内容落实在对别人行事上,每一行事都把别人"居有"其存在的一个确切消息"据有"为与自己存在有关的共事或独处,从而按不同方向将自己去是的各种可能性做成一事。在相与中虽然已有"别人之所居"被据为"自己之所及"的完整事情说法,但从存在论上看,这个相与仍然属于人世间存在事态的特定法度,或曰事态的展开方式。这就是公共性。但公共性并非事态的实质内容,那寓于公共性形式中的"自己去是"的存在行为才是存在事态的实质内容。在一切人世间存在事态中,这个形式与内容的划分极其重要,因为凡把事态之形式(公共性)假设为事态之内容者,都暗含着一种理论上的危险,就是把人世间存在者的存在托付给别人"代理"。这是因为,在相关中,别人不能被"设为"目的,而是"作为"事态的区域背景,这常常是在"自-然"的直接行事中"显示"出来的。可是一旦存在者把这种公共性当成自己存在的内容来领悟,相关性就蜕变成依据别人的情况来设计自己的行事,这时,别人也由"自-然"来相关者变成在使然性作用下到场。于是独处或共事中的自己去是就成了完全视别人是否介入事态而定的事情。在这里,对于让别人介入事态("别人也是")或不让别人介入事态("别人根本不是")的设定,就会替代原本作为"自-然"行事的独处与共事,使公共性的原初形式发生变形:(1)"让别人介入事态"替代共事而有如下变形样式:"别人都是……,所以我自己也是……。"(2)"不让别人介入事态"替代独处则有如下形式:"别人全都不是……,只有我自己去是……。"如我们已经分析的,这其实是伦理学的意义问题,前者意味着存在的普遍有效性,后者则意味着其非普遍有效。由此可见,如果把事态的公共性假设为事态的内容,那么,人世间存在者的使然性和替代作用就会把别人变成一种根据,令一切"自己去是"都依这个根据而定。这个"自己"重新沦为"为别人活着"。

一个人世间存在者必须把他的存在事态领悟为不是依靠形式(即公共性)而是依靠实质(即"自己去是")才得以构成的,他才有理由把他的这个存在事态确认为是他自己在人世间存在的实际性内容。这里再次体现了第三人称存在论的一个基本原则:存在的内容先于其形式。

何谓"自己去是"?"自己去是"不是存在事态,而是存在行为对事态的构成能力。因为第三人称存在的"去是-所是"结构是一种可能性结构,居有一种存在的可能性,总是意味着能把此可能性做成一事的能力,这就是行事。在人世间,"自己去是"显示为一种构成生活事件的行事能力。一个生活事件的发生作为一个存在事态的构成来看,意味着它获得了一种个别化本质,"自己去是"就是赋予一个生活事件以某种绝对个别化本质的能力。由此可知,"自己去是"并非一个空洞的没有着落的存在论抽象,而是必须落实在由存在者自己亲历的那些具体生活事件中。

对人世间存在的构成分析所要解决的问题是:存在者在人世间如何自己存在?"自己去是"原理实现了对这个问题的第一个解决。理由如下：如果一个人世间存在者的一个存在事态被"自己去是"的内容原理所决定，这个存在就是一个绝对个别化的个体生命事件，其内容就不能被任何别人所重复，从而也就不能在任何尺度上被别人替代。因为，一个绝对个别化的存在只在形式上是可被替代的，它的内容（即纯粹的构成能力）则不能替代，因为这个内容作为自居事态的个别性不可能被别人重复居有。一个存在只有被自己重复才能展示其内容为同一的，被别人重复时则只能产生出一种异己性，原初的历事则无踪迹可寻。此外，被"自己去是"原理决定的人世间存在事态，不是为了任何超出这个存在以外的东西（意义），而只是为这个存在本身而有其内容。因此，这个自己去是也就等于"为自己的存在而活着"。这就是一个生命事件的存在论内容，它是一个人在他的生活中承受的命运，不能被任何别人分享。比如，幸福与劫难这两种命运是典型的无法与人分享的存在可能性，即使假设两个人有完全相同的生活经历，他们也不能分享彼此的幸福和劫难，因为每个人的福与劫都在绝对性上属于他自己去是的存在。一个人世间存在如果被别人重复与分享，那就意味着存在者已将自己的存在可能性作为"有意义的形式"让渡给别人。这就是普遍有效的"按尺度存在"。

此外还需说明，一个人在人世间存在，独处与共事是其公共性形式，"自己去是"是其实际性内容，独处与共事都有其各自的"自己去是"的问题：首先，"在共事中自己去是"乃是就相关性的存在消弭作用来说的——通过把自己置于别人之中，来消弭绝对个别化导致的自一性趋向，从而把自己去是的那个存在留在世界之内。比如在一种共同事业中，绝对个别化的自己去是就是天才的存在，共同事业的共事是以天才的工作内容为其目的的，天才作为存在者则只为自己的存在而活着。但天才的工作内容却必须是可以摹写和复制的，尽管它不能被重复和分有；因为如果没有共同事业中的摹写与复制作为"别人也是"的公共性依据，天才就会沦为没有历史背景的不可思议的东西。

另一方面，"在独处中自己去是"则显示相关性的存在凸显作用。

因置身于别人之外而保留住一个存在的绝对个别性这一点,包括两个方面:不仅把它作为存在行为的力度在别人的异己性中空前凸出出来,而且使保留这一个别性内容的理由在别人的共同拒斥中得到空前的巩固。而这些要求只有在独处这种特定公共性样式中才能做到。比如在共同事业中,个别化的一种极端情况是完全不顾别人,只做我自己应该做的事,即使这件事是完全不合时宜的:比如坚持某种过时的理想,坚持某种别人不去追求的目标,或坚持某种与时尚完全不合的生活方式。这恰恰是"为自己的存在而活着"的一种本真情况。

　　基于上面的分析,现在可以指出海德格尔的人世间共同存在理论的虚妄之处。简单说:第一,海德格尔断言,此在之一般存在的本质就是共在,这忽视了人世间存在事态的内容与形式的划分。第二,海氏的共在概念本身是粗糙的,仿佛共在只是既在空间含义上又在生存含义上的"共他人一起存在"。其实存在论上的"共在"远不止于"在一起"这种含义,必须从"去是-所是"结构着眼,落实在形形色色的具体生命事件上。第三,海氏的共在作为"生存论机制",其存在论的论域前提是第一人称的。①

三、"需要自己做"与"做给别人看"

　　人在人世间自己存在的第二种行事原则,我称之为"需要自己做"原则。

　　"为自己活"与"为别人活"是在人世间存在的"能力"问题。任何能力都要求以某种实际成就来证明。为自己活着意味着具有一种存在能力,这种能力必须实现为行事所取得的"成就",即落实在人这种存在者的某种具体生命事件上。生活中的每一事件就其与人的存在有关而

---

　　①　海德格尔:《存在与时间》,陈嘉映、王庆节译,三联书店 1987 年,第二十六节。

言,都是一个存在事态,但却并非一切事件都真正构显存在,并非只要一个人卷入某个事件就会在该事件中将自己的存在予以构成。这是因为,人世间存在的论域前提另有说法。一切人世间存在事态在与别人的关系上可分出两种情况,这就是"别人看到"与"自己做到"之分,以此能够区分使存在有效的根据是意义形式还是实际性内容。要决定某生活事件是否真正是存在行为的一个成就,就需要去探明:该事件是确实需要由存在者自己去做的一件"事情",还是仅仅为了做给别人看的一个"姿态"。"需要自己做"与"做给别人看",是人世间存在的成就问题。为谁活着的能力问题必须落实在成就问题上。

这种划分在常识上似乎难以成立:通常人们总是为了自己才作出某种姿态来,而且,一件事即使是给别人看的,也需要自己去把它做出来。所以,这个自己做与别人看的区分决不是普通的行事动机和处事技巧问题,而是在人世间存在的存在论根据问题。

如果一件事作为一个存在事态不是由存在者自己的存在需要决定,而是为了进入别人的视界,这个事件就是一个"存在姿态",这个"别人"决定了你自己在人世间世界中的纯粹的对象性,于是"被别人看到"成为一个意义给与程序。但是人世间世界的主体又不同于事物世界的绝对主体,因为在人世间世界,意义作为形式是人的生活的价值,这种价值性存在不同于事物世界的事实性存在。于是一个生活事件进入别人视界并不意味着成为一个描述性对象,而是成为一个价值性对象,做给别人看也不是为了使自己的存在被认知,而是使它在社会关系和伦理关系中有意义。人世间价值性存在的全部价值区分为道德价值和非道德价值。相应地,做给别人看的存在姿态也区分为"良知"和"世故"。在人世间的社会关系中,一切做给别人看的事情都要求合于"世故",这个世故控制着非道德化领域中一切事情的价值尺度,因为社会关系中的一切非道德价值,不论是地位显耀、事业成功还是最基本的生存保障,都要在让别人看到这一程序中实现自身,因此而有了做事的种种规矩,如符合交往惯例的得体,保护自己安全的谨慎,屈从别人意志的敷衍等等。另一方面,在人世间的伦理关系中,控制着一切道德价值的尺度是"良知",而合于良知也是一种只有让别人看到才能实现的价值。因为,如果我是在绝对未被注视的情况下做一件好事,那它就只是一个自在地发生着的事实,没有道德价值可言;仅当这件事被别人看到,它才获得一种道德意谓,由此而产生"我应当……"这样的行为准则。因此,从存在论的问题角度来看,人所固有那种使自己的行为符合道德准则的良知存在,只有在作为一个姿态进入别人世界、被别人看到时才能成立。

　　存在论上,做给别人看的存在姿态就是人的存在的现象,它符合向别人给与自身这一意义程序,但不触及存在内容的构成问题。因为很显然,在一个存在事态中,能够让人看的东西只是"现象",事态的内容本身则是一件要求存在者自己去做的"事情本身"。我们只能看到事情的现象,却不能看到事情本身,因为事情本身不是看的对象,而是做的对象,是一个有待完成的任务。这个事情本身由人这种存在者的存在需要来决定。我们曾界定,"存在需要"并非对某种特定目标的主观欲求,而是意味着"去存在"本身成为存在者的需要,因此使存在的构显(现实化)成为他的一切行事的存在论根据;也就是说,他做的任何事情,不管指向何种具体目标,在存在论上却都是为了把他的存在做成一事。事情如果是为了构显存在,也就成了存在由以构成自身的事态,这样一种存在事态必然要求是一件由存在者自己去做的事。那么,在人世间关系中,构显存在作为人的存在需要如何提出?按这一需要而必须自己去做的事情,其机理又何在?

　　由"世界论"的原理推知,就人际关系而言,构显存在只能意味着让存在者自己进入与别人互有所及的相关之中。在这里,由于相关者是一种能够"看存在"的特殊存在者,所以便发生了事情是做给别人看、还是需要自己做的问题。一件事情作为一个存在事态,如要确认其为存在者自己所做,就必须将它确立为存在行为的"任务"和"成就"。让我对此作简要说明。

按一般存在之道,需要自己去做的事情就是人这种存在者自己去存在的内容。一件事情,就其需要由存在者自己去完成这一要求来说,它是人的存在行为的一个"任务",别人不能代庖。因为"去存在"是要求我们亲自到场亲历其事的生命事件,由此导致的"作为历事的存在",决非以"让别人看见的现象"所能定义。另一方面,一件事情,就其属于由存在者自己去做到这一法权归属来说,又是人的存在行为的一个"成就",任何别人不能僭取。因为,存在论上的法权概念,决不等于那种必须被别人认可的价值,而是要求在自己去存在的历事中修炼的宿业。在生活中我们看到,任何经别人认可的成就概念总是以"这是由他自己完成"为前提的。

另一方面,"需要自己做"显然只有在与别人的关系中才成为问题,因为只有在与别人相与之际,一个存在才能作为一个要求自己去完成的任务来提出,并作为一个只能由自己去取得的成就来实现。人世间的存在相关性,就其不同于在现象上被给与的"主体-对象"关系而言,不会是知识性的,只能是一种实际性的相关。那种作为姿态被别人看到的存在,其实只是一种存在知识,而那无法被别人看到、却与别人有关并对别人有所影响的事情本身,才是存在的实际性内容。一件事越不为人所知,越无法被"看到",就越增加其作为实际性内容的力度,这一内容和别人的关系也就越显紧迫,因为这使它在更高程度上被确证为是由存在者自己去做的事情。让我们以生活中的"无知"和"欺瞒"这两种情况来说明:在互不了解的无知状态下共事,存在总是显得格外沉重。当我不知道自己的存在是否被别人看见时,我总是直接承受事情本身的限定效用,从而直接承受自己的存在作为一个任务的艰辛和作为一种成就的重要。而在欺瞒中,那做给别人看的存在姿态变成了完全无所谓的东西,只有那个被隐瞒起来、不想让别人看到的东西——即真正需要自己去做的事情本身,才是实际上对自己和对别人都至关重要的存在内容。

这种人世间存在的"任务-成就"观念与人们的道德直观是不一致

的，因为，一个存在如何获得道德价值的问题和它在人世间如何构成自身的问题并不一致。需要自己做不等于需要自己承担责任，做给别人看也不等于把责任推给别人。恰恰相反，责任作为强制行为的必要性，只有在"别人看到"这一程序中才能发生效力。所以责任问题在存在论上是一个意义问题。积极地承担责任和消极的谨慎、敷衍、得体等推卸方式属于同等的存在姿态，都要借助让别人看到来获得意义。当它们成为伦理学问题时，这也就是一个存在的道德价值问题，人们根据这一问题的标准来判断这一存在的意义，但这种意义并不构成该存在的任务与成就。比如，一件不道德的事情必然出于某种需要瞒住别人的动机（如出于自私），这意味着这件事必须自己去做，但这件事的非道德性质却仍然由"别人看到"程序事先决定下来了。相反，一件有道德的事情就其必然出于某种要让别人看到的动机而言——由此才有道德的普遍立法作用——做那件事本身就是一个给人看的姿态，因此在存在论上具有欺瞒性质。可见伦理学中的承担责任或推卸责任只是一个主观性的意志动机问题，而存在者存在却是任何行事合于存在之道的一种天命的必然性。作为这种必然性的实际内容，无论一个人在动机上选择了责任还是拒绝责任，都属于构成他存在的生命事件，这里不涉及一个普通行为的责任问题，而是一个存在行为的成就和任务问题。责任只是存在的一种意义规定，存在的实际性内容则必须落实在事情本身。所以才能说，存在论上的自己做与别人看的区分在道德上是中立的，只关系到一个事件作为存在事态的存在论根据，而不介入意志动机的道德责任问题。那种完全基于人世间存在者的存在需要而由他自己去做的事情之所以符合存在之道，乃是因为那是一种永远重复自身的事情，而一件纯粹重复自身的事情也就使自己脱离了描述特性，而生成为存在行为。（详后文）

现在可将在一个事态中区分"姿态"与"事情本身"的存在论根据进一步加以明确。一个人必须在和别人相与中构显自己的存在，这从一般存在的机理来说是因为，任何一个存在的构显都实现为一个综合性的存在事态,即把别人的存在包容于自己的存在区域中,为的是让别人作为相关者来承载我自己的存在消息。但人世间的相关又另有其特殊内容说法:第一,人是一种使然性存在,其存在行为之所及显示为"使相关者到场";第二,在人世间的相关者之间,使然性的"使……到场"是对等起作用的。这种特殊的"相互使然性"把一般的包容转变为"据有",人有一种本质倾向,即为了自己的存在需要而摄取别人的存在可能性并使之对象化和形式化。这里便有如下差别:对事物来说,被摄取的存在可能性仍然不可改变地属于事物的本有所是,当事物被人据有(比如被使用),事物只是把自己的存在消息施于人来承载之;但是对于人来说,一个人的可能性如果被别人摄取,就可能变成纯粹的存在姿态。因为人世间的据有通常是通过独处与共事的变形样式造成一种"认同感的压迫"来实现的:"别人都是,我自己也是",或者"别人全都不是,只有我自己是"。在别人之状况的对比压力下,自己或是力求"和别人一样"以便进入共事,或是力求"有别于别人"而进入独处。在这种被迫的让步中,人实际上已将自己的存在需要有意识地让渡给别人。比如生活中的人们常常因为生计、环境、场合或其他原因而被迫让步,做出给别人看的某种姿态来,此时他的存在可能性已处于被别人据有之中。这种存在姿态在一个存在事态的构成中显示自身为"多余之事",正如那真正需要存在者自己去做的事情是"必要之事"。做必要的事情在存在论上意味着坚持居有自己本有的可能性而不肯让渡于人,但这种必要之事却必须以多余之事为背景才能成就之。在人世间,存在姿态之所以不可避免,不能仅仅归结于人性的弱点,而是有其存在论上的根据:(1)事情本身的必要性只有以多余的姿态为背景,才能标示出自身的位置与踪迹;(2)姿态虽然并非出于存在者自己的存在需要,但却适应了别人的存在需要,相与中总有人为自己的存在而据有别人的姿态,这保证了共事和独处作为公共性形式成为可能。

存在者在人世间如何自己存在?"需要自己做"原理构成了对这一问题的第二个解决。这个解决因其落实在生活的具体事件上而可以称之为"实效原则"，所谓"存在的实效性"就是指通过行事而成为可能的一种成就来看的那一事态，因此这也就是一般的在人世间存在所包含的第二个行事原则。我们曾把人的行为在其对存在可能性的关系上称为"行事"，行事的结果称为"事态"。所以，任何存在行为要拥有一种真实的成就而非被给与的意义，就只能意味着一个行事是需要存在者自己去做的事情。这和"为自己活着"的自成目的的行事能力原则完全一致，由此产生了存在行为的能力问题和成就问题的一致性。很显然，为自己活着既然是自己去居有其存在的可能性，那么这一居有必然实现为一件自己去做的事情，而用不着诉诸向别人的视界给与自身的现象；做给别人看的现象在存在论上属于为别人活着的一种意义形式。

四、福与劫

由于在人世间存在必须落实在人的具体生活事件上，所以必须为其原理选择范本，而不能只提供原理。所谓人世间存在的范本，是指作为由于人为自己活着的能力而成为一种成就来看的那样一种生活事件。在形形色色的生活事件中，我们选择幸福与劫难来作为人世间存在者存在的范本，这不仅是因为幸福与劫难作为两种相反情况最本质地展示着人的生活中命运的力量，更主要是因为它们在存在论的相关性问题中符合于上述对范本的要求。

幸福是伦理学的传统主题。伦理学只关心生活的某种理想状态，也就是人世间存在的某种有意义形式，而不关心存在的普通情况和普遍内容。伦理学的问题是：什么样的生活是有意义的？幸福成为首选的价值。正因如此，伦理学一般不关心不幸与劫难。与之不同的是，存在论关心人世间存在普遍实际性内容中的本意，所以它不仅关注人的幸福，同时也关注不幸和劫难作为人世间的一种存在事态的性质。在第三人称论域中，幸福与劫难乃是人世间存在之平凡原理的两种突出范本。

伦理学的"幸福"概念是对幸福的意义解释。人的生活总是指向某些特定的目标,伦理学用一个统一的幸福概念来定义形形色色的生活目标,人活着就是为了努力实现这些目标,因此人是为了幸福而存在。在一切伦理学中,作为生活目标的幸福体现为各种生活理想。这样,伦理学就把幸福设定为对人世间存在的一种解释形式,当各种生活理想被定义为幸福,这种理想不过是对人的存在的一种意义解释,用来回答什么样的生活是值得过的生活,什么样的存在是有意义的存在。如果把幸福当作一种理想化的生活,那么幸福本身就成了存在的一种思想形式。问题在于,人们的实际生活目标经常互相冲突,所以,在伦理学中,作为生活理想的幸福原理只能是主观决定的,即只能充当价值原理而非存在论原理。因而总是有着种种不同的幸福理想。一个享乐主义者把感官欲望的满足称为幸福,那是一种感性的幸福。康德的伦理学贬抑这种感性幸福,推崇被道德法则决定的善良意志,但由于他引入了"配享幸福"概念,在他那里,幸福就仍然是存在的有意义形式即理想:幸福意味着过一种合乎道德法则的生活。这是一种理性的幸福。赵汀阳在《论可能生活》中提出的幸福理论在上述两种概念之外另辟蹊径。他认为幸福当然不能归结为欲望和利益的满足,那只是人的"基础性需求";但幸福也不必定是利他的善行,善行不过是由于遵守规范而获得人们赞同的"德性"而已。赵汀阳提出,幸福取决于一个人生活能力的发挥,实现为种种令人羡慕被人赞美的"美德",诸如智慧、勇敢、勤劳、爱情和友谊。这样,幸福就既非出于一己私利也非出于伦理规范,而是能使一个人成为像样的人的所谓"人的根本性目的"①。赵汀阳的理论确实启示了一种新的生活理想,但它仍然是一种对存在的意义解释,重新设定了一个在人世间存在的意义给与程序,即"新目的论"。

如果从存在论的问题出发来评说幸福,就会暴露出一切伦理学的

---

① 赵汀阳:《论可能生活》,三联书店 1994 年,参看第四章的有关内容。

幸福理想都固有的矛盾：一方面，每一种幸福理想作为存在意义的解释形式都要求对人的生活普遍适用，因而要求在一切人之间被普遍接受，因此总是由别人设计且为了别人而设计，所谓存在者自己领受的幸福不过是向别人给与自己的某种理想状态，那不过是"为别人活着"的一种标记。比如，私利必须在与别人的利益冲突中被实现，善行和美德只有做给别人看才有其理想意义。另一方面，每一种幸福理想却又都是主观决定的，所以各种理想总是互相冲突。因为没有统一的存在解释形式，所以也就不可能有一致接受的幸福理想，只有每个人在其生命事件中亲历的个别化的有福存在。结果使幸福成为人的存在的一种无法确定的现象性质，经常降格为本能性的心理感受。比如同一件事情对某些人来说被理解为幸福，对另一些人来说则是不幸。很显然，这个矛盾证明了伦理学对幸福作为生活理想的意义解释对存在论是无效的，需要重提幸福问题。对幸福问题的构成分析无须再提出新的生活理想。这倒不是为了回避卷入上面的冲突，而是因为幸福在存在论上本来就不是一个理想问题，而是人在人世间存在之内容原理的重要范本。

不可否认，快乐、善良和能力都是人的幸福，但不是作为生活理想，而是作为人这种存在者的存在需要。人之需要幸福，是需要为自己构成有福的存在，而非需要理想。我们曾说，存在是存在者的一种存在需要，人这种存在者则有所领悟地去存在，因此人把自己存在的某种可能性作为需要来使之到场。显然，人能够有所领悟地需要自己的幸福，但这个幸福必须作为这个存在者所需要的那个存在的可能性来构显，即"有福存在"。人之所以需要有福地去存在，是因为在这里，人能够完满而又无矛盾地居有他为自己设计的任何有福的所是。也就是说，人把幸福当成自己存在的可能性来自己设计并自己居有之，于是人对存在的需要就在领悟中转换为对幸福的需要。由此可知，人只是为了自己的存在才需要幸福，而非为了幸福而存在。因此快乐、善良和能力都属于"有福存在"，但却不能归结为伦理学的生活理想。有福存在无疑是一种有所领悟的存在历事，但存在论上的幸福领悟却不等于幸福感。正如幸福不能被定义为某种主观性的心理感受即幸福感（这一点已由赵汀阳指出①），幸福也不能被定义为某种主观决定的生活理想，因为这种理想作为存在的意义解释属于被创造出来替代有福存在之实际性内容的第一人称存在形式。有福存在则意味着有所领悟地为自己活。"有福"等于说，居有了存在者自己设计的某种可能性，比如快乐与美德；历劫则意味着相反的情况。

作为人世间存在之范本的幸福的存在论内容说法是：幸福并非一件对象性事物，而是一个有福存在事态，人作为有福者进入特定的有福存在；因此，幸福并非主观性的意愿存在方式，而是出于对自己去存在的需要。在伦理学中，快乐、善良和能力优势等作为幸福理想被定义为某种意志对象，即意愿得到的东西，凡得到这些东西的生活便超出了日常性-实际性的平凡本质而具有了某种超越的形式，那就是生活的意义。在这里，幸福原理具有"意愿得到……"这一问题式。意愿得到的东西是主观决定的，无法说明幸福作为人的存在内容的实际性本意。幸福并不意味着得到某种能使人幸福的东西并占有它，占有决非幸福的本意；当然幸福也不像赵汀阳所说的那样是"给予"某种东西，这种"自由的给予性"仍归结为一种精神性的收益。② 存在论上，幸福等于"有福"，而不等于"得到"。我之所以意愿一种幸福，是因为对我的存在而言，这个有福是一种欠缺的同时又是可能的内容。一旦我领悟到这双重情况，有福就成了我的存在需要：我并非需要某幸福的东西及其感觉，而是需要进入这样一种存在事态，在那事态中，我作为一个有福者而居有一个有福存在。

人需要有福，乃出于需要自己的存在。在一般寻常事态中，存在也属于存在者的一个本质需要，但是这种需要未被领悟，而这是由日常存在的平凡结构所致。人世间日常存在把它的一切可能性都送入一种自

---

① 赵汀阳：《论可能生活》，三联书店 1994 年，第 112—113 页。
② 赵汀阳：《论可能生活》，三联书店 1994 年，第 123 页以下。

身重复体制,于是存在对人来说成了一种有限性,其内容就是平凡。①
存在在日常性中将自己展开为无须领悟的平凡历事与无须设计的重复
到场,相应地,生活被我们体验为没什么可说的"无所谓"与没什么可做
的"无所事事"。这就是纯粹的"自-然"存在。但是,使然性却打破这种
平凡结构,产生超越性,超越的目标便是幸福。伦理学把人的幸福本能
理解为获得意义形式来替代实际的日常生活,其实存在论上的有福作
为超越是指对存在实际性内容的领悟和设计。有福存在不同于寻常存
在的主要之点就在于,在有福事态中,存在成了一个被领悟的需要,同
时也就成了一个被设计的到场。幸福的存在论内容说法是:在否定方
面——寻常存在的平凡重复结构被打破;在肯定方面——存在者确实
居有了自己意愿设计的那种可能性。这样,在一个有福事态中,存在者
对自己存在的需要便被凸显出来:在幸福的时刻,人们对自己存在的力
量最了然于胸,此时存在由于超越了寻常生活的平凡结构而显得"神
奇",并由于打破了贫乏的自我重复体制而在内容上显示为"丰盈"。正
因如此,在生活中,任何幸福大都伴随着有福者的渴求动机和对后果的
喜悦,这种渴求经验和喜悦经验其实不过是超越寻常存在的使然性的
一种标记形式。在存在论上却只能说,人是为了自己的存在才需要有
福,因为在有福中,存在可以使然性地构显自身。而且,有福存在显示
为神奇性,也并不意味着从根本上挣脱了人世间存在的平凡本质,因为
有福设计一旦被居有为现实,它必按存在之道将自己重新纳入重复到
场的平凡机理。所以在生活中,任何幸福历久都会自行消弭其神奇性
而变得平淡下去。

　　当幸福从存在的理想变成一种存在事态的范本时,幸福问题也就
从伦理学问题变成存在论问题。幸福的范本资格必须依据它的存在论
问题来确定,也就是说,"有福者为自己的存在而需要有福"这一原理,

---

　　① 关于存在论的日常性问题和平凡问题,在本书第十章和第十一章有详细深入
的讨论。

已经先定地保证了有福作为一个存在者自己去是（有福者）的能力与成就，属于该存在者为自己活着并需要自己去做的一件事情。幸福是一种人世间的存在事态，就其公共性形式而言，幸福属于典型的独处事态，即"自己去是（有福者），别人根本不是"。因为按幸福的存在论结构，任何一个人之为有福者都居有一个绝对属于他自己的存在内容，任何有福都不可能在同一个存在事态中被自己以外的别人分享。在生活中，我们只能想象别人的幸福，却决不可能享受不属于自己的别人的幸福。真诚地分享别人的幸福在存在论上意味着分享者已经独立开启了自己的有福事态。"分享"只能作为一个心理学概念，存在论上的分享概念是不可能的和无效的，因为存在只能是存在者自己去存在。所以，作为人世间相关性来看的幸福不可能是置于生活之上的理想，而只能是人在他的生活之内承受下来的命运。

在这一点上，劫难也是一种命运，而且在人们的观念中，劫难似乎比幸福更能代表命运的本质力量。但是伦理学只关心幸福，不关心不幸，因为不幸的劫难本身不可能是生活的理想或目标，因而不成问题。但是在伦理学中，理想总是一个人世间存在所指向的某种目标，相对于这个目标，历劫却可作为一种手段而成为对该存在之意义的一种诠释形式。在这里，历劫变成存在不得不承担的一种外在责任，历劫是一种牺牲，生活可借它来收获自己的意义。这就是基督教的通过受苦而得救的观念。这样的话，历劫就变成了一种典型的"有意义的存在形式"：历劫事态的实际性内容本身是无所谓的，不构成问题，成问题的只是这个历劫存在因指向一个目标而获得的意义形式。构成分析则把历劫当作是和有福同等重要的人世间存在的范本，因为福与劫是具有对称结构的两种人世间存在事态类型，即它们都是使然性对生活的平凡结构所实行的破坏，只不过幸福是超越性的，劫难则是遭遇性的，劫难意味着存在者居有了并非自己意愿设计的可能性。福与劫的这种对称性对人世间存在具有一种平均化作用，由于它们是平凡原理的两种对称性变型，所以人的有福与历劫最后都将把自己平均于人世间存在的平凡结构之中。很显然，实际性的人世间生活永远不是存在的理想状态，所以生活只有在实际性所包含的普遍情况中才能向分析工作展示存在的本意。

在生活中，人们倾向于对劫难作一种实用性计较，或者躲避即将到来的劫难，或者设法将已到来的劫难转嫁别人，或者默然忍受之。在这类实用计较中，劫难仿佛是一种外部力量，一个令人恐惧的对象。其实劫难的存在论本质并非恐惧对象（正如幸福不是意愿对象），而是一种历劫存在事态。劫难使存在作为一种力量显得特别令人恐惧，从而把这一存在向存在者昭示出来，于是存在本身在恐惧中被领悟。存在者的存在在寻常事态中曾经被放置在无所领悟的无谓之中，现在由于劫难的到来，这一存在不再是无所谓的和非领悟的了，而是成了一个命运攸关的问题，时刻悬在心头。而劫难之所以令人恐惧，则是由于它在领悟之中揭示出存在必须由存在者自己亲自去经历的那种重负性质，任何别人都不能代替历劫者。"代人受难"不过是另一个存在者自己的历劫事态而已。正因如此，我们才有理由把历劫确定为人的生活中最基本的"为自己活着"的行事类型之一，因为每一次劫难都是需要历劫者自己去亲历的存在。劫难把存在的内容显示为一种<u>丝毫不能转嫁</u>的重负，根本无暇顾及别人如何看的意义。所以，两个人即使有完全相同的生活经历，比如经历了同一次战乱，或处于同等的贫困环境之中，从存在论上说，他们也必须独自亲历自己的劫难，所谓"共患难"只是生活中的一种经验性说法，而非存在论的问题提法。

有福和历劫都竭力超出平凡，但福与劫终究不过是人世间存在的两种范本样式，不能改变存在的平凡本质。正如生活在时间中的自身重复机理能使任何幸福的神奇性褪色一样，生活也将医治和遗忘任何劫难的痛苦，最终将一切苦难消弭于平凡之中。

第六章　及于自身与拟构

上面两章分别探讨了：事物如何在与人的相关中有它自己的存在？以及人如何在与别人的相关中有他自己的存在？这一章讨论一个新问题：一切存在者如何在与人相关的使然性中有它自己的存在？其实前面的分析工作已经接触到了这个问题，但并未认真着手解决之，因为那时的主要任务是弄清存在者间相关性的一般原理。现在有了这个一般原理作背景，终于可以着手解决此问题。这个问题也可从反面追问为：如何打破"世界"结构中的一切意义关涉而达于彻底的"自-然"之道。

出离了存在者之间复多性的自一性称为实体，实体没有来自存在者自己的世界机理，因此也就没有实际性存在可言。但一个东西无世界，正是其存在进入意义问题的标志，因为一个实际性的存在包容一切可能性，但却不在任何一种具体的对象性上给与自己，故反而被认为是无意义的东西；而一个完全出离了实际性的实体，虽然本身不再有存在者自己的世界机理，但仍能为它设定某种形式上的世界概念即意义的世界，并用这个"有意义的世界"来代替它实际去构成的世界。这样，对一个无世界可言的东西，就可以在某种设定的意义上"谈论"并"判定"它的存在。这种被设定的世界尺度确实是一种存在论上的可能性，其代价是把整个存在问题改换成意义问题。

　　如前所述,在原来的第一人称的意义问题之外,第三人称论域的存在问题另有一种迫不得已的意义关涉。我们已知,第三人称论用"存在者间性"取代"主客二元性",所以任一存在都在互及相关这个来自存在者自己的世界机理上构显,而不是在主体的视界内被判定。但是,由于只能就人的存在来例示存在者间的相关,而与人有关的任何存在都带有使然性,这一使然性的根源和内容就在于人对存在的领悟与诠释。与第一人称的意义问题把主体的"视界"当作唯一的和全部的论域相比,第三人称的意义关涉表现为,这里虽然是以任何存在者自己存在为论域,但它仍然总有可能进入人的存在视界;而且人的存在之有所及于任何他者,按其特殊本质总是实现为对该存在的领悟与诠释。这就不可避免地在第三人称论域内挑起一种新的存在替代问题,其性质有待追问。

　　存在只能在一个"视界"之内成为问题吗? 抑或"视界"本身的存在就是一个存在论问题? 如果是后者,那就必须注意:这个关于"视界"本身的存在论问题的根据,不可被重新设置为另一个更高的视界——因为这只能产生无穷倒退——而要追溯到一切存在之为存在的"天之道"上。这在理论上是如何做到的?

一、存在之领悟作为"拟构"

　　在第三人称论域,视界作为领悟与诠释,并非站在存在事态的"外边"看这个存在、判定这个存在,然后在思想中再现该存在。视界即使在第三人称论域也表示一种存在者间的使然性,即"把一个存在的可能性拟作与自己有关的事情来构成之"。使然性当然超出存在者自己存在的"自-然"法度,使然性是把"自-然"存在作为一种可能性据有之、设计之。可能性在第三人称论域表示一个存在乃是一件可行之事,所以只有使然性才能据有一个存在的实际内容而非概念。由此可推知,存在之领悟与诠释的本意不是对存在事态进行思想规定之后再现之，而是等于一条可能性原理在起作用，此可能性并非用来理解存在的思想性规定，而是事情本身之可行性的内容。因为领悟作为使然性永远具有如下目的，即让与自己相关之存在者存在的一切可能性全部到场，从而达到对该存在作为其可能性之总和的完全据有。但依据一般存在之道，存在者存在之全部可能性只能由该存在者居于自身之内，领悟之使然性永无能力达到"完全的据有"这个理想，因为领悟永远不能拟构一个存在的实际内容之总和。所以当领悟假定自己已经据有了一个存在时，实际上它只据有了那些被拟构的使然之可能性。与"实际的存在"这个目标相比，"使然的存在"总是有差距、有缺陷和不完全的。

问题在于，一个存在作为存在行为的可行性与被使然性拟构的可能之事，这两者之间是什么关系？如果领悟意味着看存在的视界，则拟构只能是对存在实行的一种思想处理。但另一方面，如果领悟仅仅意味着一种"存在者间的使然性"，那么，被拟构的可能性也就是存在者的实际可能性对人的存在之关涉，因为一个与人相关者作为被拟构者而存在，这乃是任何存在者在存在论上都无法超越的"天命"。

在存在问题中，"视界"只是一个类比性说法。"看存在的视界"表示在其中能够思考存在、谈论存在的"我思"。存在不能看，只能由存在者去做，因为存在不是事情的某种描述状态，而是全部事情可能内容之整全。在视界中只能看到现象，不可能看到整全的内容；但却可以思考整全性，因此存在才是可思考可领悟的。但思考存在（以及言说存在）并不是存在问题的最后根据，因为如果思考不作为与存在为一的"拟构成"，便退回到看存在的视界隐喻上，重新陷入困难。在西方思路中，"我思"总与看的视界混为一谈，致使存在问题只能在主体意识的论域内成立。笛卡尔的"我思故我在"像一切古典命题一样微言大义，给后来的解释留有余地。但后来者则把"我思视界"的优先权推到极限。比如赵汀阳确认的"本体论秩序"是这样："无论作出什么样的断言，'我思'都已经占据了本体论的优先位置，……实在只能在思想的视界中被理解,这意味着任一视界都是思想的视界。"①显然这种本体论(存在论)次序只对意义问题有效,对照第三人称的问题则会发现,思想的视界优先于存在的内容并非自明的存在之道,而是有条件的:第一,思想被限定在视界的表象功能上;第二,视界本身的存在不被追问;第三,在视界中被思想所把握的实在只是实在的影子即现象。正是这些条件使存在的视界问题远离真正的存在之道。我们承认我思作为领悟确有思考存在的责任,但领悟不是看存在,而是把存在的整全作为理想而设计之,由于"可能性之整全"来自存在者本身的"自-然",所以设计作为使然性等于拟构。因为正如我们已说过的,存在不能看,只能做:或者去做成自己的存在之事,是为"历事";或者承受他者存在之所及,是为"相关"。相应地,领悟作为拟构也有两种情况:或者为自己的存在设计可能性,或者在自己的存在中拟构他者存在从而据有之。从相关原理来说,拟构他者之存在决不是表象这一存在的状态,而是在自己的历事中包容他者之存在消息。承受他者的存在可能性实际上也是承受自己存在的本然内容。

"存在者自行去是其所是"这一原理,决定了一个个体在其实际性上包含了它的一切情况的全部可能性。② 因为所谓一个东西的存在,就其是不可选择的而言,正意指着它是它的一切可能性之总和的极限。这个全部总和的整全性始终是一切存在之领悟的一个"理想"。但思想的视界作为一种"存在之领悟"却远离这个理想,而且永远不能达到这个理想。这是因为,视界必须以经验上(或理智上)的被给与性为条件,才能摄取某种存在状态,因为被给与性意味着,在一个特定视界中只能达到存在的某一个可能性,也就是只达到了某种现象;而视界代表着一个看存在的思想意识,视界根据一个现象状态的被给与,便可在思想上判定某物存在,但这个判定仅仅停留在某一可能性的单一现象上,远离

① 赵汀阳:《走出哲学的危机》,中国社会科学出版社 1993 年,第 99 页。
② 参考维特根斯坦:"对象包含着一切状况的可能性。"《逻辑哲学论》2.014,贺绍甲译,商务印书馆 1996 年,第 27 页。

"存在之领悟"的整全性理想。

拟构才是"存在之领悟"合乎存在之道的正确概念。因为根据存在之道,领悟并非一种存在意识的表象功能,而是一种使然性的存在机制:领悟到一个东西的存在意味着把这个存在当作与自己的存在有关的事情来做成之。所以一个领悟实际上等于是去构成领悟者自己的存在事态,因此才能拟构被领悟者作为相关者的存在。由于领悟不是看存在的替代功能,而是一种使然性的构成机理,也就是在实际性存在中拟构相关者的存在来使之到场相与,所以不受被给与性这一限制。而"到场"这一存在论术语本来也不意谓在某种尺度上(比如空间尺度)被给与,而是指存在以其可能性进入相关。这就决定了领悟的一个特性,即它能够拟构出任何相关者的任何一种存在可能性,从而使一切可能的存在者到场:不仅拟构现成的可被给与的可能性,而且拟构并非现成的存在之可能性。这样,如果人的存在在其使然性上可以拟构出一个东西的任何可能性,那它虽然永远不可能达到整全性,但却仍然永远趋向于接近这个整全性。在这种情况下,存在之领悟甚至错误地相信自己能够创造出事物的存在,就因为它能达到事物的任何可能性从而趋近于"一切可能性之总和"这个理想。而实际上,领悟所及的任何可能性都已先定地包容于东西自己的存在之中,只有一个实际性的存在内容才能完整地包含"全部可能性之总和"。这正是使然性拟构事物之存在的基本前提。而"思想的视界"从一开始就完全偏离"存在之领悟"合于存在之道的那个理想。

这样,我们就可以区分不同类型存在事态的等级序列:一个东西自己存在从而包容它的一切情况的全部可能性,这是一个"实际性事态";东西在某个可能性上向视界被给与出来,这是一个"现象性事态";东西之存在在它与人的相关中被他作为自己的事情而拟构之,这是一个"拟存在事态"。

前面曾指出,存在的内容是存在者历事;历事在时间上贯穿"曾经"与"即将"之间的区间。但对历事的存在者来说,历事总意味着一件有待完成的事情,即必须落实为对一系列"即将去是"的策划。如果领悟只是主体的存在意识,情况就会完全与此相悖:第一,由于该存在意识本身不能进入视界,所以它必然在视界内抽掉存在的历事性质,使其退化成为一种单纯的存在景观;第二,这种对一个存在的意识无论其本身是前瞻的还是回顾的,都需要把存在当作一个已发生事件的完成景观,才能形成对它的意识,从而使领悟本身成为一种"表象性的回忆"。然而,存在的景观或现象和存在的事情本身是完全不同的范畴,不能替代后者。显然,历事只能由事情本身来引导它,在这里,存在属于存在者的需做之事;现象作为从外部看到的结果则把存在完全变成看存在者的存在知识。这就决定了存在之领悟必须作为存在者间的使然性才能真正达至事情本身,因为只有在存在者间的相关中才能使一个东西到场,而只有直接的历事才能进入此相关。我们说人把自己的存在做成一事,不言而喻,他只能在相关中就……来做事,于是他的存在就落实在一个综合性事态上,总是牵涉到某些东西的到场可能。由于人是在领悟中以"使……到场"这种方式涉及他者,所以他总需要在他"自己的事情"中拟构他者的可能性,并且能够根据自己的存在需要拟构出任何一种可能性来使他者到场。比如他可以居住一间房子,或者将它让给别人居住,或者用它来贮藏物品,或者干脆闲置不用,如此等等。这样拟构的每一种可能性都完整无损地预先居于那个存在者的存在之中。

无论如何,存在与对存在之领悟之间的自明界限不能泯灭,否则我们的整个问题不能成立。拟构不是对存在的表象意识,而是人的历事的使然性机制;但拟构仍不等于"自-然"的历事。拟构作为存在之领悟的特殊本质有待进一步澄清。对一个存在的拟构不再替代那个存在,但拟构并不就是那个存在本身,因为领悟不能拟构存在的实际性内容。如果拟构不是在替代的意义上把这个实际性内容形式化,它就另有通达这个内容的道路。

内容不能被拟构,只能由存在者直接构成。一个存在之可被拟构的东西,必是在其实际性内容之上的某种东西。我愿称之为"条理"。

一个东西进入实际性存在事态的可能性就是东西的"条理"。① 我们曾表明,存在者自己存在这一存在之道是一种"必然性","自-然"存在之间的相关则永远是"实然性"(即实际性),只有人的使然性才把一个相关在自己的历事中事先拟构为某种"可能性"。一个存在向领悟展示其为可能的,这实现为:领悟预先就能觉知到,这个存在是可构成的;此时领悟并未表象这个存在的内容,但却抓住了这个存在的条理,即它居有自身之所是的可能性。可能性虽然属于东西本身,却不等于实际性,而是需要由使然性将它拟构出来。可能性摄取存在之实际性内容的条理,把它提供给领悟。存在之领悟的本质特征在于,如果不能把一个实际性内容事先拟构为一种可能性,它就不能领悟这个实际性。因此,即使一个存在事态并未实际发生,它仍可作为可能性向领悟展示自身。它事先把自身之内容作为条理向领悟昭显出来,才使拟构成为可能。显然,拟构必须借助于观念和语词。我们规定,像这样的一个东西在领悟中作为一种可能性(条理)的拟存在,就是一个"观念"。观念形诸语言则为"语词"。但这种拟存在并不是对存在的表象性回忆,它毋宁是对存在的设计和策划。因为你不可能在回忆中表象一种先于一切实际性内容的可能性,只能将它作为一个目标来设计。而且即使在实际历事的相关中,历事者也不可能意识到该存在的图景,只能把它作为一条可能的道路不断地走下去。如果非要意识到这个存在图景,就必须退出历事,将它置入视界之内。

我们曾指出,由于人对存在之领悟造成了"自-然"存在中的意义涉,致使一切存在者如何在与人相关的使然性中自己存在成了问题。现在我们的分析获得了如下初步结论:存在之领悟并非一种看存在的思想视界,而是对一个存在的拟构成,它属于我们自己去存在的历事内容的一个本质部分;领悟的存在论功能在于它可在事情之先拟构一个

---

① 参考维特根斯坦:"对象出现在诸事态中的可能性就是对象的形式。"《逻辑哲学论》2.0141,贺绍甲译,商务印书馆 1996 年,第 27 页。

东西存在的条理,从而使它的可能所是作为它的存在条理被据有为我们自己的事情。据此可以断言,即使存在之领悟造成了"自-然"存在中的意义关涉,但这种领悟作为拟构却并未超出一般存在之道的"自-然"法度。具体的说法可分两个方面:

甲,拟构按其本质不会将一个东西的存在形式化,因为条理不是与内容相对立的"有意义的形式"。首先,条理不能像一个形式那样被思想自由地创造出来,而是在相关中被拟构的东西,条理本质上属于存在者的存在。其次,条理不是可以用来在存在问题中替代一个存在之实际性事态的某种意义,而是一个存在因与人相关而发生的可使然的特殊性质。最后,"形式先于内容"乃是自亚里士多德以来统治整个西方思路的基本信条;而在合于一般存在之道这一要求上,拟构却永远不能超出实际性的纯然内容,其理由是:(1) 领悟只能拟构一个东西的可能性(条理),而不能拟构其实际性(内容),这种实际性内容只能由存在者自己去构成;(2) 领悟可以拟构与之相关的一个东西的任何可能性,却不能拟构出这个东西的"全部可能性之总和",这个"全部总和"只能包含在存在者的实际性存在之中。

乙,存在之"自-然"法度反而会将拟构的存在实质化,也就是把被拟构的存在可能性转化成一种新的特殊的内容存在,生成出观念存在与语词存在这两种新的存在分位。这一点将是克服"自-然"存在之意义关涉的一个决定性步骤,因为意义问题主要起源于存在的"形式化",即观念和语词可以充当任何存在的替代形式。如果能够发现语词和观念作为某种特殊的存在者分位,其存在的规律同样基于一般存在之道的"自-然",则传统的意义问题将自行瓦解。揭示这一规律是本章工作的目标,这一工作将彻底打破第三人称存在中的意义关涉。

就观念和语词在其本质上属于人的存在方式而言,我愿把人的存在之使然性称为:"人在其存在行为中及于自身"。但必须言明,观念和语词这两种东西虽然在自然史上起源于人类天赋的灵性,但在存在论问题中,它们独立的存在分位却不能归属于人的灵性(比如说思想的创造能力），而只能归属于天地间的一般存在之道。

二、观念之存在作为"拟存在者的拟存在"

观念如何按存在之道去存在？这是一个极为困难的问题。按照人类正常健全的观点，观念不是独立的天地间存在者，而是人的领悟之抽象和创造能力的产物，在存在论上，观念正是存在的一切形式、意义和替代问题的根源。那么问题是：观念将如何作为存在者自己去存在？

我们规定，一个存在被领悟据有为一种可能性时称为"拟存在"，一个观念就是一个拟存在。显然观念可以和存在事实相对应，那种事实可以直接当下给与自身，也可以在回忆或者想象的虚构中给与自身。它们分别起源于康德所谓想象力之再生性综合与生产性综合。① 但无论再生性观念还是生产性观念，都要求思想与存在的对应和一致，结果仍然是"看存在"而生观念。而存在论上的观念与事实、拟存在与实际存在之间的联结却不是对应和一致，而是"据有"。领悟把实际存在之事拟作自己可行之事而有观念，确切地说，领悟将存在者存在之条理据有为自己生活中的一种可能情况而有观念。于是我们注意到，如果一个存在有某种东西需要借助于观念向领悟昭显，那东西当然可以是被给与性，即当下可看到的现象；但那个需要昭显的存在本身却是与现象不同的东西。那就是条理。条理为存在所固有，但条理必须与人相关才能展示，因为存在无言，除非它进入人对存在的领悟。条理不是现象，条理的展示何以可能？就因为人有所及地生存在于世界之中，领悟是其有所及于他者的首要能力，在领悟中能够做到使一个东西到场，其机理就是拟构存在。在此不能问这样的问题：拟构的存在何以判定其

---

① 康德：《纯粹理性批判》，韦卓民译，华中师范大学出版社 1991 年，第 141 页以下。

与事物本身的条理相一致？因为拟存在只相对人的存在领悟而言,条理对领悟来说就是一种拟存在之观念;条理对事物来说则是其存在可以向领悟展示的特定取相。因此从原理上必须明确,观念作为拟存在并非由人创造的存在图象和知识,而是事物之实际存在与人相关的事情内容。就事物来说,条理被拟构为观念乃是事物自己去存在的一种可能性。

就思想来说,当思想在视界中看一个存在时,所得到的观念属于替代存在的思想形式。在第三人称论域,当一个存在被领悟所拟构,我们就称这个存在被"观念化"了,但这个"观念化的存在"不等于上述替代性的"存在观念"。这个差别有待进一步说明,它正是观念的存在论问题。

那种形式化的存在观念必须对应现实,摹写现实,并与现实一致。但"观念化"并不对应和摹写现实,而是一种与现实相关但却"超出"现实的拟现实存在。它体现着领悟的本质即对存在的设计。任何一个人的现实存在以其内容来说都有一个边际界限,超出这个界限并不意味着成为一个被替代的空位形式,而是意味着进入拟存在。显然任一存在在其条理方面都必然超出现实边际,所以,拟构条理的拟存在限定着与之有关的现实存在的边际。而人这种存在者恰恰能够借助领悟的观念化作用越出其现实性存在的边际,而生存于种种拟存在之中。这才是"观念化存在"的本意。比如,在生活中的任何一种按常规行事的现实情况之外,都可以有某种按理想行事的被设想情况通过观念化作用与之相关并超出之,或者比现实更美好或者比之更可怕,从而将其限定为现实之为现实。拟存在已不是人的原初的"自-然"存在,而是包含着为这一"自-然"之事而代理的分外之事,因此必然超出这个人自己去存在的原初构显,并限定这个原初构显。

我们将拟存在称为观念,是因为,按通常理解,这种拟存在确实可以作为一种思想形式给出,而无须存在论化。观念具有如下特性:
(1) 作为主观性,它可以向我思的意识活动给与自身,无论其为再生性观念还是生产性观念,都属于在认识论原则下所作的"看存在"之功夫,如知觉、回忆、想像等。(2)作为客观性,观念又可以通过诉诸语言而成为确定的可共同理解的内容向思想给与自身,从而在思想的一致性中被判定①,此时观念表现为概念、命题和推理形式。然而,无论在主观性上还是客观性上,观念都不过是向我思的存在视界给与自身并由视界来判定其有效性的对象性,就其必须寻求与现实性的对应与一致来说,它只能充当存在的替代形式。但根据第三人称存在论,观念作为一种超出现实性的拟存在,乃是拟存在者的自行历事内容。领悟通过观念化作用而成为拟存在者,并生存于拟构的现实中。此时一个观念就等于是一个"拟存在者的拟存在"。此时,人实际性地生存于观念性存在之中,而不是作为观察者用观念来摹写他看到的存在现象,他的真实的存在被他拟构的存在限定着而得以构显。

拟存在是人类超出其现实边际的一种存在,因此这种"存在的观念化"决不等同于"我创造了一个观念的存在"或"我知道一个观念存在"这种第一人称机制,而是:"他作为存在者生存于一个拟存在中"。这个拟存在尽管是观念性的,但它仍然属于第三人称的存在行为。换个说法,"存在观念"是对存在的替代形式,而"观念化存在"没有替代问题,它是一个拟存在者自己历事的内容。

有了上面的基本说明,我们便可指出,观念的独立存在分位需要从下述两种区别中得到印证:第一,观念性拟存在不同于通常作为主观意识的观念;第二,观念性存在当然也不同于实际性的事实存在。让我们从第一种区别开始。

赵汀阳的"观念存在论"是关于观念之存在问题的一个极其透彻的理论,但也是一个极端第一人称化的理论。追问一个观念的存在条件或理由被称为"本体论追溯"。② 本体论追溯的最终结果是:在主观性

---

① 参见赵汀阳:《走出哲学的危机》,中国社会科学出版社 1993 年,第 103—105 页。

② 赵汀阳:《走出哲学的危机》,中国社会科学出版社 1993 年,第 85 页。

追溯上，"我创造观念"具有本体论上的绝对优先性；在客观性追溯上，"创造观念的思想方法"是观念之存在的最终基础或第一理由。① 需要注意，赵汀阳的观念界是一个由"基本观念"和"继发观念"组成的拟形式化系统，这样的观念显然需要思想的抽象作用才能生成和运作，这似乎有利于证明观念的存在是被思想创造出来的。赵汀阳特别重视"基本观念"，因为基本观念不再承诺其他观念，而只承诺着直接创造观念的思想方法。② 给出基本观念的存在理由就是揭示出创造这些基本观念的思想方法，这就是观念存在论的问题。③

赵汀阳想说明：一般观念生成于其中的心理学的意识体验（我思）只是观念的主观性形式，我思的主观性方面是空洞的，它不能说明思想的内容。只有观念之"所思"，即在语言中表达出来的思想，才是观念的客观性内容。这种划分很有说服力。但问题在于，在观念之主观性与客观性的划分之外，是否还有一种观念之客观性与存在性的划分更为重要，关乎观念"作为存在者自己存在"的问题？ 答案应该是肯定的。一个观念在命题形式中可被共同理解的客观的思想内容，在存在论上却仍然属于一个观念性存在的对象性和现象性内容，其有效性仍要以第一人称的思想判定为最后根据，也即赵汀阳的"创造观念的思想方法"。那么什么才是"观念性存在"在第三人称维度上自己去存在的那种实际性内容呢？

我们已指出，观念表示拟存在。拟存在就是领悟将一个存在作为条理而拟构之。这仿佛等于说：拟存在意味着由我思创造出一个观念。而且按流俗理解，只有在我思中产生出来的东西才堪称观念，所以观念

---

① 赵汀阳：《走出哲学的危机》，中国社会科学出版社 1993 年，第 109 页。

② 赵汀阳：《走出哲学的危机》，中国社会科学出版社 1993 年，第 87 页。

③ 显然那些作为意识体验的观念，如知觉、回忆、期待和想象等，不可能在上述意义上进入"创造方法的问题"，所以赵汀阳不关心这些观念。但它们却正是胡塞尔关心的东西，胡塞尔要求在一种理论上的反思目光中把上述意识体验当成一种与现实世界无关的绝对存在，从而得到一个绝对体验的无限领域作为现象学的基本领域。赵汀阳与胡塞尔有着共同的论域前提即"第一人称存在"。

本质上就是一种被给与性，没有自己独立的存在论问题。此大谬也。人之生存于拟存在并非生存于思想中，因为领悟据有条理而拟构一个存在，这仅属于观念生成的使然性机制。拟存在一旦生成，其本身便依循一般存在之道的"自-然"法度而行，观念就会成为一个拟存在者自己的存在历事。任何领悟（者）都居于某种实际性历事之中，拟存在对此领悟来说虽然只是一种被据有的条理，但对拟存在者自己来说却是它的直接的（尽管是观念化的）历事内容。而在拟存在中历事者就是拟存在者，它通过领悟的观念化作用得以进入拟存在，其存在分位在存在论上有效。

当赵汀阳说，思想的创造方法是观念存在的第一理由和最终根据，他忽视了：当在存在论上说到一个存在只有向领悟展示自身，才能生成关于它的观念时，该领悟不是在思想的层面上实行，而是在行事的层面上实行的。因此，领悟只能"据有"那个存在，但却不能创造那个存在。因为从原理上讲，某 x 存在被领悟，即 x 之内容作为条理被领悟拟构为一个观念性存在，该条理属于 x 固有的可能性，而非领悟所创造。

当使然性把一个东西的条理拟构为自己生活中的一个事实，该拟存在便在人的生活中作为一个"观念事实"现成存在着，就仿佛是一种"客观化的思想内容"。人能够在可能性上使任何一个存在者到场，这又使领悟仿佛就是一种"自由的创造"。其实，所谓观念事实只是人这种能领悟者的一种特殊生活事实，观念按其存在论本质却表明着一个拟存在者构成自身的拟存在。我们曾说，人的存在总被相关者诠构限定，这不仅有事实性存在的限定，也包含观念性存在的限定。人在领悟中拟构相关者的存在，当他不再是仅仅"看"这个存在，而是要在与之相关中"做成"自己的存在时，拟构作为观念事实反而成为对他的存在的限定。这正是诠构的一种特殊情况。人不能创造事物之存在，却仿佛能创造关于事物存在的思想。但当一个人不仅作为能思者而思想，而且是作为能思者而存在时，特别是当那个思想活动和他的存在命运攸关时，这个能思者的存在便被其观念性存在所限定。于是观念之存在理由就来自存在者的观念性存在即拟存在,而非来自思想的自由创造。

下面讨论观念性存在与事实性存在的区别。一个事实性存在的内容称为"现实",一个观念性存在的内容则称为"条理"。如果一个拟存在不是存在的观念,则拟存在既不替代现实,也不直接等于现实,而是对现实的"超出"和"限定"。让我对此略作解释:

我们曾说领悟据有一个存在之条理而有观念,这意味着条理必须向领悟展示,但条理在分位上却是一个拟存在者。在逻辑上,任何现实在构显之先都已作为条理而拟其存在,但却并非是:任何条理都能构显为事实。换一说法,任一存在必须是有条理的,才能成为现实,但不能反过来说,只有事实性存在才是有条理的。一个现实存在除被本身之条理所决定外,还要受外部条件的限制,而一个存在之条理则自己决定自身之构成,不受任何外在限制。一个东西在其存在只基于条理而不受任何外在限制的意义上称为"拟存在者"。例如,一个人作为存在者按其条理可以是他的一切可能所是,这一切都在拟存在中实现,但唯独不能成为某种"非人的"东西;另一方面,一个人在事实上是什么,却被他生存于其中的现实世界所限制。由此可知对任何一个存在者,条理大于现实,拟存在大于事实存在。是为"超出"。

这种超出现实的拟存在,在其非现实性上就仿佛是一种无关紧要的虚构情况。其实不然。在存在论上,一个事实性存在被其本有条理所决定这一机理,便主要表现为该事实性存在被种种可能的与之相比照却又相区别的拟存在情况所限定。特别是,在人世间的生活世界中,任何一种价值性事实的存在等级规定,都是借助于拟存在的限定作用才得以被领悟的。比如我们幸福,是由于领悟到自己有可能不幸;我们安全,是由于领悟到危险可能存在;我们富有,是因为理解贫穷意味着什么。是为"限定"。

因此,切不可认为拟存在作为观念性存在是思想的自由创造物。条理对存在之限定不仅指向事实性存在,而且指向存在之领悟。人的存在领悟受观念性存在之约束,正如人的存在历事受事物约束(诠构)

一样。条理限制着思想的自由,表现为思想不能设想根本无条理因而不可能的东西。我们曾指出对领悟来说,条理先于现实,这不是从时间上说的,而是从逻辑上说的。因此,一个东西即使已经事实上存在着,首先向领悟展示的也是其条理。这种展示并不导致条理被领悟所创造,而是相反:条理作为独立占位的拟存在限定人对存在的领悟。因为存在领悟作为人的一个本质倾向,并非表象存在之现实,而是超越现实的囿限。如果这一超越是无条理的,则领悟变成无效的谵妄。领悟在拟构一个存在的同时也为自身建立起规则,使自己能够就事物之可能条理而展开,就像人的直接历事必须就事物存在之实际内容来展开一样。

三、语言之存在作为"语言事实"

和观念一样,语言应占据一个独立的存在分位,这由第三人称存在论的理论目标所决定。在意义论域中,语词和观念是替代存在的两种基本标记,而语词更为基本,因为观念本身奠基于语词。在现代西方哲学中,语言更是取代观念,把存在问题带入激动人心的全新说法之中。构成分析对语言的关注不被西方思路左右,而是另有渊源:人对存在之领悟必然和语言有关,没有语言,领悟便不可能;反之亦然,没有领悟,语言也不可能,因为语言只有被使用才是语言,而只有存在之领悟才使用语言,因此语言是人类禀赋的一种存在之使然性。在存在论上,语言的本质问题也就是它与人的存在之相关性问题。

西方哲学对语言本质的基本解释是功能论解释,即:语言是人类"说出"其存在领悟的一种工具。由此我们便能理解维特根斯坦的著名观点在存在论上预先假设了何种前提:"语言的意义在于它的使用。"在西方思路中,存在就是向人的世界被给与,被给与意味着可描述性,即可以用语言将其说出的。因此语言之本质表现为:只有在言谈中才能把存在"说出"。这也符合海德格尔对语言本质的意义解释:"语言的生存论存在论基础是言谈。"①从这里可以发现观念和语词在意义论域中有一种奇妙的对应:观念等于"看"存在的视界,语言则是"说出"这个存在;向思想给与自身的存在最终是通过语言才公之于众从而成为有效性和客观性。按照海德格尔对希腊术语所作的广为人知的权威性阐释,言谈作为"逻各斯",其功能在于把言谈之所及的东西展示出来让人看。②

第三人称存在论反对这种对语言的功能论解释,而引入一种"存在论解释",即语言的本质不在于它是说出存在的工具,而在于它是服从一般存在之道的一个特殊存在分位。让我们首先说明语言的一个基本特征:事实性。语言由语词组成,语词之使用为言谈,语词本身的存在则是一个先于言谈的事实。因此语词与观念的一个基本不同之处就在于:它是现成地存在于人的言谈与思想之外的东西。尽管"看存在"的思想和"说出存在"的言谈必须使用语言,语言的存在在存在论上却不以这种使用功能为前提。我们说,观念是存在者的拟历事,事实是存在者的真实历事,语言则把观念性存在和事实性存在实现为一种有统一形态和内容的"语言事实",其形态即为语词表达式,其内容则是有待说明的存在论问题。

意义解释已经注意到:当一个语言事实和实存事实相对应,它便或真或假地说出了那个事实的现象;当语言事实和思想相"对应",它便说出了思想的内容。但是在构成分析中,当一个语言事实与领悟拟构的某种存在条理相关联,"对应"问题便不再成立,因为领悟不等于看存在,而是使然性在自身历事中把"他者之事"据有为"自己的事"而拟构之。此时,有关的语言事实就是该拟构所"做成"的那件"事情"。

语言和观念同属存在之领悟。领悟拟构他者之事而有观念,显然

---

① 海德格尔:《存在与时间》,陈嘉映、王庆节译,三联书店1987年,第196页。
② 海德格尔:《存在与时间》,陈嘉映、王庆节译,三联书店1987年,第41页。

观念具有很强的使然性。语言的事实性在存在论上则引导着很强的"自-然"性,因为观念化存在一旦转为语言事实,便意味着原被拟构的条理已能"言及自身",从而将拟构的使然性转换为领悟者与存在条理间的"自-然"相关。这意味着语言的事实性将领悟带入"自-然"法度之中。由此便得到一般存在的三个层级:作为被使然性拟构之条理的"观念化存在",作为条理之"自-然"存在的"语言事实",以及作为条理之构显的"现实"。语言是我们当前的课题。在语言中与人相关的存在具有更强更明显的第三人称性,其标志便是存在条理已能言及自身。这究竟是怎样一种机理呢?

西方思路一直认为,任何东西的存在都能够而且只能在语言中将其说出。对此可提出两个驳难:第一,"存在"不是谓词,这意味着人的言谈不能说出存在本身,只能描述出存在的现象,即诉诸被给与性;第二,按第三人称存在论,存在不是被人看的现象,而是存在者自己去存在的内容,因此,存在不能被人说出,只能由存在者自己展示自身。由此可以推论:

(1)人不能说出存在,只能说出语词;而人说出语词也不意味着他创造了语言的存在,而是表明他"只能在语言中去存在"。因此我们看到,人不能随意地说出语词,对使用语言的限制不仅来自普通语法规则,而且来自人的存在的最深处,语言是人的存在的最大秘密。显然语言不同于一般存在物,人使用语言不同于使用普通工具,使用语言是人的存在的一种必然性:人能说出语词并非因为他能创造语言,而是因为他的存在在一种先定性上就被语言所构成。同理,人也不可能用语词说出存在,因为语词一旦说出,人便已经作为存在者进入了第三人称的历事。人的言说开启一种特殊的相关性:他由此进入语言之所及的存在事态即"语言事实"之中,并把该语言事实作为自己历事的一个内容。

(2)语词之所及者便是事物的条理。事物无言,故不能说出自身,但事物之条理按其本意便是一种语言性的言及自身,正因如此,条理才能先于事实而向领悟展示。所以,语言之存在意味着"条理以言及自身

的方式向领悟展示出自己的存在"。事物之所以能被语言所及,乃奠基
于事物之条理事先已能言及自身,让自己进入语言,然后它才是可被人
在言谈中说出的。条理属事物自己存在所固有,但又是天生可拟构并
可将自身说出的东西,因为条理本身天生就是一种语言性。条理在使
然性中被拟构为观念,然后又在语言事实中言及自身而"自化于世"。
所以,语言范畴在存在分析中的严格说法应该区分:人类的"说出"所使
用的语言只是言谈("人之言"),存在之条理言及自身才是"自己去存
在"的语言("天之言")。

　　这里要问:"人之言"的说出必使用语言,条理言及自身的"天之言"
亦需借助语言——这两种语言是何关系?

　　为此先要指出,"语言之存在"这个说法是有歧义的,诸如:语词的
现成存在作为语言的实体性存在,合乎语法规则的表达式作为语言的
结构性存在,人用来描述存在现象的工具性符号作为语言的功能性存
在等等,凡此种种都不是存在论的问题。存在论上要追问的"语言之存
在"是语言构成语言事实之存在的先定机理。东西的任何存在都必先
有其条理,而条理必须在语言中构成自身,所谓"条理言及自身"也就是
"条理在语言中构成自身"。此种构成何以可能? 一个条理总是被人用
语言说出,这只是现象,并非问题的答案。真正的答案在于:条理在"天
之言"维度上先定地就是可用语言说出的,因为它"在语言中存在"。

　　因此,语言在"自-然"品级上高出观念是因为,语言能够直接构成
语言事实的存在。我们规定:一个东西之条理在语言中构成自身就成
为"语言事实"。很明显:(1) 语言事实的外延大于东西的事实性存在
的外延,(2) 人类语言活动的一切形式都是语言事实的载体,叙述、杜
撰、内心独白、公开宣布、互相交谈、形成文本等。但是,不论一个语言
事实与真正的事实性存在是否对应或者纯系想象,也不论一个语言事
实在其生成的自然史状况中与人的言谈有何关系,存在论上的真理总
是:该语言事实由语言构成之,在存在论上占有一个独立的存在分位,
从而可以向人的存在事态添加自身,造成平等的存在者间性。例如在

生活中,真理、理想、历史、希望、威胁、欺骗、谎言等作为语言事实无所不在地影响着我们每个人的生活。在这一点上,语言事实的存在与直接的事实性存在就其与人的相关性而言属于平等的存在分位。人是语言的使用者,但语言的有用性即语言之构成语言事实的功用,则是语言基于存在之道而固有的存在论本质。

现在回答上面的问题:"人之言"和"天之言"的关系。

西方语言哲学和第三人称存在论针对语言提出问题的方向根本不同。语言哲学关心人对语言的实际使用,而实际使用的语言必然是功能性的,我愿称之为"语法语言"。它包括:(1)保证语词与事物对应的意义标准。(2)保证语言合规则使用的语法。另一方面,第三人称存在论则关心语言之有用性的存在论前提。显然,作为语言事实之构成性的语言是一种"存在论语言",它不关心语言的实在性约束,相反,它本身的存在已展示出一切存在之可能性的根据。它揭示语言能够构成语言事实的根据,也就是一切存在之内容之所以都能在语言中存在的根据,这就是:东西的条理先定地就是言及自身的。由此进入对"天之言"的领悟:万物皆备于条理,语言与条理为一,条理言及自身,才使条理成为可在"人之言"中被说出的。

有了上面的正面说法,我们便可就以下几个相关问题展开批评性的讨论。

1. 作为语言事实之语言与作为存在替代标记之语言的关系

通常,语言在其日常实际使用中必定是指代符号。在生活中,人们出于对指代的依赖而使用语言,这是由人类生活的各种实用性目标决定的,它并不带来哲学上的混乱,因为并未涉及存在问题。相反,常识的智慧对指代物与被指代者之间、语言事实与实在性事实之间保持着健全的区分意识。也可以说,常识在不自觉中承诺了语言事实的独立存在。

但意义论域则取消这种区分意识。在这里,语言之替代是存在的本质而非生活的便利:存在就是向人被给与,而被给与的东西必然能在语言中被说出,因此语言赋予一个存在以意义,"可被说出"是一个存在之有效性的标准,不能用语言说出的存在无意义,除此之外存在再无其他内容。其结果,存在被等同于可指称性和可描述性,语言事实本身的独立存在分位则被取消,语言和观念一样仅仅作为存在的意义形式,而有意义的存在本身必须是形式化的存在。

根据第三人称存在论,如果语言必须替代存在,那就意味着语言事实永远只是事实性存在的一个现象。但是,当使用语言是基于存在者自己去存在的需要,那种直接在语言中构成的存在本身即"语言事实";而只有把语言事实安置于独立的存在分位,它才能达到存在本身的实际性内容。构成分析努力试图保持与健全常识智慧的一致,坚持语言事实与普通事实的正常区分,同时反对二者之间作存在论上的替代,而揭示二者之间在存在论上的相关。

2. 语言与事物的关系

在语言事实中,条理先于事实在领悟中被拟构,但条理一旦进入语言便"自-然"化,因为它此时已能言及自己,从而构成语言事实的超现实性的独立存在。其结果便是条理与事物间的"自-然"相关。如果不把事物被语言指代当作存在论上的根据,那么事物的存在便不可能在对应关系中被语言描述和替代,而是在一种相关性中被语言事实的独立存在所限定和超越。

逻辑上,一个实在事实总可以有某个语言事实与它并行,但后者却不能映描和替代前者。这是因为,语言事实具有超现实性。不难注意到一个现象,就是语词的欺骗性。不仅史诗、戏剧或其他虚构的文学形式作为语言事实完全超越现实,即使受事实约束的历史学陈述和日常生活陈述也经常具有欺骗性。比如,真实生活的沉重和乏味在语词和言谈中被赋予诗意,关于历史的种种说法无法避免歪曲和蒙蔽历史的真实。但另一方面,语言本身确实建立起一种真实存在的语言事实。只有当指望用语言事实来替代实在事实时,我们才生活在语词的欺骗性中。这种欺骗性应该从语言事实的存在论结构来说明。这个说明简述如下:

语言事实作为存在条理在语言中之构成自身,永远超出事物存在之现实性,因为一个东西的现实永远被条件限定,但一个东西的存在条理却不受这种限定,它总能在语言中直接言及自身从而构成自身。语言与事实的绝对精确对应在认识论中从未真正达到,在存在论中则根本就是一个错误的目标。事实性存在只有在被独立的语言事实超越并在与后者的相关性中才能被领悟。

分析哲学的意义理论主要关注语言和事物的关系。这种理论并不直接等于意义存在论,但却以后者为论域前提。意义理论认为,语词的意义是其所指,而语词之所指就是它所替代的对象。赵汀阳则提出了另一种意义理论[①]:语词的所指并非对象,而是"场所",一个思想场所意味着一种思想的抽象可能性,对象则是可能进入该思想场所的东西;而语词的意义就是语词内涵对其对象域的约束关系。我注意到,赵汀阳所举的语词实例都是那种表示共相的普遍名词,如"哲学家"、"自然数"、"覆盖白雪的山",每一个共相语词就其包涵一个特殊对象的集合而言,确实都可称为一个思想场所;要用这样的共相语词指称某个殊相个体必须通过特定的约束关系才能做到。这样,在语词用作事物之替代标记这一点上,赵汀阳的意义理论和罗素等人以专名为主的意义理论并无根本分歧。我想指出的则是:"语言的意义"本身就是一个错误的问题。因为语词如果不充作替代存在的标记形式,就不能提起它的意义问题,而只能提出它的存在问题,这个语言的存在问题也就是它构成一个语言事实的存在论前提问题。

3. 语言与观念的关系

首先,这种关系的内涵需要界定:

(1)在西方思路中,语言和观念是两种法定的存在替代形式。语言比观念更为基本。

---

①　赵汀阳:《走出哲学的危机》,中国社会科学出版社 1993 年,第 164 页以下。另外请参看他的论文:《哲学的元性质》,载《哲学研究》,1993 年第 6 期。

（2）在赵汀阳的"观念存在论"中，"语言是观念的存在形式，所以语言的运动实质上就是观念界的运动。语言这一形式是表面性的"①。赵汀阳显然认为观念是更基本的问题，他似乎在一般的存在替代功能之外又把语言当成了观念存在的标记形式。

（3）只有在第三人称存在论中，语言与观念的关系才作为存在之领悟的两种使然性，而转化为"观念性存在"与"语言事实"的关系：领悟拟构事物存在之条理而有观念性存在，条理作为语言性存在言及自身而成为语言事实——领悟使相关者分别在语言事实和观念性存在中到场。

此外，在存在领悟作为人的存在之使然性向"自-然"法度的推进中，事实性高于观念性，语言显然具有比观念更加现成的事实性，才使得语言作为语言事实能够直接言及自身。这决定了语言之存在在"自-然"法度的级别上高于观念之存在。

这似乎是在和赵汀阳争论语言和观念何者更为基本，其实并非如此。因为，在我们已经确定了观念和语言各自独立的存在分位之后，基于存在者自己存在原理和存在者间平等性原理，便无须再追问两者之存在谁更基本的问题。

如果我们非要把这作为一个存在论上的问题，势必导致下面两个更具体的问题：第一，拟存在不诉诸语言是否可能？第二，条理若不被领悟所拟构，是否还能言及自身？这两个问题的提法隐含着一个错误，就是把观念与语词的关系当成一种互为标记的关系。而事实上，观念和语词既不共同充当事物的存在标记，也不互相作为对方的标记形式。二者各自居有独立的存在分位，它们的存在在存在论上并非互相生成的。因此，任何条理作为拟存在者都必须把自己构成为一个语言事实，不论人是否在言谈中将它说出；另一方面，条理之存在天然就是言及自身的。

与强调观念的赵汀阳理论和强调语言的分析哲学相比，第三人称存在论的立场是中立的。其理由是：观念和语言都与存在之领悟相关，

---

① 赵汀阳：《走出哲学的危机》，中国社会科学出版社 1993 年，第 166 页。

但却并非由领悟创造出来的标记形式,而是各自独立的存在分位。这种独立存在分位意味着:仅当在事物的事实性存在之上,有其条理按存在天道分别作为"观念性拟存在"和"语言事实"自己构成自己的存在,人对存在的领悟才是可能的。

四、真理是什么?

存在与领悟的关系自古以来就以真理概念为其归宿。在西方思路中,存在与领悟的符合问题一直是真理问题的主要内容。由于此处存在仅指存在的被给与性,所以符合便意味着存在之被给与性(现象)与存在之替代标记(陈述)在形式上的对应和一致。在我们排除了领悟与存在的对应问题之后,真理也就不再作为思想与实在的符合问题来提出。由于第三人称存在论致力于对存在和领悟的本质提出基于"天之道"的新说法,它需要提出一个关于真理的新概念来与之匹配,这个新概念应该对传统真理问题具有透彻的批判力。

原始的符合论非常粗陋,但已经包括了西方真理概念的基本要义:(1)真理是命题(观念-陈述)的性质;(2)真理是命题与事实的关系。后来形形色色对符合论的批评总是无法超出这些要义。

比如赵汀阳的批评认为,符合论因尺度不明而缺乏足够的覆盖力,致使大量命题在"与事实符合"这一要求上无法判定真假。因此他提出把真理概念区分为"真理"和"真理测量尺度"两个概念,并补足三种真理测量尺度:经验事实、逻辑和显明性。① 显然这并未放弃符合论的真理要义,只是使符合论的存在论前提更加明确,这个前提就是:一个存在是有意义的,仅当它在某种尺度上被给与。符合论要求命题符合于事实,但事实是存在者自己去存在的内容,不可能在此内容维度上与命

---

① 赵汀阳:《走出哲学的危机》,中国社会科学出版社 1993 年,第 47—48 页。

题相符,只能作为被给与性在形式上与之一致。这需要尺度。一个事实性存在可以将自身向一个视界给与为一个现象事实,但必须按某种尺度才能给出这种现象,否则即使是"日从东方出"这样明显的现象也不能确定其就是事实。由于尺度来自看存在的视界,而不来自存在者,所以此种现象事实只是实际性事实的形式,命题则是对此现象事实的描述和标记。于是命题与事实的符合就变成了对存在现象的描述与看存在的特定尺度的一致。符合论的真理严格说来是一种尺度性真理。传统的真理概念把自然科学真理、逻辑真理和哲学真理当作尺度性真理的三个类型,其根据就在于把经验事实、逻辑事实和形上天道事实不是当作存在者存在的真实性,而是作为思想尺度的实现:思想采取何种看存在的尺度,便有何种事实向视界被给与出来。而第三人称存在论恰恰不接受尺度概念,它把真理问题作为"真实性"问题而非"符合"问题来提出。

"真理是命题的性质",这种西方说法并没有错,但必须限定在命题不是作为替代事实的描述性,而是作为条理之自己存在的构成性。前者意味着命题对事实的关系,后者则意味着命题对自身的关系。第三人称存在论把真理问题开拓为"存在本身的真实性问题",而非存在与它的替代形式的符合问题。真理作为真实性问题的正面说法是:一个存在事实,凡由存在者自己去构成者,就是它的真实的存在,我称之为"存在的真理事态";凡存在被形式所替代,就是它的不真实的存在,可称之为"存在的虚假事态"。显然真实性问题只能在与领悟的相关中成立,这与西方真理问题保持着一致。因为真实性存在作为一个东西自己的存在行为,如果不与领悟相关,便是一个直接与天道为一的真实性,不进入真理的理论问题。仅当事实与领悟相关,才会发生真实与不真实的问题,此时存在作为一种直接构成自身的真实性,为思想之拟存在的真实性提供一个问题背景。于是与人相关的存在之真实性问题也就具体化为:领悟的诸样式究竟是作为存在替代形式还是作为存在之条理?前面讨论的观念和语词的存在分位问题因此就有了真实性问题：一个观念性存在仅当它作为条理之自己存在，才是真实的存在；如果它仅仅作为一个存在的空位形式，其存在便是不真实的。

这个真实性问题能够作为真理问题成立吗？这取决于能否把真实性归属于存在本身，而不归属于命题。由于传统的真理要义以符合为真，不符合为假，所以只有命题才有真假问题。但实际上存在本身也有真假问题——存在可以是真实的，也可以是不真的。在存在论上，所谓不真的存在就是存在的替代状态，此不真实性并非命题的性质，而是存在本身的性质。

西方真理概念归属于命题的真实性问题，只是以符合论为前提的命题真值问题：与事实符合为真，不符为假。命题的真值问题在存在论方面把命题设定为：1.存在替代形式；2.事实现象描述。因此显然需要克服这一问题，把真实性归属于存在。这包括两个方面：

1. 东西本身存在的真实性问题。我们把存在的真实性定义为存在者自己存在。在第三人称论域，一个东西的真实存在并不在符合论的标准上决定一个命题是否为真，而是在存在论上决定一个命题本身是否具有真实的存在。对于命题本身的存在真实性（而非真值）来说，东西本身的真实性是一个理想。由于东西本身的存在真实性等于它自己去存在，这意味着命题不是作为存在替代形式，而是作为自己去存在的真实性来与之相关（或拟构、或构显）。而东西本身的不真实存在则表现为：在存在被替代的情况下，一切有关它的事实都是现象事实，此现象事实虽然在第一人称论域内可令命题与自己相符合，从而有一个真值，但在存在论上却属于存在的不真实性，因为它不是存在者自己去是的存在行为。正是这种不真性把命题攫夺为存在的替代形式。

2. 命题本身存在的真实性问题。（1）如果命题不作为存在替代标记，它定然不充当存在状态的表象，而是拟构存在之条理并作为语言事实言及自身。此时命题的真实性不以是否符合事实为标准，而以它自己所是的拟存在为准。（2）如果命题不作为现象描述，也就无须再追问命题是否符合于事实，而需追问命题本身作为一个拟构存在的语言事实是否与东西本身的存在相关——命题在此相关中才能有自己的存在，因为命题拟构的条理属于东西之存在的诸种可能性，所以一切命题的存在真实性都以相关者（东西）本身的真实存在为前提。

因此，当我们说一个命题的存在是真实的，这并非因为它具有一个符合性的真值，而恰是因为在第三人称论域内，无法再追问它的真值，因为它不再充当存在的替代形式。

那么，这个真实性概念能够和传统真理概念最终达成一致吗？按一般思想习惯，"符合"这一观念如此透彻可靠，任何新提出的真理概念如果不能与它相容，就是思想混乱的产物。其实，在新的真理概念与传统真理概念之间确有一种表面上的联系，但也仅此而已。

真实性本身不是一个事实而是一种"价值"。此"价值"最初赋有何种内涵及何所归属，这是个问题。传统真理概念并未了结这一问题，只是在认识论框架内作了一种选择：真实是判定思想的一种"价值"标准："思想与事实相符合就是真实的思想。"符合论的夺人优势在于它特别符合一般人的直观。但第三人称存在论的真理概念同样符合直观。因为真实是判定存在的一种标准："存在者自己存在就是真实的存在。"这与直观完全一致，因为真实作为一种价值完全可以属于事物本身。在生活中我们常说："这东西是真的，不是假的"，就是就东西本身来说的，与命题的真值无关。举例来说，中国学术史上有所谓"汉学"传统，其整理古代经典功夫中的真伪概念，决不是一个符合性的概念，而是一个存在者本身的真实性概念。还有，文物鉴定中的真伪概念也是这种真实性概念。然而当我们说"这是个真命题"，意谓就变了：那不是就东西本身说的，而是就命题与事实的符合说的。构成分析把真实性归属于存在，存在不能由思想依尺度作为现象来判定，否则又回到符合论问题，因此只能依存在天道来判定存在的真实性，真理问题进入存在论论域。"真实"作为一种基本价值，其内涵的改换亦由此获得根据：（1）真实性直接基于存在之道。真理如果作为存在的真实性，真理本身的存在就以"存在者自己存在"为前提；正因为凡存在均由存在者自己构成，所以天地间才能有真理存在。(2)合于思想的同一律。因为任何东西就其存在而言只能与自身同一,与自身为一的存在才是真实的存在。(3)同一律本身亦合于存在天道。因为同一性能够作为真实性价值的内涵,在存在论上只能以存在者自己存在这一存在之道为前提。

存在之真实性概念与思想之真值概念的联系在于两者都要求遵守同一律。但这种联系只是表面上的。前者要求内容的同一,后者则要求形式(间)的同一。符合论的直观基础是:"符合"意味着观念与事实在描述内容上是同一的。但按存在论上的严格说法,观念和事实这两种存在分位不可能在内容上同一,却可以在形式上符合。观念可以作为存在的标记形式,事实则可作为存在的被给与形式,这造成了认识论中特有的存在形式的同一性,真理也可定义为:"与事实符合的形式就是真理"。然而存在就其内容而言却只能与自身同一,即存在者亲历自己的存在;不仅命题与事实这两种异质存在不可能在内容上同一,即使是人与人之间、观念与观念之间的同质存在也不可能同一。形式相符的本质在于复制,命题能够复制事实的图象。但命题不可能复制存在的内容,因为存在之内容不能由思想复制,只能由存在者自己重复构成之;可以复制的东西只是形式,符合只在存在的诸形式之间发生。由于西方思路尊奉"形式高于内容"信条,致使真理问题始终作为形式问题而非内容问题提出,诸存在形式间的符合被当作内容上的同一,用来充当真理的内涵。

在符合问题的背后,有一个更困难的"超越问题"困扰西方哲学:思想和语言如何超越自身而切中存在,描述存在者存在的真实内容?只要第一人称论域本身不被超越,对超越问题的解决将永远停留在主观主义的水平上。而哲学研究本身却永远对主观主义不满意。

在第三人称论域,我们获得一种新的真理直观:一个存在事态在内容上与自身同一即是真理——存在者是它自身就是真理。现在有一问题:此种真实性本身依据什么东西来判定——构成分析何以知道一个存在者确实是它自身?这里应该记住,构成分析并不陈述存在的具体事实,而是窥测存在之道的天行常理。判定一个存在的真实性,在肯定方面乃依据一般存在之道:凡真实的存在必为存在者自己去存在,这合于同一律(A 是 A);在否定方面则依据领悟作为拟存在的真实性:一个存在不被任何标记形式所替代才是真实的,这合于矛盾律(A 不是非A)。为得到一般的存在真实性的判定标准,必引出观念和语词的存在真实性问题:后者作为特殊的存在分位,它们"是其自身"或"与自身为一"的真实性将如何判定?

我们知道,领悟拟构一个存在之可能性而有观念,即拟存在者的拟存在。一个东西的任何事实都是它自己存在。但在一个与该东西有关的观念性存在中,存在者却不是这个东西而是它的条理,条理言及自身则为语言事实。东西、观念和语言各居自己的存在分位,没有内容与形式的关系问题。而根据存在不可复制原理,显然观念-语言性存在的真理事态不能再次被替代。那么,构成分析何以判定观念-语言性的拟存在具有真实性? 回答是:一个观念-语言性存在是真实的存在,即作为一个拟存在者的拟存在,仅当它不被用作事实性存在的替代形式。具体说,一个拟存在者的真实性表现在如下两方面:

1. 拟历事。一个拟存在在内容上重复自身。表现为,任一观念或语言事实一旦存在,便不可能被重新创生,只能抄袭、复述和传播。是为独创性,在存在论上意味着观念和语言事实的存在只能由它自己重复自身。

2. 拟相关。一个拟存在如果具有真实性,必须作为一种可能性与事实性存在相关,从而成为事实性存在者的条理。一个观念或一个语言事实即便永远不在事实上发生,它仍然是可能的,完全不可能的事情是不能被领悟理解的。条理基于此可能性对一个存在的从属关系便是拟存在与事实性存在的相关性,它有三种功能:a. 超出事实;b. 限定事实;c. 符合事实。观念一旦完全符合事实,观念事实就蜕变为实际事实,成为实际存在者的存在,观念的存在分位也就自行无效。这昭示着,在第三人称论域,作为观念与事实之符合的真理问题是无效的。

至此,真理问题的存在论基础已获重新理解。真理问题的有效性以存在本身为前提,而不以对存在的领悟为前提。领悟本身则依存在之道而有它自己的真实性和真理问题。值得注意的是,海德格尔在《存在与时间》中已经不再从认识论角度提真理问题,这使他的真理定义显得古怪,其实正是他首先觉悟到真理问题的存在论性质,所以他把真理定义为"揭示着的存在"或"存在者的被揭示状态"。[1] 但海德格尔的存在概念本身是第一人称的,真理的存在论性质随即落到人的生存而非一般存在之道:"只要此在存在,即使没有任何人在进行判断,真理也已经被设为前提了。"[2]"被设为前提的真理和人们用以规定真理之在的'有',都具有此在本身的存在方式和存在意义。我们必须'造出'真理前提,因为它随着'我们'的存在已经是'造好的'。"[3]于是有这样的结论:"唯当此在存在,才'有'真理。"[4]用人的生存取代认知充当真理的存在论本意,其问题性质仍然是第一人称的,其存在论上的不良后果不言自明。但海德格尔毕竟把问题本身由认识论向存在论推了一步,有助于构成分析取得现在的成果。

五、对本章问题的统一解决

本章要回答的问题是:人对存在之领悟何以是这种存在者自己去存在的历事而非看存在的视界?以及:领悟之内容何以作为使然性自己存在?前面已经讨论了存在之领悟作为"拟构"以及观念和语言作为拟构之存在的两种具体情况。在这一节,我们将上面分别逐一说明的

---

① 海德格尔:《存在与时间》,陈嘉映、王庆节译,三联书店 1987 年,第 263、270 页。

② 海德格尔:《存在与时间》,陈嘉映、王庆节译,三联书店 1987 年,第 275 页。

③ 海德格尔:《存在与时间》,陈嘉映、王庆节译,三联书店 1987 年,第 274 页。

④ 海德格尔:《存在与时间》,陈嘉映、王庆节译,三联书店 1987 年,第 272 页。

东西贯穿起来,尝试对本章问题给出一个总的回答。

我们清楚,语言和观念都起始于领悟,因为它们被领悟用来作为拟构他者之存在条理的两条路径;而领悟本身在存在论上则属于人的存在的使然性。领悟进入存在问题的契机是:每一领悟都有它自己的内容即东西的条理,而不仅仅是那被人领悟的东西的存在形式,所以领悟一旦发生,领悟之内容便获得独立的存在,其标志便是:这一内容是可以重复自身的。按照前面叙述的第三人称原理,重复自身乃是一切存在内容的"自-然"法度。那么,作为使然性的领悟,其内容是如何重复自身的?

如前所述,领悟不是表象,而是拟构一个东西存在的条理。那被拟构的条理作为领悟之内容原本是"居有自身"的,也就是说,这个内容就其存在而言永远是"重复自身"的,表现为:它永远是"那一个"观念或语言事实。因为条理虽可被使然性拟构,但它自己的内容却不能被使然性所复制。比如,一个观念一旦存在,便决不能被重复制造,而只能被传播或抄袭。此传播和抄袭恰恰标志着领悟内容之重复自身而不可再造的"自-然"本性。抄袭一个观念可以说是使然性对该观念的工具性使用,但却决不意味着重新创造了那个观念的存在,所谓观念的存在在存在论上只能是该观念重复居有自身的内容。这正是思想的独创性的存在论基础。由此达到了如下结论:观念暨语言事实作为由领悟所拟构的拟存在在统一的"自-然"法度上自己存在。

这种情况与东西的"自-然"存在是一致的。东西的"自-然"存在具有不规则性,任何自然力或人类的力量都不可能在一个东西之外重新创造出它的原初存在,而只能制造复制品。但复制却不等于存在的重复,因为存在之内容重复只能是存在者自己的事情;被复制者另有它自己的历事内容,它与原型的同一仅仅是现象上的描述性重合。所以,古代人崇尚的存在之对称性原则只能是一种思想的可能性,在"自-然"法度上则是不可能的。比如,在中国古代的建筑学中,处于对称性中心的"居中"始终是存在之重要性("至尊")的一个标志,对称则是居中的条件。但此种对称性只能作为一个思想原则,却决不能成为一个存在论原则,因为存在论上的个体性原理与这种对称观念不相容。

现在可着手对本章提出的问题作一个最后的解决。观念和语言事实的存在内容,在其生成起源上本属于被使然性据有的存在者存在之本有内容,在存在论上却作为一种拟个体性居有自身并重复自身。于是拟存在必与存在者之实际存在相关,其情况是:

(1)当一个事物之条理在观念和语词中构成的拟存在直接向那个事物的实际存在添加自身时,这不是表象与存在本身的对应,而是存在者自行去是之所是与条理拟构的所是这两者的"并置于世",亦即存在者存在之"及于自身"。一般认为,这就已经把一种意义赋予了事物之存在。而实际上,存在者之条理存在与它的实际存在从来都是"并置于世"的,尽管此并置只有通过领悟才可能做到,但却决不是"形式与内容"的关系,而是拟存在与实际性存在的相关性。比如,在生活中人们常说:"某事原该如此这般"或"某事原可以不如此这般",在这里,那种被领悟的可能性从来都不是现实的影子,而是向现实添加自身,从而构成理想与现实、成功与失败、正常与意外相关的生活世界,这也正是人的追求与回避、期盼与畏惧等生存模式的存在论根据。人的生活和历史如果仅由现实性组成,而无任何拟存在向其添加,便会只有一种死寂的存在同一性,根本构不成综合性的生活世界。

(2)当某东西之条理的拟存在向其他东西添加自身时,其结果便是存在者间的相关,这表现为:观念性存在和语言性存在几乎无所不在地影响我们的生活,其力量远远超出近在我们手边的那些东西。我们在世界中到处都看到,一个历史人物的存在,他对我们生活深刻而细微的影响只能作为一个观念-语言事实来起作用;同理,伟大艺术作品作为一个被领悟的拟存在向艺术史或向实际的艺术创作添加自身,从来都不必然以作品实物的到场为前提,而主要是作为一个观念或一个语言事实到场。

这就再次证明了"拟存在"之"自-然"法度的存在论真理是:一切在领悟之使然性中到场的存在者都自己存在。这就是对本章问题的回答。

第七章　互及之本——到场齐全

一、人如何栖居于存在者间的世界？

凡存在都是"在世界中存在"。去存在这件事就意味着去构成一个世界。如前所述,世界性是存在行为的一个实相机理,它在存在论上必须有一个统一的说法。上面三章把人的存在的世界性整合成一个三重系列,即事物世界、人世间世界和自身性世界。其实三者均承介人的存在行为之所及而成立,因此属于统一的世界性机理,而非彼此独立地开启自身。现在进一步追问:此"有人的第三人称世界"的那个统一的世界性机理何在?

任何存在事态都有它的界限。如果存在意味着进入某种形式的视野,该视野所及的世界便以形式本身为其界限,如维特根斯坦所说:"我的语言的界限意味着我的世界的界限。"①反之,如果存在不是现象,而是一件有实际性内容的事情,则该事情就在它的相关性上确立自己的界限,并把自身构成为一件有世界可居的事情。这件事又是怎么发生的呢?

---

① 维特根斯坦:《逻辑哲学论》5.6,贺绍甲译,商务印书馆 1996 年,第 85 页。

我们已经证明：人的存在有他的世界，只因为有事物、别人和自身的承介作为它的界限。人之所以就事物、别人和自身的存在而有世界，是因为它们都是相关者；而它们之所以与人相关，则基于它们各自居有自己的存在分位。

至此，读者当记得前面已经反复说过，人这种存在者的一般的世界性机理就是这个"相关"。何故在这一章又再次提出要追究此世界机理的统一说法？

第四章至第六章关于人的相关性的系列研究，只是阐明了这一相关性机理在作为人的世界性的诸具体存在分位上起作用的情况，用来回答"相关其然"的问题，所得出的结果是一些纯粹肯定性说法：(1)"及于事物"的存在落实于事物对该存在的诠构；(2)"及于别人"的存在落实为在人际关系中为自己做事；(3)"及于自身"的存在则落实于存在条理的拟构。在这样的基础之上，本章所要追问的相关性之统一机理，则是要探究相关作为人的世界性机理何以可能的存在论根据，亦即追问"相关所以然"的问题。

依照已经说明的相关性的问题结构，人不可能在看存在的视界中依认识论标准来判定一个存在是否达于相关，只能在自己去存在的存在行为中直接决定自己与一个东西相关或不相关。于是有如下问题：

1. 一个人的存在如何决定自身与某东西相关，或不相关？

2. 一个东西如何决定自身进入与人相关的存在者间，或未进入？

3. 一个存在就其相关而言，在何种情况下才是完满的存在？

在这三个问题中，存在之道的互及之本，是在它的肯定性说法同否定性说法的对跱中说出的，那种否定性说法并非存在的意义，而是第三人称存在本身的一种界限概念。在这一章，我们用"到场"这一术语来表示互及之本的肯定性说法。上面的问题1和问题2是统一的到场问题的两面。问题3则提示出：到场取决于相关性所达到的完满程度，因此完满性是到场的基本要求。而互及之本的否定性说法，即"不相关"，是对到场之完满性要求的抵制和否定。我们用"整全"这个术语表示到场的完满性。

整全的到场我称之为"到场齐全"——这就是一般存在之道中固有的互及之本。

由到场及其整全性又衍生出一些具体问题:(1)"匮乏"。匮乏表示对整全性的需要,这是到场的有效形式。(2)"餍足"。表示整全性的超出,实为到场之无效形式。(3)"无所及"。是对整全性的否定。无所及表面上表示"不相关",即到场的否定,但在存在论上,无所及却始终是到场之有效形式的一个前提。

二、到　场

一个东西"如何"与人的存在相关? 这取决于这个东西当其被人所及时如何自己去存在。前面几章就此问题得出了一系列正面说法:(1)事物自己存在;(2)人在人世间关系中自己存在;以及(3)一切存在者在使然性中自己存在。一个东西"为何"与人的存在相关? 对这个问题的回答要求在一个否定性说法的限定下来给出一个肯定性的说法,因为"为何相关"取决于"不相关"这种否定性情况的限制。为此,我们现在引入新的术语规定:相关就是"相关者的共同到场"。"到场"已展示于"诠构"、"为自己做事"和"拟构"诸样式,所以"到场"本身不能再用这些具体样式来规定,当然更不能等同于事实性的时空关系。"到场"作为"是否相关"和"为何相关"的决定机理,必有一种比上述一切原理更抽象、更特异的说法。

西方思路的传统存在概念是"自一性":只要有一个对象是实体,就可以谈论它的存在。存在是实体的一种绝对特殊的性质:存在不是谓词。其结果是"某物存在"这一命题具有最大的空洞性,仅仅表示一种依尺度作出的判定。存在事态的综合性则属于现象界,所以存在判定必须用一些现象描述来充实，存在的完满程度则取决于现象描述的充分性。其实这一点已经从形式方面为构成分析提示出："存在作为存在事态必然是综合性，而非自一性。"因为，如果存在是存在者自己去存在，则必有所及，从而打破自一性；只不过这种有所及并非现象特性，而是相关者的共同到场。此外对构成分析还有一个提示："无"和"自一性"同属对存在的否定。虽然自一性已把存在从绝对的虚无中提取出来，但对存在事态的构成来说，自一性仍是一种否定性，因为绝对收敛于自身的存在者自一性意味着绝对无所及，因而无法开展出任何综合性事态。

一个东西的存在总是一综合性事态。此综合性的本质不是现象的可描述性，而是存在者间的复多性。进入一个存在事态意味着打破自一性，使相关者到场。因为，任何东西之"去存在"都意味着使自己进入一综合性事态，这只能依赖于存在者间的共同到场。我们规定：一个存在者，就其打破自一性而把自身添加到一个综合事态而言，称为"到场"。相反的情况则称为"不到场"。

基于事态之综合性的本质是复多性，到场意味着一个存在从自一性向复多性过渡，从而进入存在者间性的综合。这一原理，我愿称之为"存在论的量化增长原理"。按此原理，不到场作为不相关的本质在于：一个存在滞留于自一性中，不曾进入复多性，从而不能构成综合性事态，只能停留于概念的空洞性之中，这就是"不存在"。所以，向复多性增长的量化原理，为决定一个东西和人的存在相关或不相关，提供出一种统一的具有更高抽象水平的存在论根据。

前面提到，"相关其然"仅仅阐明真实情况，因而总是包含着内容样式的丰富性。比如，既有农民，必有土地，前者使后者到场存在，后者则诠构前者之存在。这仅仅是相关的真实性内容样式。而当追问"相关所以然"时，显然不能以此内容样式的真实性来解释此内容之根据何在，而只能转向内容的量化规定来说明之。这是因为，在构成分析中，"相关性原理"以"复多性原理"为前提，复多性则由存在者在数量上的添加而产生。[①] 所以到场当其抽掉内容本身的样式（诸如诠构、做事和拟构）之后，便揭示出以复多性的量化原理为到场之存在论上的本意。于是一个存在之所以是"在世界中存在"，不是在内容上来决定，而是在数量上来决定。这是我们所能理解的存在之最简单、最平凡也最根本的本意。很显然，和到场有关的全部问题：整全、匮乏、赝足与无，都是量化决定之问题。

"相关所以然"的量化决定原理如下：一个占位的存在者表示一个自一性，如果该存在者存在，则必生成为一个综合性的存在事态，为此必须有其他存在者向该存在事态添加自身。这就是"到场"。我们用"是"这个判断词来宣布此到场的量化增长原理。比如，如果一个人"是"一个农民，他的存在必包含一事态的综合性，因为土地、农具、房舍和道路等都将在这一事态区域中到场，向这一存在事态添加自身。"是"这个词在"相关其然"问题上用来表示内容的构成：存在者"自行去是"且"是其所是"。但它在"相关所以然"上却仅仅表示一个量化决定原理："是"启动了自一性向复多性的增长，因为只有当其他东西向那个自一者的存在添加自己，添加者和被添加者才能各自保证自己是其所是。同理，我们用"不是"来宣布不相关的量化决定原理。比如，一个人不是农民。在这一否定性情况中，"不是"表示任何东西都不可能向该存在事态添加自身，从而锁闭其可能性。必须注意，"不是……"这种情况在存在论上并不表示某种"相反的事实"，而仅仅表示不相关，即进入事态综合性的数量增长被取消，只剩下自一性，它的存在悬而未决，但并不等于"无"。因为用"不是"宣布的不相关在内容上没有一丝一毫肯定性的东西，只有一个量化决定作用。

在汉语中，经常用"是"、"存在"和"有"这三个词来表示存在。这其中，"有"和"存在"这两个词经常导致对存在本身的自一性理解，因为"有"与"存在"在语法上的表面上的完整性掩盖了存在事态构成的复多

---

① 参见本书第三章第二节的有关内容。

170　第三人称存在论——追寻存在的平凡本意

性问题。"有某 x"或"某 x 存在"这类说法往往导致对 x 存在的事态综合性悬而不论,因为它们仿佛在句法的完整性上已表示出了一个事态,但却只是"自一性事态"。相反,"x 是……"这种说法则因为其句法上的非完整性而引出存在的事态综合性问题:但凡某 x 是,则必是……,从而必须就……而是。最后开启出到场添加的事态综合性。

西方的存在论思路,无论是人的存在还是事物的存在,也无论是把存在作为经验上被给与的对象性,还是向人的生存上手的工具性,总而言之,都是把存在作为自一性的某种特殊本质来看待。而这种自一性的"人之在"或"物之在"其实仅仅来自概念的抽象化作用,与存在的实际性情况完全不符。第三人称存在论揭示出任何存在都是存在者在相与中共同到场的综合性事态,这种综合性的本质就是一个存在由自一性向复多性的量化增长。这一哲学发现不仅有理论上的重要性,而且符合一般人的存在直观。它揭示出"世界是多":复多性正是世界依"天之道"而有的存在结构。而"世界是一"或"世界归于太一"之类古老的说法,必须限定在世界之存在服从于统一的存在之道这一基础上才不至成为悖谬,而决不可理解为世界的存在论结构,更不可理解为存在的定义。老子以"道"为天地母,然后又说:"道生一,一生二,二生三,三生万物。"[①]其可作此解乎?

至此便可对到场的性质总结如下:到场是一种综合性的存在事态,只能用复多性而非单一性来规定。这就是量化原理。

下面,我们还需就到场的"模态性质"作一些补充说明。到场是存在行为的一种可能性机理而非事实性描述。到场表示存在论上的可能性,虽然此可能性标志着存在之道运行的一种正面说法,但却并不关心具体的到场与否之事实。与之对立的是:不到场也不等于"不存在",而仅仅意味着"不相关",这只是对存在的一种限定性说法,而不代表否定性的事实。在绝对的否定性即"无"中,根本提不出相关和不相关的问

---

① 《老子》25 章、42 章。

题,仅当有某 x 存在并可能和另一存在者"相关"时,才能探讨 x 与该存在者"不相关"的原因问题。一个存在者的存在先定地包含了它的全部可能事态,但它"在事实上"进入何种事态却不是一个存在论问题。如果一个存在仅在可能性上肯定自己和一切可能的相关者相关,那么在这种普遍无对跖的说法中,存在并未进入实际性。由于不能用事实解释相关的存在论机理,所以只能用"不相关"这种限定性说法从存在论上限定之。而那个通过一切"不相关"的限定得以确定下来的相关之可能性,则是任何"在事实上"得到实现的到场相关的前提基础。

让我们对这种限定作用略加说明。第三人称存在论只从存在的可能性上研究相关性,因此并不关心"事实上"不到场的具体情况,只关心不到场的存在论机理。对一个特定存在者的存在而言:(1) 有些存在者在事实上未曾到场;(2) 有些存在者在事实性上不可能到场(比如奇迹不可能发生);(3) 有些存在者在存在论上不可能到场,比如方的圆、非男非女的人、既是 A 又是非 A 的属性等,这些情况因违反同一律而成为存在论上不可能的。现在我们可以知道,只有在一切不相关性在不同模态层级上的限定作用下,一个存在才能把自己引入一个到场事态,其具体程序为:

1. 存在论上不可能到场的不相关性之总体限定了事实上不可能的到场范围。

2. 事实上不可能到场的不相关性之总体限定着事实上未曾到场的范围。

3. 事实上未曾到场的不相关性的总体限定了真实到场相关的范围,此到场之存在是该存在之可能性的确证,而对真实到场存在的存在事态之统计则是科学描述的任务,而非存在论研究的任务。

最后需要指出,"到场"不是"在场"。在西方思路中,"在场"表示存在。希腊文中的"οὐσία"在现代文本中被同时译为"存在"或者"在场",这意味着"在场"像"存在"这个词本身一样,属于西方形而上学的初始概念,其初始性表现在,它作为一个输送存在问题的概念,始终把存在保留为一个问题,但却从未主导它的具体方向。结果是"在场"这个词变成了一种工具性概念,人们通过这个词的各种使用来表达自己关于存在的思考。比如在海德格尔那里就是如此:海德格尔的后期文本越来越频繁地使用"在场"这个词来解说"存在者的存在",但这个词本身的含义却处于不确定状态,它表示:"入于无蔽状态"、"始终逗留"、"被带出状态",等等。海德格尔对希腊哲学家关于"在场"(οὐσία)的各种不同规定所作的考察,则从存在论历史的角度印证着这种不确定性。①但是从存在分析的角度来看,有一个事实却是可以确定的,即:如果西方哲学中主导性的存在概念是自一性,"在场"的说法无论发展到多么纷繁歧异,它都会把这个存在问题可靠地传输到自一性那条思路上去。与"在场"这个西方概念相比,"到场"作为第三人称存在论术语的特征就十分明显:第一,它不是存在论的原始概念,而是存在分析工作进行到一个特定程序之后产生的一种成果;第二,它不表示自一性,而恰恰是用来把存在问题输送到复多性的综合性之内容说法中去。

三、整　全

让我们进一步推进上一节的问题研究:一个东西"为何"与人的存在相关? 已经表明这个问题的解决要求必须对相关和不相关都能作出决定,用不相关来限定相关,并且用到场的量化原理来解决这个问题。现在我们提出,每一个到场,就它表示存在的实相而言,既然包含了一个量化增长原理,就必然有一个增长的"完满性"问题。在数量上向复多性的增长仅仅表示存在的发生(即事态的生成),而尚未达到"存在的本意",这种本意取决于到场所能达到的完满性程度。我们用"整全"表

---

①　见孙周兴编:《海德格尔选集》上册,上海三联书店 1996 年,第 584—585、597 页以下。

示共同到场的完满性。不难看到,在到场的量化原理中,"复多性"表示存在事态的增长,"整全性"则标示这个增长的限度,从而昭示存在的本意。整全因此成为全部相关性原理的根本旨趣所在,我们称之为"互及之本"。

凡存在总是存在者自己去存在,存在的构显必须落实于综合性的存在事态。这带来新的问题。一个存在事态在其综合性上由他者向我的存在添加自身来保证,他者之共同到场几乎成了"我存在"的证明与标志。这种共同性的根据和机理究竟何在?这是一个哲学问题并受到现代哲学家的注意。显然不能用一般时空事件的共同性去说明这个"共同存在"。但也不能借助于一些已有的关于"共同存在"的理论,比如海德格尔的"日常生存的共同存在",或者赵汀阳的"观念的共同存在模式",因为构成分析的论域前提(与他们)完全不同。这件事的真正意蕴在于,在我们已经叙述的存在论的"构成原理"和"事态原理"的转换中,有一种使整全性成为互及之本的理由和根据。存在论的"构成原理"(即存在者自己存在)仍然显示出存在的原始空洞性,这种空洞性跟西方的实体概念有点相似,但西方思路对这个存在之迷的求解却转向了现象界,最后进入了完整的第一人称论域。构成原理的空洞性只是追问的起点,追问本身也不是朝向"实体与属性"问题,而是朝向他者从自一性向复多性的量化增长,由此达到被复多性所规定的综合性事态。从构成原理向事态原理的转换所引出的问题是:如果一个东西按存在之道自己去存在,那么共同存在的事态在何种根据上决定着这个自己构成之存在的本意?

存在的构显之所以必落实于事态,是因为所谓东西的存在本来就是一个综合性事态。事态表示存在行为之所及的结构,其内容当然由存在者共同到场的量化增长来充实。但事态在量的方面向复多的增长还不是这件事的最后结论,到场者数量的增长不是为了凑数,它以完满性作为最后的目标,即本章开始时谈到的"存在的界限",那就是到场的整全。整全虽是量化增长的度,但整全本身不再限于量的问题,它是存在事态先定的目标和界限。因此整全的要义是：通过事态的综合性结构来确定一个存在的本意。

由事态原理引出的上述问题的回答是："一个存在事态的共同存在结构决定着那个存在的真实性。"

那么，什么是一个存在的真实性？前面我们曾把存在的真实性问题确定为真理问题，在那里，存在的真实性是指：凡存在者自己到场而非被替代的存在就是一个真实的存在。显然这种真实性是就存在者方面来说的。现在我们进一步提出，存在者存在的真实性问题需要在存在事态的结构中才能决定下来。存在暨存在者的真实性需要在存在论上重新作更精确的界定。

我们仍以存在者方面的真实为出发点：一个东西不被替代的"是其所是"即为它的真实存在。显然替代取消真实性。我们已经指出，在第一人称论域，一个存在者作为被给与的对象性永远被标记形式所替代，从而丧失真实性。问题在于，当我们从理论上指出替代的非法性之后，在我们这种存在者的实际性存在中，替代仍然无法避免，存在的真实性仍在悄悄消失。这是因为，替代不仅是第一人称论域的一种存在认识方式，同时也是一切存在在与人相关的使然性中不可避免的"命运"。我们的任务是探明此命运的存在论机制。

在第三人称存在论中，真实性问题并非仅仅针对"对一个存在的否定"而提出，真实性的危机其实恰在"对一个存在的肯定"中发生。由使然性造成的替代，比如，对某种重要的生活形式或艺术形式的无限滥用，以"时代性"名义对某种古老存在的取缔，或者在空间上无限制地复制这种原始的真实存在等，其实是对真实性的直接否定。我们曾指出一个存在行为重复自身，然而，当它是在使然性中重复自身时，就会失去真实性。例如在生活中有这种情况：一个东西，一种仪式，比如一个古老的乡村节日，或者一个命题，它们曾经如其所是地存在着；然而我们却意识到，"还是"那个东西，"还是"那件事情，但其存在却已经失去了原初的"质地"。那失去原有质地的存在是否意味着已蜕变为某种替代形式,不再拥有真实性? 使然性不可能创生出真实的存在,反而破坏真实性,但我们恰是在使然性中才把存在的真实性领悟为一个问题。

一个东西不被替代的自己存在就是它的真实存在,但这种真实性只能在它的存在事态中被说明。因为一个存在的真实性不仅取决于存在者,而且取决于整个存在事态的结构。这就是存在事态的真实性问题,一个存在在存在者方面的真实性必须在这种事态方面的真实性中才能得到存在论上的终极证明。

"存在事态的真实性的本质就是到场齐全。"整全是相关性问题的最后归宿。也可以说,存在分析至此达到了它在"世界论"方面的最高原理。我们不能够只在单纯的正面说法中展示出整全性原理,而需要在存在者间性的正面说法和反面说法的互相对跱中,即在不相关对相关的限定中,才能建立此原理。另一方面,"相关"和"不相关"的概念本身也将在这个整全性原理中获得存在论上对它的最本质的界定。因此我将提出如下四种整全性定理,它们是四组互相定义的命题,其中正题说明整全的原理,副题说明相关性。

第一种整全性定理

正题:就一个存在来说,其全部相关者到场的事态即为它的整全事态。

副题:某东西,仅当它向一个存在事态添加自身才能构成那个事态的整全时,则该东西与那个存在相关。

说明:在存在论上,与某存在相关意味着对于做成那件存在之事来说是命运攸关的,这等于说,不相关就不存在。而存在落实为事态,对一个存在最命运攸关的问题是它在事态上的整全。一个东西,当它与一个存在的整全性有关时,才称得上与该存在相关,因此相关者被定义为"只有其添加才构成整全事态的东西"。让我们试着对整全的内涵作更确切的探讨:整全首先意味着一个存在的完整性,包括(1)对该存在的现象上的详尽无遗的描述。这只与主体的视界有关,而与存在者无关。（2）存在历事的初与终之间的完整性。这是存在的另一实相，当作为另一问题讨论。（3）涉及他者之存在的完整性。这是整全问题的本意。存在之互及等于：由于我的存在事态需要他者向其添加自身才有效，致使它自己的存在向我的存在事态添加才有效，并使我的存在本身有效。反之亦然。这就是存在者间的"互证"。由此可推知整全意味着：当我的存在事态有其所及，全部所及者的存在都生成为它们自己的存在需要，因有此需要而向我的存在添加，从而作为我的存在的相关者全部到场。

第二种整全性定理

正题：事态之整全判定存在者间的相关或不相关。

副题：如果一个事态的整全要求相关者的全部到场，那么其中任何一个相关者的到场或不到场将决定该事态之为整全的或不整全的。

说明：此定理实为第一种定理之"副题"的推衍。事态之整全性要求由全体相关者的共同到场来满足。但如上所述，在事实性上，一个存在事态的相关者全体到场是无法统计的。但根据"相关-到场-量化增长"原理可以肯定，一事态就它"有多少相关者"来说，必有一个确定的总量作为该事态完满性的最高限度。比如一个乡村节日的存在乃是一种典型的存在事态，这一存在关涉到参加者、举办地点、礼仪程序、用具、民俗上的象征性、时代背景等东西。像这种存在事态在事实性上是无法确知其内容的完满性的，但它的存在在量上关涉到多少存在者却必有一个定数，虽然我们不能确知。这也证明了：存在论不是认识论，存在问题不能在知识维度上来解决。

因此一个存在事态的整全只标志其有所及的存在者存在的边际界限，即向复多性添加所能达到的最高限度：整全由全体相关者的到场满足之，故任何一个相关者不到场，都不成其为整全。比如在乡村节日这个存在事态的构成中，那真正相关的东西必是其存在对整全性来说不可缺少的东西；反之，则对这个存在不相关。这种"不可缺少"的内涵是：由于它关乎那个存在事态的完满，所以该存在者的存在成了它自己的存在需要。在乡村节日中如果缺少了某种必备之物，仍可以用其他东西代替或者干脆付诸阙如，但那个东西的不到场却已使这个存在事态成为不整全的。我们通过一个仪式的那种固定的程式性质便可以从直观上了解到存在事态的那种量化增长特性。

第三种整全性定理

正题：一个存在事态的整全性保证该事态的真实性。

副题：在一个整全事态中，每一个相关者都作为自己存在而到场。

说明：存在者存在的真实性要由存在事态的真实性来保证。那么存在事态的真实性又是如何保证的呢？由于事态之存在论结构乃是存在者间互及的综合即复多性，所以，一个存在事态的真实性取决于对此复多性的"量度"。一个存在事态不仅由自一性向复多性的增长来保证自身的发生，而且要由此复多性所达到的完满性即"整全"来保证自身的真实性。因此，仅当一个存在事态是整全的，即该事态所及的相关者全部自己到场，该事态才是最真实的。因为一个真实的存在事态必要求每一个和自己有关的东西以其自身的真实性向事态的综合结构添加自身，从而建立起真正的存在者间关系。例如，一位缺少了一件农具的农民仍然"是"一个农民，但这和该农民之"所是"的整全存在事态显然是有区别的，在这里，由"是"所引导的存在事态的整全性已经打了折扣，其真实性成为可疑的。

第四种整全性定理

正题：整全作为存在互及的理想，只能由存在者在存在者间的"自-然"法度中自己达到。

副题：一个存在事态的整全性在与人相关的使然性中是作为一个理想被领悟的。

说明：整全是作为存在事态的真实性问题被提出的，这个事态之真实性的天道依据就在于,它表示第三人称存在的原始的"自-然"性,也就是那种由存在者自己去完成的互及性。所有向该事态添加自身的真实的存在者,都只能直接进入"自-然"的第三人称自己存在。

问题是,在存在领悟中,整全性作为"互及之本"被树立为存在互及的一个理想。在这种超出"自-然"法度的领悟中,整全性永远不可能被原始地达到,只能作为存在之真实性的一个理想被拟构。人的存在的使然性,令他无法在领悟中直接达到他的存在事态的整全,但却能够在领悟中拥有这个整全性的理想,并把这个整全性当作他自己的存在之事来拟构之。由此我们可以理解何以在第二种定理中提出:"整全作为存在事态之完满性的最高量度是不能给予统计的,但却可以在原理上推定任何存在事态必有此整全性限度。"根据同一道理还可以知道,存在之到场齐全也不能作为一个条件式预先"设计"之,以图事后将其实现。因为情况必然是这样:存在者存在必然已经在先到场齐全,然后领悟才能反思之和拟构之。而且我们经常是在一个存在事态"缺少了什么东西"这种反面说法的限定中才觉悟到它的一个整全理想。这正是存在之"自-然"法度的本意,亦是存在之真实性的本意。这个作为互及之理想的整全存在不同于康德的"纯粹理性的理想",即那"最高的实在性"。[①]"整全"仅仅表示存在者存在事态的最高的完满性限度,康德的"理想"则是按存在推理的逻辑上的要求而作的一个思想性设定,因此而导致"上帝"这个理念。

到场齐全对人的存在的使然性来说永远属于一个理想,在存在论上则称为"互及之本"。这种整全永远不能被事前设计出来,亦不能被事后统计出来。日常生活中可统计和可设计的量跟"存在的整全"完全无关,因为整全作为原初之"自-然",和拟构整全的使然性不在同一法度上。我们是在事情"之外"反思和追忆那个理想的,并感受那种存在

---

① 康德:《纯粹理性批判》,韦卓民译,华中师范大学出版社 1991 年,第 516—518 页。

之真实性所产生的震撼人心的力量，但这种在使然性中对整全的拟重复却永远达不到整全本身，结果在量上总是要么超出，要么不足。在生活的实际境况中，对整全之拟重复的超出表现为"餍足"，不足则表现为"匮乏"。这两种不健全正是人的存在的特定历史境遇。它们在两种相反的方向上背离整全，同时也使对整全的需要始终保持为人的存在的一个理想。

四、匮　乏

匮乏因它作为人类的历史性存在的一种突出命运历来备受学者们关注，只是一直错过了对它的存在论分析。现在，匮乏在存在论上取得了与整全性问题的一种本质联系，使存在论第一次不得不认真对待它。整全本属一般存在之道固有的一种完满性，但整全一旦进入存在领悟，便注定会成为人这种存在者在一种使然性机制上构成自己存在的一个理想：在使然性上拟构存在之道永远达不到整全，但又永远不能放弃对整全的追求。整全只能在人的实际存在境遇中被拟构，这意味着它只能在种种可望而不可即的背离情况中被领悟为存在之理想。匮乏是这类背离情况中的一种。匮乏即使从字面上看也是对存在的一种量化规定，因而与整全性保持着一种本质联系。在探究这种联系之先，首先需要区分人类生存上的匮乏状况与存在论的匮乏问题：匮乏究竟属于一般存在者存在的一种实情，还是仅仅是以人的需要之满足为尺度的一种相对性？

生存上的匮乏只能是人类的存在向历史学视野呈现出的一种生活现象。因为匮乏相对充盈而言，而匮与盈的标准显然只能在历史领域中确立。按此标准，人类的历史在绝大部分时期内都处于一种以匮乏为其本质的样式中。此匮乏本质有时作为经济学术语，表示人类需求增长与自然资源稀缺的冲突程度；有时作为一般的社会批判理论术语，表示人类历史的"基本关系"和"可能状况"(萨特)。① 只是不能上升为一个存在论术语。但是,在历史视野中恰当描述的生存匮乏将为在存在论上提出匮乏问题做准备:(1)"物品的短缺"是匮乏的最经典的描述样式,正是短缺使匮乏成为物品之交换价值的一个起源(李嘉图)。② 短缺的无处不在又决定了人类生活的劫难本质,从而也成为幸福之所以可能的一个前提:没有短缺就不可能有幸福。(2)"文本的罕有"是人类生存匮乏的另一种形式。历史越向早期回溯,其匮乏性质越是明显,精神创造的活动与作品越成为罕见的现象。(3)匮乏之历史性现象还有一种,就是"事情的艰辛"。生活中的事情总是就事物而做,事物的短缺与罕有之原因就在于做事的艰辛,同时短缺与罕有又无处不在、无可辩驳地证实着这种艰辛。在历史的匮乏时代,办什么事都艰难备至。

然而,匮乏不等于贫乏。人类历史的匮乏时代并非它的贫乏时期。因为判定匮乏的历史性标准来自我们生活的现代社会,而现代人的历史学在古代生活中读解出的匮乏对古代人自己来说也许并不存在。正是基于这一点,使得人类生存的匮乏现象有可能为提出存在论的匮乏概念提供线索。在历史描述领域,匮乏显示为短缺、罕有和艰辛。从存在论上来看,物品之短缺恰好标志着人这种存在者对自己存在之需要作为与事物的相关性问题变得突出。文本的罕有并不表示匮乏时代的精神创造力低下,而是恰恰相反。行事之艰辛则处处证明着人的存在作为他的存在行为的力度,因为在匮乏时代,从日常谋生到重大历史事件,人们对每件事都当作确实需要自己去做的事情,来构成自己的历史性存在。

存在论上的匮乏是指存在者在自己的存在事态中遭遇到该事态的

---

① 佩里·安德森:《西方马克思主义探讨》,高铦等译,人民出版社 1981 年,第 110 页。

② 佩里·安德森:《西方马克思主义探讨》,高铦等译,人民出版社 1981 年,参见第 109 页的注①。

一种不完满情况，此种情况即由短缺、罕有和艰辛标志的相关者之不能到场。因此存在论上的匮乏不再是能够在视野中看到的一种历史现象，而是人类作为存在者在其存在历事中承受的一种命运。这种匮乏需要由存在者在自己的存在中去识别和领悟。如果存在者自身感受到匮乏的压力，那一定是基于以一个完满性为存在理想的对自己存在之领悟，因为只有依据一般的整全理想，才能揭示存在论上作为存在之不完满性的匮乏。这种匮乏关乎存在者间的相关。短缺、罕有和艰辛并不意味着东西的"无"，而是说东西的存在被人所需要，但却不向人的存在事态到场添加自身。一个东西，当你需要它存在时，你已对它的存在有所及，匮乏则属于人的存在行为之所及的一种特殊样式，即对不到场之相关者之存在的领悟。因为任何一个相关者的不到场将决定存在事态之不能整全，所以匮乏必然悬搁人就自己的某一存在事态而领悟到的整全理想。因此也可以说，存在论上的匮乏就是那种其整全理想被悬搁的存在。缺东少西（比如缺衣少食、缺医少药）的存在当然是有缺陷的，但这种存在对那所缺少的东西并非毫无所及。在匮乏造成的悬搁中，那不到场的短缺物品之存在可能性已被最充分地领悟，并已被人们毫不迟疑地拟构为自己存在的事情内容——虽然仅能被拟构——正是在此拟构的领悟中，存在者直接面临自己存在的整全理想。

　　匮乏导致生存的严酷性，故在历史学和经济学中，匮乏均被贬抑为人类文明的一种缺陷。但在存在论上，匮乏却能令使然性存在者始终保持在对自己存在之整全理想的领悟之中，因为由匮乏造成的生活的严酷把人的存在的非完满性作为一个突出的难题向这一存在提出。匮乏非"无"，但亦非"有"，它是对"有某物"的需要。生存上的匮乏用需求来定义，但在存在论上，对某东西的日常需求，却以存在的匮乏特性为前提。匮乏之所以能够造成对某东西存在的需要，是因为它在存在论上标志着一个存在事态的不完满性，这就决定了任何被需要者向这个不完满事态的到场添加必然有效。因此我们可以说匮乏是任何一个

（用整全性来判定的）到场相关的有效模式，因为在直接提示着整全理想的匮乏中，到场的有效性事先已被拟构好了，而不管那被需要的东西在事实上是否真能得到。"物品短缺"在存在论上的真实说法为，短缺物品的存在由于短缺而变得至关重要，因为它的到场将诠构它向之添加自身的那个存在事态的完满性。短缺不仅使生活成为艰难的，同时也使生活成为值得过的，因为短缺把相关者的到场向着领悟明确树立为生活-存在的一个目标。某物缺乏，尽可设法补足之，但这种补足永远滞后于对事态完满性的领悟，更不消说使然性的事后补救与"自-然"存在的原始整全挨不上。但短缺造成的严酷压力却能保证存在者对其存在之整全性的完好意识，在这种领悟中，短缺物品的存在被拟构为对被该短缺诠构的人的存在来说命攸关的事情。可以说，短缺是以不到场诠构人类的匮乏存在。"文本罕有"则以到场来诠构存在之匮乏。罕有并未解除匮乏，而是以极其罕见的重要性使人类存在的匮乏命运显得更加触目惊心。在总的匮乏情境中，那罕有的文本弥足珍贵，不仅因为它在事实上证明着人类的创造力量，更重要的是因为它证明着匮乏对存在的悬搁力量。短缺起因于"事情艰辛"复又加剧着艰辛，罕有的东西则以其无与伦比的重要性对抗着艰辛，并启示着生活的匮乏本质。

要之，匮乏在一种反面说法中关乎整全。相关者全部到场之为整全虽属一个正面说法，却只可领悟，而无法在生活中达到。某相关者之不到场所决定的非整全虽属反面说法，却与人类的生活息息相关，因为它作为匮乏直接诠构人的存在。在存在论上至关重要的是，匮乏以反面说法向领悟展示存在的整全理想，并将这一理想展示在人类的生活对那些短缺者和罕有者之存在的极端需要之中。在这种极端需要中，人类将整全作为理想拟构之。匮乏证明着相关者到场与否对存在之整全的决定作用，从而也就决定了存在者为趋向这一整全而行事的艰辛与必要性。

匮乏因提示着整全理想，在存在论上成为人类存在的一种本质力量而不止是缺陷。匮乏由于带来生活的严酷性而在一般非存在论分析中被揭示为"生活的受苦（历劫）本质"。在存在分析中我们看到，由于人的存在在使然性上永远达不到原始整全，这一原理决定了人的存在在任何事实性情况下都具有匮乏特性与受苦特性。[①] 这表明匮乏在量化的形式上特别直观地标志出使然性存在的不完满性。但匮乏毕竟只是一种具体的生活事实，由此事实例示出来的存在本质必须另作规定，即：匮乏在相关性的量化原理上表示向人的存在事态添加的必要性。因此，一个人生活的即使没有匮乏样式（短缺、罕有和艰辛），他仍然可能处于匮乏之中；反过来，按普通世俗标准生活在匮乏中的人，按其"自己去存在"的内容而言却可能更接近于有福的完满性。在存在论上，匮乏揭示存在者自己存在的存在者间关系，匮乏具有的力量来自存在者自己的存在而非来自东西对人的有用性。在匮乏事态中，存在者间的平等表现为：匮乏并非依事物满足人的需要的性质与程度而定，而是意味着事物之第三人称存在以不到场这种诠构的否定样式，一方面先定地造成人对事物之存在的需要，另一方面又悬搁人的存在事态趋向完满的可能性。

　　人类一直努力摆脱匮乏，却往往忽略得以在匮乏中保存着的对整全理想的完好意识。如果只想用充盈来取代匮乏，这仅仅触及到匮与盈的事实性特征，却没有接触到存在问题的本意。匮乏暴露了人的存在事态的非完满性，充盈却并不等于存在的完满性。事实是，今天生活在充盈中的我们并未比往昔更接近于自己存在的整全性理想从而进入真正的有福存在。人们避开了生活固有的严酷性，却面临新的存在难题：餍足。

---

① 福克纳认为可以用三句话概括一个人的一生："他生下来。他受了苦。他死了。"参看他的小说《明天》，《外国文学》1993 年 5 期，第 11 页。

五、餍足

餍足这一术语在此不表示人类的普通感受性。餍足与匮乏一样，既是历史现象，又是存在论问题。人类的历史性境遇如果作为存在之现象就是历史学的描述对象；如果作为人这种存在者的存在历事的内容，就是存在论问题。从匮乏到餍足的进程就发生于我们的实际历史与生活。把匮乏改变成充盈，这是技术进步和社会进步的一个历史事实。人们在充分肯定充盈作为人类福祉的同时，却经常忽略由充盈带来的餍足同样标志着人类文明的另一种缺陷，并已成为自上世纪以来历史的一个基本特征。只有记住这一点，才能再进一步：把餍足与匮乏这两种历史情况提入一个共同的存在论问题领域。让我们指出，只有在"到场齐全"这个互及存在的量化原理之下，匮乏与餍足才成为一个共同的存在论问题的两个侧面，即对整全性的两种背离情况。整全在人类的使然性存在中永远达不到，生活和历史的实情从两个方向背离整全，同时也在两种反面说法中限定（而非思想性的规定）整全，使之得到尽可能恰切的领悟。同属背离情况，两者相互对比，餍足比匮乏更远离整全这一理想，因为餍足使我们在自己存在的使然性中逐渐丧失乃至完全失去对整全的需要，从而也失去对存在之整全理想的领悟能力。

在使然性中不可能达到整全，使人类的实际生活始终在缺陷状态中进行。使然性意味着对存在的领悟，领悟把存在当作一件事情来做，其前提是，人在事情发生之前已经把这个存在当作可能性拟构出来。当人类在匮乏状态中存在时，他不仅领悟到整全这一存在之理想，同时也领悟到"充盈"这种存在之可能性。"在整全中存在"是不可能的，在充盈状态中存在则是可能的。既然匮乏揭示出事态的不完满，充盈便被错误地当作事态的完满性——充盈被我们拟构为整全的替代形式。由于充盈的目标事实上可以达到，我们误认为制造出物品和文本或做出事情来，也就等于创造了自己的存在。这是一个致命的误解。存在之餍足不期然而然地包含在生活的充盈状态中，从表面上看，餍足的每一种样式仿佛都是对匮乏的克服，其实不然。因为匮乏植根于对相关者到场之需要；餍足存在却不是为满足这种相关之需要而存在，而是大大"超出"这种需要而为之，结果使对相关者到场的需要本身不复存在，此时那本属相关的存在对人来说已变为餍足。

餍足作为事实和感受包括如下样式：

1. 物品之过剩使物品的存在在存在论上成为"剩余"。物品的存在不是为了使用和填充匮乏，而是转化为一个超出需要的余额。对物品的需要被这种剩余性勾销，物品作为存在者尚未向人的存在事态添加自身，便已对这个事态成为剩余者（即不相关者）。在现代市场经济中，物品作为商品不以使用为目的，而以销售为目的，由这种市场机制促成的物品之充盈只能蜕变为餍足。结果我们看到，商品琳琅满目，却无人问津，并非因为作为商品的物品本身不精美不合用不适于生活的具体用途，而是因为它们作为一种"剩余存在"失去了向人的存在事态添加自身的相关性。面对"数不清种类和数量的商品阵列"，即物品存在之山一般的剩余状态，任何高明的促销手段也无能为力。

2. 餍足存在的另一种样式是文本之"滥世"。在人类文化的一切形式中，文本的数量均空前增长。文本之增多并非基于生活的真实需要，而是由于匮乏时代的罕有证明了人类创造力的巨大力量，令生活于充盈中的每个人都欲获得这种力量。这不仅未带来创造力的增长，反而使文本的存在本身像物品一样在存在论上成为多余的余额，勾销了生活对文本的需要。观念领域的餍足存在其后果是：伟大的创造活动变成比匮乏时代更加艰辛十倍百倍的事件，伟大的文本典范成了更加罕有的东西。餍足时代因此成为人类精神上真正的匮乏时代，尽管到处充斥着观念性活动的样式：不断推出作品，不断召开学术会议，不断尝试新的艺术形式，但现代人的精神能力却空前匮乏。众生平等，表面上人人都有自己的作品，实际上根本没有真正的作品，原因是它的存在在存在论上不被需要。

3. 物品之剩余与文本之滥世，均起因于现代人类行事过于容易，同时又反过来加剧着这种容易的程度，由此产生出餍足存在的第三种样式：行事之"无谓"。一切都唾手可得，于是一切都变得无所谓。那种在行事的艰辛中把自己的存在做成一事所要求的巨大力量与现代人生活中的"成功"概念基本无缘：在这里，怎么着都行。

但这还仅仅描述了餍足的历史现象，还需要从相关者向人的事态到场的添加机理上来说明存在论上的餍足存在的本质，而不能仅作为现代人的生活感受来说明之。与匮乏作为"不能到场"相比照，餍足则属于"无效到场"。餍足的存在论问题包括以下方面：首先，它是完全"由使然性控制的添加"。"与人相关"的本意是东西在"自-然"法度中向人的存在事态添加自身，产品与作品作为人工制品仅属它的自然史起源，与存在问题无关。但在餍足存在中，使然性则把"与人相关者"界定为纯粹的人工制品，把"与人相关"改换成完全由人为控制的制品的增涨程序。人们是在制造品的增涨中遭受与经历餍足的，在"自-然"的事物向人添加中不会发生这种问题。其次，餍足是单纯"为了添加而实行的添加"。物品、文本虽属制品范畴，但在匮乏时代，它们原本是为构成存在事态这一事情本身的需要而制作出来的。而在餍足状态中，这种制作不再是为了把事情做成，而是为物品本身和文本本身而为之，因此完全游离了存在之本意，变成了无目标的纯添加。比如生产商品不是为了生活，而是为赢利；创造文本不是基于对事情的本质有了发现和领悟，而是以文本本身的制作为目的。当添加由存在者的相关性历事蜕变为使然性控制下的物品增涨时，它就不再为基于事情本身的存在需要而添加，而是单纯为了添加自己而添加。最后，餍足是"过量的添加"。一个存在之所及之所以表现为一个量化原理，是因为任何一个存在事态作为相关者的共同到场，在存在者的数量上必有一个限度。我们曾说事态生成于复多性，但这个复多必为一个定量，否则关于存在问题便不会有任何确定的说法。按整全性定理，相关者不能到场和相关者过量到场同属对整全理想的背离情况，而过量到场是无效到场。因为，我们虽然在事实上不能确知添加在哪一点上由"相关者"转变为无关的"剩余者"，正如我们在存在论上不能确知一个事态之整全的总量，但我们却可以知道，如果添加在量上超出了构成一个存在事态的需要，则到场必然是无效的。因为它与事情本身已经无关了，它的存在变成了无所谓的形式，即剩余者的剩余存在。

　　但是，来自餍足的无关的剩余者仍与那本初的来相关者保持着一种特殊联系，即它的存在以后者为"范本"，不断重复后者的存在内容，直到使之退化为纯粹的形式。那无关的剩余存在与原初的相关存在至少保持着外部描述特征的一致。比如表现为可用于同样目的的物品、具有相同主题和形式的文本、生活中永远不可不做的一些完全相同的事情等。但是在餍足存在中，这一切都已失去与存在事态的原初相关性，仅仅在形式上重复着原初的存在内容。在这里，事情变了味，不再具有作为存在相关之真实内容的神奇性。前面曾提出过存在行为的另一实相即可再性：一个存在行为重复自身，从而在历事的时间性中消弭其本身的神奇性，使存在事态进入平凡。现在可在类比的意义上指出：餍足作为使然的、过多的、为添加而添加的到场，等于到场的自身重复，它在空间性中消弭存在的神奇性，因为空间性本是一种存在者间关系，而数量过多按其本质就是一种空间维度上的存在重复，它使存在进入其乏味的餍足状态。这种乏味并非存在本身的平凡，因为它不是来自内容的自身重复，而是对形式的重复。根据此类比，在到场相关中构显的每一种存在之可能性都包含着存在者历事的新内容，从而对存在者自己展示出其存在的神奇性。比如一件有用的物品被得到了，一部作品问世了，一件事情办成了——每种情况都以其存在内容的神奇性而产生震撼力量。现在，当这种存在内容被过量的、与事情本身无关的添加所重复时，结果首先取消了对那一内容的本然需要，随后取消了相关性。餍足造成的空间性重复把存在内容变成无谓的形式，当然也就不再有神奇可言。例如，手工订制的东西不是依照统一尺度，而是依个别化的需要而制作,因此能牢牢抵御匮乏而保有其所添加之存在内容的新奇。而依统一尺度的大批量生产虽然在表面上提供了比订制更精美更实用的商品,但却以对原初需求内容的无节制的重复满足来消灭了个别化的需求本身,使相关性不复存在。同理,文本滥世的后果是,创造活动失去与人的存在相联系的需要与能力,仅仅局限于作为存在替代形式的标记功能上。一切种类的作品的大量增长实质上证实了文化工业大批量生产的一切恶果:对艺术形式的滥用等于对文本存在之相关性内容的无节制重复,文本的滥世排斥个别化的典范作用,不再有天才,不再有经典作品,当然也就不再有观念性存在的神奇性。最后,行事之无谓本身直接表征着存在之神奇性已经消失殆尽,进入乏味的餍足状态。

最后让我们再次比较餍足与匮乏。作为人类在历史中承受的两种命运,它们同属生存之缺陷状况。作为人这种存在者的存在内容,它们虽同属对整全理想的两种背离情况,但在存在论上,餍足比匮乏更远离整全理想。匮乏与整全性之间始终保持着一种距离,正是这种距离使生活的实际内容始终具有神奇性,使生活值得去过,因为在匮乏中艰辛维持着的存在一直是向着那个整全理想接近的历事。反之,餍足则造成整全理想已被达到的假象:充盈被拟构为整全的替代形式。在餍足中存在,整全尚未在实际性内容上被达到,就已经在形式上被"超出"了。"什么都不缺"——这同时也就等于说:"什么都不再需要了。"而任何存在者,只有在它真正被需要时,才有存在的理由;当一个东西不被需要而去存在时,它就是一个剩余者。比如,由远道归来的会议代表传达会议精神这种古老的传达活动,在交通和通讯技术高度发展的今天,已经失去了它原有的存在理由,纯粹流于形式。而在我们的历史中,与人相关的众多需要,无论是人的事态对相关者到场之需要,还是由此在存在论上生成的存在者对自身存在之需要,都以匮乏之存在状况为前提。当匮乏被餍足取代之后,那不被需要而仍然作为剩余者挤占着存在空间的东西,无论其为实际空间,还是思想空间,均只能退化为某种存在的替代形式。

六、无所及与空无

匮乏与赘足是从整全原理直接衍生出来的两个问题。可以进一步追问,对于人类存在的整全理想来说,仅有这两种背离情况而没有其他的不完满情况吗?此外还可以追问,对人类的存在来说,除了到场之整全性,存在论就不再能提出其他的完满性理想了吗?

对于第一个追问的回答是:虽然人类在其有福与历劫的存在史中肯定还有其他问题情况关乎他的存在的理想,但对构成分析的"世界论"来说,匮乏与赘足这两种历史状况所勾连的存在问题始终具有特殊的适用性和利害关系:第一,它们是纯粹"存在论化"的问题。很显然,匮乏与赘足直接表示人类存在的第三人称内容,而非任何主体性的认知特性或行为特性;它们既非人类对任何对象的认知,也非对任何用具的使用,而是人类在其历史性存在中直接遭遇的命运,因此能够直接进入存在论的问题域。第二,它们是纯粹"量化"的问题,因此而具有对整全理想之最明显、最规则的偏离特征。我们已指出,整全在存在论上之所以必须是一个量化原理,是因为构成分析必须排除对存在作思想性的一切描述规定,仅把存在构显为一个存在事态中的一切相关者向这个事态到场添加自己的存在。匮乏与赘足在存在论上天生的量化特征,使它们适于率先进入量化的问题结构。

关于以到场齐全作为互及之本的理由的第二个追问,可以说,在排除对存在事态作第一人称描述之后,除了到场齐全,不可能从其他原理上来表示一个存在事态的完满性。因为,存在在其"世界论"机理上必基于存在者间的复多性,这就决定了存在之相关性必为一个量化原理。由于在使然性中永远达不到彻底的完满性,存在之世界法度总需在某种相关者不到场的不完满性中被领悟,并在领悟中拟构这种完满的整全性。只有在量化原理中根据整全这一理念,构成分析才能确定何种情况为相关,何种情况为不相关。而不相关从存在行为方面来说就是"无所及"。

必须说明,"无所及"只是在"世界性"机理上对存在的否定,而非对存在本身的绝对否定。对存在本身的绝对否定是"空无"。在意义论域中,存在与空无相对,分别表示对存在的肯定判断和否定判断。在第三人称论域中,"存在"表示存在者自己去存在,"空无"却不再具有与存在的那种对称性,因此我们也就不能用存在行为之"无所及"这种否定说法来界定"空无"。"无所及"表示一个存在者存在的自一性,"空无"则表示根本无此存在者,因此根本没有问题维度。像海德格尔那样追问"为什么存在者存在而无反倒不存在",真是匪夷所思。关键是第三人称存在论的构成分析只能在"有所及"与"无所及"这样一种对跱结构中进行。至于"存在"与"空无"的对立,虽然在传统存在论的意义论域中作为存在判断的标记有其确定的问题含义,但在第三人称论域中却不能作为问题,因为构成分析只关心存在者的存在。由于存在不是被判断,而是存在者自己去存在的内容——按此道理,"空无"不可理解为"不被判断",却又无从展示自身的内容,所以失去了问题维度。

第二部分　构成分析的个体论

引　论

存在之构成自身基于存在天道而有二实相:一曰"居于世界",二曰"是其自身"。我们将其分别构词为"互及性"和"历事性",并相应地把构成分析工作划分为"世界论"和"个体论"两部分。所谓存在论问题舍此二谛别无法门。此二实相表现一般存在者存在之统一的"自-然"法度。但人的存在除服从普遍的"自-然"法度之外,另有一重独特的"使-然"法度,使得对人的存在论研究的"世界论"和"个体论",不仅对应于他存在行为的二实相,而且还特别地对应于他存在法度的二重性。构成分析的"世界论"特别致力于处理人的存在中这种二重法度间的冲突,排除"自-然"存在中的意义关涉。这一任务已经基本完成。存在行为的另一实相即存在者自己存在的历事,此事在西方哲学中几乎从未被当成问题,但却恰恰是存在行为的另一种同等根本的内容实相,因为在那种不断重复自身的存在历事之中,恰恰直接昭示着人的存在之"自-然"法度。

当然,构成分析从"世界论"转向"个体论",并不意味着历事是比互及更根本的存在实相。只能说,由人的存在之使然性导致的意义关涉,是"世界论"研究的特有问题,但此种"使……存在"的使然性归根结底属于存在之"自-然"法度。而存在者在其存在历事中则直接面临"自-然"法度。那么,什么是"个体论"历事研究的问题?

　　任何存在者存在必有其所及，由此产生了存在者存在的"之间性"（即世界性）问题。同时，任何存在者都必然"亲历"自己的存在之事，这就是存在者存在之"本身性"问题。需要特加说明：这里所谈的本身性不是"自一性"，自一性是"世界论"中的问题，表示一个存在因无所及而不被添加到综合性的存在事态。我们在"个体论"中研究的这个本身性，是存在构显自身的另一实相，在这里只提出"由谁去存在"的问题，而不提出"存在涉及谁"的问题。因此这种本身性仅仅表示存在者作为个体的不可替代性，也即任何存在事态只能由那"是其自身者"来构成这一原理。这一原理就是存在者亲历其存在事态的"历事"，它直接表现人的存在之"自-然"法度，而无任何意义关涉。

　　历事的基本问题是"可再性"。因为本身性的存在历事除了实行对自己之存在内容的重复之外，不依托任何其他存在者的某种事项作为自己有效性的真正依据。

　　第三人称存在论的基本目标是揭示一切存在都是存在者自己实行的"存在行为"，而非被赋予意义的"存在形式"。事实上，我们已经处理过事物如何自己存在的问题（第三章），以及观念和语词如何自己存在的问题（第六章），只剩下本著作最主要的一个实例问题，即人这种存在者如何自己去存在的问题。构成分析的"个体论"将揭示我们这种存在者自己去存在的历事实相。在"世界论"已经清除了意义关涉之后，由可再性问题引导的对存在者历事机理的分析工作应该更加畅行无阻。"个体论"研究力争取得一个总体性的结果，即通过历事的可再性问题揭示出人之存在乃至一般存在者存在完全与"天之道"为一的最深本意，这就是存在的平凡性。这一工作目标要经过两个具体步骤才能最后达到：

　　1. 说明人的可再性历事的古典型式：礼式生活。在这个问题中，我们将回溯到中国古代存在论问题的一些开端性观念。

　　2. 说明人的可再性历事的现代型式：日常生活。在这里，我们将遭遇现代西方哲学思路中的某些问题。

第八章　人的存在历事的问题：可再性

一、生活作为人的存在历事的区间

一个东西的存在，当它有其所及时，它便有了它的"世界"。这时我们称这个东西为"相关者"，其存在论问题是存在者间的相与。但任何存在者如果有世界，就毕竟已经有了它自己。一个存在者，当它亲历自己的存在事态，它就有了"不可替代地是它自己"这样一种"本身性"。这时我们就称这个东西为"个体"。这个本身性的存在论内容说法，我称之为一般存在历事的可再性原理。在本书的第一章第三节，我已经叙述了这个原理，其要点有二：

1. 一个东西自己去存在就是该存在者的"历事"，一个存在者的历事就是由那个存在者自己实行的存在行为的内容。历事作为第三人称的基础概念，它不仅表示一个存在事态在初与终之间拓展的区间性，更重要的是表示存在者与它的存在内容之间的严格归属关系。那么，构成分析作为存在领悟的理论形态，欲亲临存在之道并将其说出——这与一般的"看存在"如何区分？为此我们需要注意一个微妙的非常重要的差别：构成分析并不"描述"存在的内容，只帮助确定存在事态的分位归属。于是构成分析就产生了一种特殊的存在论命题，如："存在意味着'是它自己'","存在者就是'是它自己'的那个东西"。这种命题给出的关于存在的知识极为空洞,接近于同语反复。但正是这种空洞性,确证着构成分析不同于一般领悟对存在的描述和解释,而是存在领悟与存在本身为一的一种特殊界面。

2. 历事的内容是存在者对自己存在内容的"重复居有"。很显然,一个由存在者自己亲历其事的存在,除了"不可替代地是它自己"这一对本身性的居有,即不断重复这个"是它自己"之外,就不再可能有别的内容。这就是存在的空洞性之所在。存在者通过不断重复地"是它自己"来"固持"自己的存在,又把这些被重复的内容在统一性上联结起来,以此"推进"自己的存在。保证一个存在对自身内容的固持和推进的那个统一性原理,我称之为"历事的可再性原理"。

我们重申引入人的存在作为研究可再性的范本之理由如下:凡存在总是存在者自己存在,存在者在它的存在行为中构显自己的存在——这一原理是在与意义存在论的对立中成为问题的,这个问题始终要求在对意义论域的批判中来解决。由于人的存在是一切意义问题的根源,所以我们选择人的存在作为历事之可再性研究的范本,为的就是继续在意义问题的压力下开展这项研究工作。

我们早已断言,人的存在将在其历事实相中亲临其"自-然"法度。第三人称存在论的总目标,即破除存在的现象观念,代之以存在者自己去是其所是的内容实相概念,也将在"个体论"的历事分析中被达到。其理由是:以不断重复自身为内容的存在者存在的历事实相,将成为一个严格个别化和实际性的特定论域,直接确证一般存在之道,仅仅这种以本身内容的重复为目标的存在历事,便可恰当而径直地称为"存在者存在的内容实相"。

人的存在在其历事实相中亲临"自-然"法度,这里涉及的意义问题具有完全不同于相关性之意义关涉的结构。要言之,人在任何情况下都是一种使然性:在相关中,人在"使它者到场"中实现自己存在的"自-然"法度;在历事中,人则通过"使自己到场"来更直接地践行自己存在的"自-然"法度,这种"使自己存在"直接就是他的历事的内容——在历事中,人的"自己去存在"重合于他的"使自己存在",由此直接表现出这种存在之统一而无蔽的"自-然"性。

那么,什么是人的存在历事的内容? 为了得到这种内容的原理,当然不能求助于对人的存在的现象描述,也不能从流行的价值判断中抽取出人的存在历事的内容,比如说:人作为存在者存在就是为了使这一存在具有意义,使他的生活值得去过等等。尤其不可把人在生活中出于某具体目标的具体行动直接等同于存在论上他的存在历事。这是因为,事物仅以它的直接性存在便可固持地重复居有它的历事内容,而人在其具体选择的行动内容上却不可能做到这一点:人能做不同的事情。人的生活中的每件小事都和其他事情有所不同,人类历史中的重大事件更是具有绝对的独特性。因此在具体的事实性中根本提不出人的存在内容的自身重复结构。人的存在的历事内容只有作为存在论问题才能提出。从存在论上说,一个人无论出于某种目的做某事,还是放弃任何目的、不做任何事情,他都必然已经作为历事者承担起了自己的存在;在无所欲求无所作为的情况下"呆着",丝毫也不减轻他对自己存在的责任。其实历事作为对自己存在内容的重复居有,恰恰意味着在一切情况下,存在者都不得不把他的存在承担于自己身上,自己去构成之。所以当我们说,人作为特殊性总是"把自己的存在做成一事",这乃是存在论上的一种特殊内容说法,与人的有选择的行事并非一回事。人的存在历事的内容不在于他能够做某事和不做某事,而在于他的一切"所做"和"所不做"加在一起的总和,构成了他的存在的无法选择、亦无法推卸的总体性内容。那就是他的生活。

很显然,对于一个人,除了他的"生活",不可能提出存在历事的其他境域。但所谓存在历事并不直接地等于生活。因为"生活"一词并非严格的存在论术语。生活充其量是人的存在的事务杂多,普通的生活概念在存在论上的论域前提并不明确,生活完全可以是人的存在的描述性现象内容。因此生活要成为人的存在历事的内容概念,就必须对其作出存在论上的特殊规定。我们已指明,人的存在是由他自己去构成他的有初有终的存在事态。历事分析的任务为:第一,确定存在者对其存在内容的这种归属关系,即揭示出存在永远是存在者亲历的存在事态内容;第二,说明历事的内容原理就是对该内容的重复居有,通过此种重复来不断确证该存在事态对存在者的归属关系。根据上述原理,如果要在生活中表现人的存在历事,就必须在存在论上将生活内容"归化"为存在者的存在,即让生活内容不断反复证明自身就属于存在者的存在。生活就其事实性内容而言是事务的杂多;只有在"反复证明自己属于存在者存在"这一点上,生活才获得存在论上的自身重复结构。

现在我们规定:一个人的存在历事的内容是"生活",人作为个体分位总是"在生活中存在"。另一方面,人作为类存在者的存在历事的内容是"历史",人作为类分位总是"在历史中存在"。这是因为,当人的存在历事超出一个人作为个体去生活的界限而进入更大的区间时,这一历事仍然有效并仍然保持其可再性的结构。此时构成分析便把这一更大的历事区间称为"历史"。第三人称论域中的"历史"概念仅仅表示人作为类存在的历事,与作为"历史事件编年记载"的流俗历史概念无关,在存在论上,后者只是一种历史现象而已。①

一般来说,每一个人的生活都包含着无穷多的事务杂多内容。哲学家在追问存在时是否把人的生活作为问题,这在第一人称论域是没有强制性的。哲学家完全可以在其他领域(比如意识、语言)提自己的问题。事实上也正是如此。那些把生活作为问题的哲学家总是从自己的问题出发,对生活中的某些事务内容进行描述和解释。比如海德格尔和维特根斯坦对日常生活的关注是非常突出的。维特根斯坦用描述

---

① 简单提一下,本书引入了"世界"、"生活"和"历史"这三个概念,分别表示人类存在的不同方面,并赋予其存在论问题的特定提法。要言之,"世界"表示人与他者的存在者间关系,"生活"表示每一个人作为存在者存在的历事之内容,人类的总体性存在历事的内容则是它的"历史"。

日常生活具体事实的方法来揭示语言的本质:每一种依特定规则进行的"语言游戏"代表一种"生活形式"。海德格尔的问题更直接切近生活本身,他因此描述了生活的另外一种事务内容及其本质。显然,生活中的任何事务内容都是可以描述和解释的,但这样却永远得不到"在生活中存在"的第三人称本意,因为生活事务内容的描述性结构与"在生活中存在"的存在论结构是不同的,描述停留在现象上,只能把生活的某种事务内容向着主体的视界显现。存在论的问题则是在生活中存在者如何自己亲历自己存在事态的内容。

第三人称存在论把生活当作自己的问题则是不可避免的。因为只有在生活中开启出人的存在历事的区间,才能表现出人的存在历事的可再性结构。首先,选择生活作为问题是为了超出"心的论域"而直接进入"存在者论域"。生活的第三人称本意在于,生活不是一种"看"的活动,而是需要由在生活中存在者亲自去做的事情。即便亲历的生活中有观察活动,那也是生活经历的本质部分。对生活的亲历者来说,那些事务杂多根本不是描述现象,而是他的存在事态的内容,这种内容就其作为第三人称问题来说,其实相当空洞:它只属于在生活中存在者的存在。但是,生活本身不等于存在,生活标志着人的存在历事的区间。我们曾说明,任何存在历事的区间性都在初与终之间确定。事物按其单一"自-然"法度几乎可以在时间中的任何两点之间展开其历事的区间性,从而展示其固持本身性的存在内容重复。人则不同。人的存在的历事等于"行事",所以他的从初到终的历事需要在一种特殊的区间性概念上才能成立,这就是人的生活。生活作为人的生活经历、生活目的、生活方式等的总体性,开拓出足够大的历事区间,使人的存在内容的自身重复得以可能,这就是"日常性"。日常性是人的存在历事只能在生活中得到展示的最原初的可再性结构。相比之下,西方思路中的日常性问题尽管非常注意对生活之事务杂多内容的描述和解释,却未曾开启过生活的存在论维度,即"在生活中存在"的可再性结构。生活一旦成为描述对象,便只能作为事务杂多,不再作为区间性来展示历事的重复机理。

其次，只有把生活的可再性提取出来，才能把生活的事务内容变成人"在生活中存在"的历事内容。因为"在生活中存在"基于存在者"自己去是其所是者"原理。所有生活事务的内容作为"所是"在存在论上都归属于"自己去是"——这本身已属一种重复机制。只有提取出生活的可再性结构，纷乱的生活事务杂多才能统一于存在者"自己去是"的必然性，从而成为第三人称的。生活与存在的一致性在于：生活内容之不断重复证明着自己属于存在者的存在。

二、基于生活与历史，区分历事的古典型式与现代型式

第三人称存在论划分人"在生活中存在"与"在历史中存在"的根据是："一个人"作为个体去过的生活，并不能代表"人们"各自所过的生活，任何人在他的生活中既不能亲历、又不能代理别人的生活，尤其不能代理古人的生活。但一般存在之道的普遍有效性却决定了，古代存在者也不能自外于"在他的生活中自己去存在"的历事原理。很显然，赋予我们自己的存在和古人之存在以统一性的东西，便是人作为类存在者的类分位。

从人的类分位看，人的类存在之历事区间按其本意仍是人的生活，只是这种类存在的生活区间必然超出一个人之个体生活的界限。此时生活便成为历史。但是，进入存在问题的历史，作为类存在之历事区间的一种存在论上的历史性，必然不同于一般历史学的历史概念。构成分析坚决摒弃任何对历史学中的事实的现象描述，因为在这种描述中只有历史事件的现象，决不会有作为类存在者历事之内容的自行展示。下一章将专门讨论"第三人称论域的历史性"这一问题，并将比照普通历史学的"历史"概念来说明之。现在只暂先指出，"在历史中存在"的人的存在事态，不可能作为直接历事的事态来表现自身，只能作为一种

观念-语言事实进入对存在的领悟。我们已指出,观念之为拟存在以及语言之为语言事实,均有其独立的存在分位。古人的存在历事作为观念-语言事实进入构成分析,必要求有某种特殊的"古典型式"来说明之。这种古典型式异于"现代型式"的特性,我愿称之为"典雅",那正是人的历史性类存在固有的一种特性,体现为:第一,它起源于古代人的历事,因而比我们自己的生活更靠近人类存在的源头。第二,为此而选择的任何范本都只能来自古代文本的种种记载,因而特别凸显出存在领悟的拟构作用。

按照构成分析的一贯方法,提取完备周密的人的存在历事之可再性原理的工作,必须借助于范本。我们选择两种范本作为研究人的存在历事的两个专门课题:1. 对于"在历史中存在"的人的古代存在历事,我们选择中国古代特有的一种具有极高典雅性的型式——周礼,称之为"历事的古典型式";2. 对于"在生活中存在"的每个人之直接历事来说,我们选择日常性,称之为"历事的现代型式"。

即使具体的课题研究尚未展开,这两个范本的差别已经非常明显:第一,日常性属于人在其生活存在中直接展示自身的可再性机理;但我们却不可能直接展示古人生活的日常性,只能借助于观念-语言事实中的周礼来拟构古代存在。第二,日常性是存在者在其生活中直接自己去存在的纯粹"自-然"型式;周礼则是人为创制的生活规矩,所谓"先王制礼",在存在论上属于人的历事的"使自己存在"体制。第三,日常性就其实际性内容来说只属于每个存在者个人的事情,周礼则是适用于一切人的生活规矩。这些差别将引导出周礼的一系列存在论问题。

历事的这两种型式因为一系列差异而引导着人的存在历事在不同分位上那些完全不同的问题。但不能忘记周礼和日常性作为范本,从一开始就在统一性上基于人的存在的自身重复机理,从而将揭示出人类存在中一以贯之的可再性结构,并最终帮助构成分析达于人的存在历事之本意:平凡。

第九章　历事的古典型式：周礼

一、为什么选择周礼作为存在问题的古典范本？

我们的目标是揭示人的存在的"历事"实相。我们何以能在一个如此特殊的远古事例中发现这个实相，既然这两者之本质如此全然相异？礼的事情本质是庄严。"甚哉礼之大也！"[①]在古代的观念中，礼的庄严简直达到顶点：其生成"始乎梲，成乎文，终乎悦校"；其目标"立隆以为极，而天下莫之能损益也"。[②] 而存在者存在则是最平凡不过的事情，它的内容不过是对自身的重复。另外，在平凡与庄严的对立后面，还有一个更本质的对立：存在属"天之道"，依天行之常理运行；周礼属"人之道"，先王所制以为"人道之极"，[③]周礼把存在者的历事最彻底地归化为人的事情。但问题的关键就在这里。古人相信"礼理起于太一"，人之道只能本于天之道。关于礼的庄严性的根据，先秦的观念大略如此："夫礼，天之经也，地之义也，民之行也。天地之经，而民实则之。"[④]也

---

① 《左传·昭公二十五年》。
② 《荀子·礼论》。
③ 《荀子·礼论》。
④ 《左传·昭公二十五年》。

就是说,人类则天地之经义而行事,这正是人的存在的本质内容;而天人关系在礼的创制和遵行中昭示自身,这正是礼所归属的存在论问题。所以我们决不可以按照我们自己的思想习惯来提出礼的存在论问题,而必须极为谨慎地追寻古人关于存在问题的思路。

但是,构成分析为什么偏偏选中周礼作为古典存在问题的范本,这仍然是个问题。因为我们曾说,构成分析不描述存在事态,只确认存在事态对存在者的归属,因而成为存在领悟与存在为一的一种特殊情况;而这种情况之所以可能,其前提是:这里的存在者存在乃是我们自己的历事。因此就有了一个基本的限制,即我们不可能亲历古代存在者的存在。对于古代的存在问题,构成分析将如何做到与存在之道为一?一般来说,古代的存在对我们显示为遗迹和历史,以古代文物、古代遗址或古代文本向我们给与的古代存在浩如烟海,但无一不是历史事实的现象描述,只具有历史学价值。因为只有古代存在者才能自己去构成古代存在事态的实际性内容,遗迹和历史不过是些替代标记,在存在论上,没有一种替代物能真实展示古代存在的条理。在这种情况下选择周礼作为古代存在问题的范本,其存在论上的根据何在?

海德格尔认为,当面对古代存在论文本时,要依据古人的思路而不是我们自己的思想习惯来提出存在问题。这是对的,但对周礼却不适用。因为周礼并非一种希腊式的古代存在论"文本",而是古代存在事态的直接"范本"。在周礼中并不包含古代人对自己存在的领悟以及严格的存在与存在者概念,包含的乃是古代人存在历事的直接内容,并以一种特殊的条理将自己永葆为一个活生生的存在问题,可以达于任何形式的存在领悟,直至最后达于第三人称存在论。尽管周礼的内容是借助于文本的形式留传下来的,但在存在论上却不可否认,全部古代儒家经典的一个本质特征是,它们全都直接起始于事情本身:它们全都以生活的事情本身为目的,文本本身真实的制作史反而湮没无闻。《庄子·天下篇》说:"《诗》以道志,《书》以道事,《礼》以道行,《乐》以道和,

《易》以道阴阳,《春秋》以道名分。"这种极简约的古典概括反而能道出这些古代文本与生活之事情本身的本质联系。所以可以说,儒家经典就其所包含均为古代存在行事的直接内容而非古代的存在论这一点来说,可以归入同一类型。然而在"六经"之中,仍然只有礼才堪为严格古典存在问题之范本,其理由可简述如下:

我们对礼的事实性内容的了解限于在《仪记》、《周礼》、《礼记》中记载的"周礼"。孔子有夏人"尊命"、殷人"尊神"、周人"尊礼"的说法,[1]认为周礼"监于二代,郁郁乎文哉"[2]。可知周礼就其完备典雅而言,也正堪为范本。构成分析选择周礼作为古典存在范型的主要理由则是,周礼关乎人的生活。"三礼"中记载的周礼典仪涉及人的整个生活区间的所有方面:举凡朝觐、聘问、祭祀、相见、宴饮、射猎、婚姻、养育、丧服等等,无不纳入礼之章法。[3] 故此《礼记·礼器》有"经礼三百,曲礼三千"的说法,不惟极言其盛,尤其极言其繁。另一方面,对于生活中的每一件事情之程式,周礼均作尽可能详尽的规定。举例来说,《礼记》中的"月令"就一年之中的十二个月,对每个月内天子所宜与所不宜的行事逐一作出记载,产生了一篇颇长的文本。[4] 仅以其中第一个月所包含

---

① 《礼记·表记》。

② 《论语·八佾》。

③ 邹昌林先生所著《中国古礼研究》,文津出版社 1992 年,其统计"三礼"提到的周礼典仪近 90 项,这里仅列其前三类,已足见其繁与盛:

1. 人生礼仪:祈子礼、胎教之礼、出生礼、命名礼、保傅礼、冠礼、笄礼、公冠礼、婚礼、仲春会男女礼、养老礼、丧礼、奔丧礼、祭礼、教世子礼、妇礼。

2. 生产礼仪:籍礼、射礼、蚕桑礼、养兽礼、渔礼、田猎之礼、献嘉种礼、御礼、货礼、饮食之礼。

3. 交接之礼:士相见礼、乡饮酒礼、燕礼、乡射礼、大射礼、聘礼、公食大夫礼、觐礼、投壶之礼、大盟礼、宗、遇、殷、见之礼、脤膰、贺庆之礼。

④ 许倬云先生认为,关于春秋以前的时序观念及生活资料的记载,《夏小正》更具原始性和权威性。以《夏小正》和《礼记》中的"月令"对比,前者文句简短古拙,代表了朴素简单的原型。而《礼记·月令》之中,颇多插入战国时代的资料,因此《月令》中的岁时行事,不能作为西周生活的依据。参看他的《西周史》(增订本),三联书店 1994年,第 278—279 页。

的周礼之古老程式为例,有如下记载:

> 孟春之月……天子居青阳左个,乘鸾路,驾苍龙,载青旗,衣青衣,服苍玉,食麦与羊,其器疏以达。是月也以立春。先立春三日,大史谒之天子曰:"某日立春,盛德在木。"天子乃斋。立春之日,天子亲帅三公九卿诸侯大夫以迎春于东郊;还反,赏公卿诸侯大夫于朝。命相布德和令,行庆施惠,下及兆民。庆赐遂行,勿有不当。乃命大史守典奉法,司天日月星辰之行,宿离不贷,毋失经纪,以初为常。是月也,天子乃以元日祈谷于上帝。乃择元辰,天子亲载耒耜,措之于参保介之御间,帅三公九卿诸侯大夫,躬耕帝籍。天子三推,三公五推,卿、诸侯九推。反,执爵于大寝。三公九卿诸侯大夫皆御,命曰劳酒。是月也,天气下降,地气上腾,天地和同,草木萌动。王命布农事,命田舍东郊,皆修封疆,审端经术,善相丘陵、阪险、原隰,土地所宜,五谷所植,以教导民,必躬亲之。田事既饬,先定准直,农乃不惑。是月也,命乐正入学习舞,乃修祭典,命祀山林川泽,牺牲毋用牝。禁止伐木,毋覆巢,毋杀孩虫、胎、夭、飞鸟,毋麛,毋卵,毋聚大众,毋置城郭,掩骼埋胔。

　　这段记载的事实性内容在存在论上的重要性在于,它昭示了天子之为天子,在孟春之月,他不仅需要在主持祭典、农事、政教、禁令等所有事情的程序方面,而且在自己使用居室、车乘、服饰、饮食、器物等尤为具体的生活细节方面,必须"做(某些)完全相同的事情";在以后的月份,则依此类推,对事情另有各个不同的规定。这意味着,一个存在者在其特定的某一行事中必须固持地重复亲历完全相同的事务内容。对于这种将一切事情纳入礼之章法的古老生活,我愿称之为"礼式生活"。
　　在一个礼治社会中,礼的力量无所不及,但"三礼"中记载的西周礼治社会却只是一个暂时的历史现象领域。"三礼"及其他儒家经典反复追述了周礼的政治学、伦理学及民俗学功能,并赋予它最高的庄严。在以后的漫长年代里,关于周礼的起源、结构和功能的事实性特征又成为历史学和文本学的描述对象,前者针对西周礼治社会的史实图景,后者则针对"三礼"文本。两者共同打造了庞大悠久的国学学科:礼学,以至我们的哲学研究工作也不能不尊重礼学研究的成就。但是,对古代礼式生活的存在论研究却从一开始就和一切对古代礼治社会的学术研究界限分明,因为无论是周礼的政治学、伦理学和民俗学功能,还是"三礼"文本的历史学、文本学研究,都属于存在的现象描述领域,与真正的存在问题无关。拘泥于周礼的史实内容反而几乎把存在分析工作引入歧途。存在问题关心的是:作为古典范本的礼式生活在存在论上包含了古代存在的一种基本型式,即"把生活的一切事务内容加以程式化"。这几乎接近于古代生活的最深层结构即古代的日常性,它借助"三礼"才得以保留至今。于是,礼式生活确证的是人在生活中历事存在的一种本质可能性,即对生活之设计。

或者说,礼式生活本身就是一种"生活设计"。因为历事作为有所领悟地使自己到场,需要设计也可以设计;又因为历事只能在生活中实行,所以生活本身需要设计。"使自己到场"的存在论前提是:人作为有所领悟的历事者,他的生活的每一事务内容在可能性上都是可设计的。也就是说,在领悟中可以确定一个存在者存在的"所是者"与"非所是者"。而领悟作为一种存在需要或存在动力,按其本质就是对存在之可能性的设计。生活之可能性可称之为"生活条理",对生活条理的设计产生"生活型式"。因此礼式生活属于生活设计的古典型式。换一种说法:我们曾说,"使他者到场"的使然性作为存在的世界性综合事态需要设计;同样道理,"使自己到场"作为存在的本身性事态亦具有综合性,因为这个历事事态中包含有确定所是者与非所是者的任务,因此也需要设计。

周礼直接关乎生活。问题是:就古代存在而言,历事如何在生活的事务内容杂多中重复自身?根据可再性原理,即使古代存在者也只能在他的生活中开拓出他存在历事的区间,为此,生活的条理需要设计,才能使存在历事的固持结构彰显出来。因为,在不提出存在问题的寻常情况中,生活条理并不被设计,生活的事务内容则显现为杂乱无章的现象杂多,无型式可言,在生活区间中历事的固持结构亦隐而不显。反之,任何有所领悟的存在历事按其本性都要求着某种基于生活设计的生活型式。周礼作为一种生活条理的全面设计,产生了古典的生活型式即礼式生活,这标志着古代的存在者历事特别充分地满足了上述要求,尽管古人未必能对这一要求从存在论上加以领悟。礼式生活作为被设计的生活型式把生活的全部事务内容纳入两种基本可能性:"遵礼存在"与"非礼存在"。

对存在论的生活设计原理可简述如下。存在行为具有如下一般结构:存在者自己去是其所是者。"自己去是"是从所是者的可能性方面来构显的。在实际生活中,可能性意味着不确定性,从而意味着生活之事务内容的杂乱无章,因此需要设计。一个存在行为即对一个"自己去是其所是者"关系的确定。特别重要之点是:一个自行去是的存在者对它的每一个所是者之可能性内容的归属关系都是彼此完全等同的,这就是历事内容的自身重复。在生活的事务杂多中,这些彼此等同的归属关系被不断重复,由此反复证明着生活本身属于存在者的存在。所以,"在生活中存在"包含着"所是者"之林林总总的诸可能性,而"非所是者"则意味着对存在之可能性的排斥,意味着它在"所是者"对"自行去是"的归属关系方面不能成立。实际的生活内容既包含某些可能性,也包含某些不可能性,这一切都是不确定的。所谓"生活设计"则从两个方面,即"所是者"的确定和"非所是者"的排除,来把一个存在行为所包含的一切"自己去是其所是者"之互相重复的归属关系确定下来——存在行为的历事结构基本如此。根据上述原理可知,通过把生活之事务内容的每一个细节都固定下来,来使"在生活中存在"的一切可能性和不可能性都得到确定,从而昭示出存在者历事的固持自身结构——这就是礼式生活作为生活设计的存在论功能。

现在我们可以依据上述原理来分析周礼的存在论内容结构。第一,通过把生活区分为遵礼的礼式生活与违礼的非礼生活,也就把古代的存在者存在区分为"本分存在"与"非分存在",其中,遵礼的本分存在因固持其合法的"自己去是其所是者"归属关系,而占有自己的存在分位,自己构成自己的存在事态。反之,由非礼生活导致的非分存在则游离了合法的存在归属关系,也就不是存在者自己去存在,而是存在的现象或替代标记。第二,通过把生活的事务内容程式化为周礼设计的生活型式,来保证上面作出的划分。遵礼的本分存在通过在生活中严格恪守周礼的章法细节得到保证,而违反周礼章法的任何细节都将成为僭越者而进入非礼生活,并在存在论上成为非分的存在。

有一个古代事实可以证明上述存在论分析是正确的,即古代人对自己及别人在生活中的"所是者"身份规定有着极为严格和强烈的自觉意识,这就是古代人的"名份"观念。在一种礼式生活中,"君臣尊卑长幼男女之序"是一件至关重要的事情,它由生活中的"宫室车舆衣服器物饮食婚丧祭典之分"来保证和显示,所谓"居处有礼万事得其序"成为古代生活的一个本质目标。[①] 此事从历史学的观点看,古代作为等级社会和匮乏时代,古人对自己"所是者"的名分必然保有十分严格明确的概念。从存在论的观点看,那种遵礼与非礼的事实性划分,正是基于存在历事之所是者与非所是者的划界。反过来,古代存在的这种分界不仅借助于周礼之章法得到固持,而且作为一个观念-语言事实流传至今,向第三人称存在论展示其问题之道理。所以我们从不把"三礼"中记载的周礼仅仅看成一种古代文本,而是看成古代存在者存在之历事实相的直接范本。

在一种礼式生活中无可置疑地包含了古代存在历事的可再性结构。因为,把生活之事务内容的程式固定下来,也就意味着这一程式将作为存在历事的本身性内容被不断重复。按固定的生活程式做完全相同的事情,将使一个存在保持其为确定的所是者。另一方面,众多存在

---

① 《礼记·经解》。

者按相同程式做相同事情，则使人的存在在其类分位上合于"自己去是其所是者"这个一般结构。

现在我们可以回答为什么选周礼作为历事可再性的古典范本。如前所述，全部儒家经典都在不断追述礼的重要性，因为礼确实成了古代生活的本质。在"六经"之中，《礼》《乐》并称，有所谓"乐统同，礼辨异"和"乐由中出，礼自外作"的说法，[①]"三礼"对礼之典仪中乐的使用有明确规定，如若僭越便为"非礼"，可知乐已属于礼式生活的一个本质部分。《诗》作为古代文本按其事情本身原则提供了众多的遵礼范例。《尚书》和《春秋》属于礼治社会的政治学、历史学文本，包含着周礼的许多材料；尤其是《尚书》中的许多篇章直接记载了早期周礼的制度和范例。《周易》比较特殊，实际上它的思想已上升为某种古代的存在论观念[②]。尽管有上述情况，与周礼相比，其他"六经"文本在其历史、音乐和诗的文本形式上，毕竟已经"高出"古代的生活：第一，它们不是直接关乎生活的；第二，仅仅作为史实、范例和标记形式，它们属于周礼的派生物，在各自所及的领域中回忆和赞美古代的礼式生活，却不能系统完备地记述其内容。只有"三礼"记载的周礼本身，作为直接关乎生活且看护生活的一套古代礼式生活的完备法典，为古典存在的历事结构提供了一个可靠范本。

二、历事的原始性问题

原理上，历事的存在论问题产生于我们这些存在者对自己存在的领悟。照此理，古代历事的问题已经与古代存在者的直接历事相脱离，亦与我们当下的直接历事相脱离。那么，古代历事直到第三人称存在

---

① 《礼记·乐记》。

② 赵汀阳在《第一哲学的支点》一书中就这个问题做了特别重要的补充研究，参见该书第一部分第 8 章："一种对存在不惑的形而上学"，三联书店 2013 年。

论才被提起，它作为问题是否已被耽搁了？或者根本没有耽搁，而是注定有下述情况：古代历事只有在我们提出一般存在问题时，才能同时被追问为"原始历事"或"历事的原始性问题"？为什么我们刚一提出历事问题就马上开始追问它的原始性呢？

一般历事在直观上表示："去存在"便意味着我自己经历了某种事情。但此处问题不落在事情的具体内容上而落在事情对历事者的归属关系上。我们曾说明，一个存在事态在它的"所曾经是"与"再次去是"之间展拓出区间，历事内容的自身重复只有在这个区间之内才有可能；因为对任一个体的存在来说，仅当他的"所曾经是"与他的"再次去是"在内容上是重复的，他才有他的历事可言。那么，对我们这种存在者来说，古代历事作为"我们所曾经是"必与我们当下直接历事的"我们再次去是"保有某种统一性，即人这种存在者在其"类分位"上的存在历事，无论其古典范本还是其现代范本，必然基于统一的生活之可再性原理。这种存在者因此才有它的历史。这也保证了构成分析对原始历事的追问始终属于这种存在者对自己存在本身的总体性领悟，对古代历事的追问何曾被耽搁过？进一步的分析已经表明，古代历事与我们的直接历事作为不同的生活型式，它们在"所是者"方面的事务内容已完全不同。正因如此，古代历事作为"我们所曾经是"，在与"我们再次去是"的统一性联系上来追问之，其问题就是"原始性"。如果不在这种统一性联系上提出古代历事问题，它就完全处于我们自己存在的一切可能性之外，那么除了对古代历事作历史学描述，没有其他办法能接近它。

在此需要区分"思想的原始性"和"历事的原始性"。原始性一直是思想的一个追求，这是出于"诠释"存在的需要。这种诠释不可能直接面对存在，只能面对存在领悟所产生的观念。由于古代的存在观念必然代表着对古代历事的直接领悟，而这样的直接领悟已不可能被重复实行，只能依仗古代文本流传为观念，所以思想上的原始性便意味着权威性。思想借助于古代文本不断回到古代观念的起点上去，从而把自己的工作实现为诠释学。诠释学在思想本身不具有总体性的情况下就是学术的研究工作,它传播或因袭古代的观念,但不能重新创造它。诠释学在思想本身已具有一个总体性的情况下就是新的存在观念的创造工作。海德格尔在希腊思想中对原始性的追求是一个最突出的范例。另一方面,原始性却不是历事本身的一个追求,而是历事面临的一个问题,这问题左右着对历事的研究。因为历事本身不追求任何东西,只是重复自身,所以历事作为存在论的问题也就不同于诠释学的问题,它不去追求古代存在观念固有的原始性,而是直接面临存在的一种情况。在这里,存在之原始性决不等于存在领悟之原始性,存在之原始性恰在存在之一般当下领悟中才成为问题,而在原始的古代观念中恰恰找不到直接的原始性问题。因为原始性作为问题只能在一般历事对古代历事所特有的一种统一性关系上才成立。“三礼”关于西周礼式生活的文本记载并非保存了一种古代的存在观念,而是保存了古代存在的特定型式。这一成就为解决历事的原始性问题提供了条件。

　　总括来说,礼式生活就以下三个方面来说属于原始历事:(1) 它在时间上更加久远;(2) 它在起源上更靠近人类存在的源头;(3) 它的内容包含有古代存在者对原始存在的直接领悟。整个礼式生活区别于今日普通生活的这些本质特征,我们称之为“典雅”。但是时间中的原始性按事情的通常本性却总与“质朴”联系在一起。而且,质与文、质朴与典雅的对立正是“三礼”中屡见的一个论题。按“三礼”记载,早在西周之前,夏与殷各有自己成熟的礼制系统。三代之间,“殷因于夏礼,所损益可知也。周因于殷礼,所损益可知也”①。三代礼之损益的总趋势是由简而繁,由质而文。所以孔子说:“虞夏之质、殷周之文,至矣。虞夏之文不胜其质,殷周之质不胜其文。”②但孔子认为:“质胜文则野,文胜质则史。”③可见三代都有自己正常的礼式生活。如果文与质的对立包含着存在论问题,古代历事作为原始性就必然具有质朴性而非典雅性。

①　《论语·为政》。
②　《礼记·表记》。
③　《论语·雍也》。

殷比周更原始,夏比殷更原始。这一矛盾如何解释?

在周礼的研究中,存在论问题一再和历史学问题扯在一起,需要小心地将二者分开。文与质、典雅与质朴的对立涉及三代礼制之损益的现象事实,因此只能成为一个历史学问题,"在历史中存在"的存在者历事问题与之无关。在历史学论域中不可能有生活中作为历事之区间的那种"曾经"与"再"之间在内容上的绝对重复,只有思想所要求的向着古代观念的回复,因此而有文与质的二分。文与质、典雅与质朴均为礼治社会的历史学事实。典雅仅当它充作"再"向"曾经"的思想性回复才显示为典雅,"曾经"本身则始终直接对"再"显示为质朴。这种质朴与典雅的思想性对跱不能够从存在论上说明作为存在历事之原始性的典雅。我们谈到的古代历事之原始性则是一个"存在者在历史中存在"的问题,其内涵为:在存在论上,相对于一般历事的普通生活型式,古代的礼式生活型式既是原始的也是典雅的。因此礼式生活并不谋求作为历史学事实特征的质朴性,同样也不能说现代的生活型式就是典雅的。历事的内容包含着曾经与再之间的绝对重复。原始性把曾经扩展到古代历事。古代历事之为原始性就在于它作为"曾经存在"制约着一般历事问题,尽管它自己的内容已不可能重复实行。它是如何制约的呢?它用"我们所曾经是"表示一般历事问题的原始性方面,同时把原始性向"我们再次去是"的一般历事问题的推衍确定为"典雅"。结果,在纯粹的存在论问题中,原始性与典雅是一致的,原始性是典雅的一部分特征。

任何时候都不应忘记,原始历事包含着古代存在者自己去存在的第三人称本意,这种古代历事与一般历事在类分位上分享统一的可再性原理。因此原始历事的存在论问题必须基于一般历事的统一问题才能正确提出,它不可能是由思想在礼治社会的古代记载中去发现的某种古代历事所特有的问题。所以,存在论上的原始性主要不等于时间距离的久远和事务内容上的古拙质朴;对古典历事的分析工作,其目标也就不是对古代历史与古代文本作钩隐抉微,为礼学增添新的学术成就。最根本的理由在于:原始性就在我们自己历事的问题范畴之内。

在人类原始历事的初期,中国思想对历事的领悟决未发生过任何第一人称的存在意义观念(古代西方思路也是如此),因此也就没有如此沉重的存在问题压在心头。恰恰在这种情况下,古代历事之为原始性禀赋了存在者存在之历事实相的一些本初要义,可以为今日紧压心头的存在问题,即存在究竟是否存在者自己之历事,提供出坚实有力的古典范例支持。由于一般历事已在我们自己的日常生活中表现它作为存在论问题的方方面面,其中最本质的诸方面恰在原始历事中令人惊异地展示其他的可能性,从而向构成分析提供出历事问题的古典型式,具体说来包括:(1) 相对于日常性的存在者自己直接去存在,原始礼式生活却是"拟自己存在",即事先将自己的存在拟定于固定程式的生活设计;(2) 日常性是一个人自己存在,原始性是"众人拟自己存在",由此产生"历史性";(3) 相对于日常性的一个人自己去存在,原始性则是"众人拟使自己存在",由此产生历事的使然性。但是此种使然性已属人类纯然特有的"自-然"历事,与一般意义关涉的使然性完全不同。

在本书的分析工作中,古代历事需要在一种礼式生活中面临其原始性问题。人们会问,这是必然的吗? 我们曾指出一切必然性最终都归于一般存在之道。古代人是否过一种礼式生活,这并无必然性。古代人如何过这种礼式生活? 这也不是存在问题的正确提法,而只是显示出历史学问题之典型的事实性特征。存在论问题的正确提法是:古代存在者在礼式生活中如何亲历其存在事态? 这意味着,礼式生活包含有人类历事之可再性的原始型式,这是必然的。

三、原始历事的特质:拟自己存在

古代历事在礼式生活中展示其原始性。礼式生活把古代历事的全部内容归化为遵礼存在。因此古代历事作为原始历事的第一个特质是:礼式生活"事先"已将生活的事务内容拟定于固定的程式,即存在者为自己的存在事态立规矩,并按规矩去经历这一事态。我称之为"拟自己存在"。

礼之规矩的观念来自荀子的《礼论》:"规矩者,方圆之至;礼者,人道之极也。""规矩诚设矣,则不可欺以方圆;君子审于礼,则不可欺以诈伪。"荀子显然是通过比喻来引规矩以证礼之道德功能,我们则要在存在论上确立礼之为存在规矩这一原理。礼的社会形式非常像"行为之规范",在中国古代,礼确实兼备道德与法的双重效力。礼也像"生活之规则",这种规则在比道德与法更大的适用范围内引导着全部具体的世故目标,决定生活中哪些事情可行,哪些事情不可行。但是,一种礼式生活以其将全部生活内容的细节程式化的广泛与详尽来说,它不仅超出道德与法的行为规范,也超出了一般世故的生活规则。前面举出的《月令》关于天子行事规定的例子,或者"三礼"中随便其他的实例,都可以证明这一点。所以,一种礼式生活几乎无所不至的程式化,说明这种程式化已经进入到古代存在事态的平凡结构的最深处,成为"存在之规矩"。对礼的全部细节的需要远远超出一切道德上、政治上和生活实用上的目标,只能出于存在者对自己存在的需要。礼所规定者乃"存在的方式"。礼式生活中的遵礼存在,就它所包含的"存在者为自己的存在立规矩并按规矩去存在"这一情况来说,可称之为"诚的存在"(或"存在之诚")。这正是原始历事的一种特质。

由周礼作为存在之规矩这一原理,可以很自然地引出"立规矩者"的观念和"规矩本身与合规矩之事的二元性"观念。但由于我们是以一般历事的问题与原理为背景,来提出原始历事的问题和原理,所以这两个派生观念容易把对原始性问题的追问引上歧途:

(1)"规矩本身"这一观念使礼作为存在之规矩被"观念化"。因为遵礼意味着存在事态的固定程式先于事态已被拟定下来,即对存在之可能性作绝对设计,所以在礼之规矩中所包含的存在领悟就不同于一般"有所领悟地直接去历事",而是成了"遵礼存在的观念",古代的存在事项则相应地划分为"遵礼或非礼的事项"。于是产生作为观念的"规矩本身"与作为事实的"合规矩之事"之二元性,使礼之规矩本身成为存在的观念,而与存在者的存在历事相分离。而且人们一般就是这样看待"三礼"的。

(2)"立规矩者"这个观念则把遵礼存在"对象化"。无论如何,规矩由人而立,礼作为存在规矩之生成,必起于某个立法者。"先王制礼"这个流行的古代观念已经潜藏了一个危险,即把"为存在立规矩"这一原始性不是理解为"存在者为自己的存在立规矩",而是理解为"某个立法者为古代存在立下规矩"。于是原始历事的这一特质蜕变为"由立规矩者将礼式生活中的古代历事直接纳入存在之规矩"这一对象性事实。

实际上,古代历事之为原始历事,就在于它展示了一般人类历事的其他可能型式。古代的礼式生活不同于今天我们的日常生活,但人只能在生活中历事则古今一理。因此在存在论上,礼式生活并不代表一种古代生活方式,而只代表一种原始性存在方式,即:存在者为自己的存在立规矩并按规矩去存在。在这一原始历事的存在论说法中包含有"立规矩"、"规矩本身"和"按规矩行事"三个观念。规矩不是规范亦不是规则,所以按规矩行事不意味着古代历事具有一种合规范或合规则的形式,而是意指古代人特有的与规矩为一的直接历事内容。由此可以推知:其一,规矩本身并不是古代人按其行事的法规形式,因而既不是存在的观念,也不是独立的观念性存在,而是一种与古代历事为一的存在方式。其证据之一是,在礼式生活中存在的那些古代历事者对于礼之规矩诸事项并无明确系统的文本记载,却能够本然地按规矩存在;"三礼"的礼之观念文本则是战国-秦汉之际的后人对礼式生活的追忆记载,因而并不代表遵礼者对礼之规矩的直接领悟。[①]　其二,立规矩属

---

①　以下两段史料,可证明"礼是生活存在之规矩,而非文本"这一论断的正确性。其一为毛奇龄《西河集·与李恕谷论周礼书》:"仆记先仲兄尝言:先王典礼,俱无成书。韩宣子见《易象》、《春秋》,便目为《周礼》。国家班礼法,祇于象魏悬条件,使闾里读之。……是以夏礼、殷礼,夫子谓文献不足。不特杞、宋原无文,即旧来传书,亦只得《夏时》、《坤乾》。一如韩宣子之以《易象》、《春秋》当礼书也。"其二为袁枚《答李穆堂问三礼书》:"子所雅言,《诗》、《书》外惟礼,加一'执'字,盖《诗》、《书》有简策之可考,而礼则重在躬行,非有章条禁约也。"钱穆先生据此断言:"孔子以前,本无礼书可知矣。"参看钱穆:《国学概论》,商务印书馆1997年,第17—18页。

于存在历事的直接内容,因此立规矩者即存在者自己。所谓"先王制礼"只是后人追记礼式生活时的一个象征性说法,在真实的古代历事中并没有"一个立规矩者"与"众多按规矩行事者"这样的二元性。

这从历史学方面也可得到佐证。其一,礼之规矩的创制来历不明。所谓"先王制礼",比如"周公摄政六年,制礼作乐",①仅仅是象征性说法。对此荀子早有怀疑:"夫礼,事生,饰欢也;送死,饰哀也;祭祀,饰敬也;师旅,饰威也。是百王之所同,古今之所一也,未有知其所由来者也。"②关于礼之起源,《礼运》也说:"夫礼必本于大一。分而为天地,转而为阴阳,变而为四时,列而为鬼神。其降曰命,其官于天也。夫礼必本于天,动而之地,列而之事,变而为时,协于分艺。其居人也曰义,其行之以货、力、辞让、饮食、冠、婚、丧、祭、射、御、朝、聘。……故礼也者,义之实也,切诸义而协,则礼虽先王未之有,可以义起也。"这在存在论上等于说,礼作为存在之规矩,非某个人之创制,只能起源于古代历事者对自己存在之需要本身。所以,"夫礼之初始诸饮食"③。这一事实性说法也许更接近原始历事的本意。其二,礼之事项,其数量不详,且非任何人之力量所能损益,所谓礼之等差"不丰不杀",④"天下莫之能损益也"。⑤ 但无论来历不明还是数量不详,都不算是礼式生活的缺陷,反而证明古代存在者并无"一个立规矩者"与"众多按规矩行事者"的划分,古代存在者为自己立规矩,这就是古代历事的直接内容。

如果按规矩行事确是礼式生活中的原始历事的一个基本特质,就不能想象古代人作为诚的存在者像我们现代人这样不按固定的程式行事。基于一般历事问题而见出的礼之规矩的观念内容,以及为存在立规矩的所谓"立法行动",统统寓于古代存在者按规矩行事的遵礼的礼

---

① 《礼记·明堂位》。
② 《荀子·礼论》。
③ 《礼记·礼运》。
④ 《礼记·礼运》。
⑤ 《荀子·礼论》。

式生活之中。关于"规矩本身"的观念和关于礼之规矩生成史的"立规矩者"观念,则不过是由这种礼式生活中衍生出来的流俗观念而已。

那么,原始历事何以会有如此特质?古代存在者为什么能按规矩存在?如果从历史学上来探讨,这只能归结为一个神秘的事实。如果从存在论上来追问,则引出进一步的问题。

我们曾说,人在生活中的存在历事需要设计也能够设计。这一点对现代生活中的存在者未必是自明的,但对一个古代等级社会中的存在者来说却是一个自明之理。因此也可以称古代的存在规矩为"对生活的绝对设计"。这种情况根源于:在一个极端重视"名分"的等级社会,只有遵守生活程式的绝对设计,才能将一个历事的内容真正归属于历事者,即成为自己确实去是的所是者。这种归属作用决定于存在者自己而不能由外部强加。因为只有合乎规矩,才能在一种礼式生活中有其合乎名分的合法存在;而只有在事情之先(亦即事情之内)已经领悟到生活程式的绝对规矩,才能做到按规矩存在,从而居有自己的历事内容。

生活作为事务杂多有其规则。生活作为存在历事之区间性则有其规矩。即使现代日常生活亦有它的存在规矩,划分着每一个存在之"所是"与"非所是"的界限,不过现代存在者一般已不具备对此规矩的领悟能力。现代人更关心由生活之规矩决定的那些实际目标,却不怎么关心作为存在之规矩的生活程式本身。古代的存在者则最深切地领悟到这种规矩的存在,并把它制定为周礼章法。对固定化的生活程式的极端关注揭露了一个存在论事实,即古代的存在者在其存在领悟中极端重视自己作为存在者去存在的"理由"。此理由并不在一个存在事态所能达到的某种实际后果(目标),亦不在某种强行约束着它的外部规范(道德与法),而仅仅在于该存在事态的构成必须符合固定的程式。在我们看来仅仅属于手段的生活程式,在古人眼中却是生活的目的本身。所以,即使在古代的日常生活中,原始领悟也要借助对存在规矩的绝对设计,来把每一个存在行事的理由赋予这个存在。这表现于如下事实:

每一个古代存在者都因作为遵礼者而获得自己存在的充足理由，即是其所是者，礼作为规矩提供一切事情的存在理由："故朝觐之礼，所以明君臣之义也；聘问之礼，所以使诸侯相尊敬也；丧祭之礼，所以明臣子之恩也；乡饮酒之礼，所以明长幼之序也；婚姻之礼，所以明男女之别也。"①

必须注意，"三礼"本身严格地说并不包含西周存在者直接的存在领悟，但它所记载的礼式生活与遵礼存在则显示出古人作为存在者有所领悟地去存在的原始特质。原始历事之所以具备"按规矩行事"这一特质乃是因为：在古代的存在领悟中，只有有理由的存在才是合法的存在，而此种理由由礼之规矩授予历事本身。

由此可以进一步推论，古代人按事先拟定的规矩去存在也就是他的自己去存在。因为古代历事的特征是它对自己所包含的每一个自行去是的事态均明确要求其为理由充足的，即合乎礼之规矩的。这就是"存在之诚"。这个术语表示古代历事的那种原始特质，即存在者之"拟存在"与他的"自己去存在"在同一个事态中直接为一。换浅近的说法，古代历事之所以为原始的，是因为古人按规矩存在，或曰按观念存在。古人按固定的程式去生活。

很显然，对存在规矩的极端关注以及基于此的对历事程式的绝对设计，能够最本质地保证历事之重复自身内容的可再性结构。因此我们断定，在礼式生活这个古典范例中，"按规矩行事"是人这种存在者自己去存在的特殊方式。

历史学和文化人类学的解释定会认为，拟自己存在的"存在之诚"证明了古代存在者的质朴。但在存在论上，这种拟存在结构所禀赋的恰恰是古代历事的典雅。古典存在之为典雅存在乃基于两点：第一，人的历事当其靠近自身的原始性源头之时，总是保存着对生活程式本身的一种不可思议的重视。合乎规矩被当作生活本身的目的。第二，由

① 《礼记·经解》。

于在原始历事中确有这种对生活规矩的绝对设计,才使"三礼"这一套规矩之文本系统得以流传后世,从而保证一种礼式生活作为历事的古典型式,庄重详尽地存留于观念之中,最后得以向构成分析展示自身。切记"三礼"文本记载的礼式生活并非由我们来拟构的古代历事的观念-语言事实。相反,是古代历事本身固有的典雅使它可以在任何存在论问题中将自身展示于"三礼"所包含的观念-语言事实之中。"三礼"是原始历事之典雅向构成分析的自行展示。

四、续论:众人拟自己存在

原始历事的第二个特质,我称之为"众人拟自己存在"。众人的存在必然超出一个人的存在,但这是在哪些方面超出的? 我们规定,超出一个人存在的众人存在,在相关实相上构成人世间世界,其问题是人与人的存在者间关系;在历事实相上则构成历史,其问题是众人如何自己去存在。历史表示超出一个人的日常生活的众人在亲历存在事态上的连续性,即共属同一区间性。一个人不可能单独构成历史,尽管在历史学的时间中,任何人都可以说有他自己的"历史";但只有众人拟存在历事的区间性在存在论上才堪称历史。

礼式生活作为原始历事,显然已经超出一个人自己去存在的当下历事,此种超出体现为:第一,它是已经完成的存在事态;第二,它是众人参与构成的存在事态。前者标志历事的历史性,从形式上讲,礼式生活距今已年代久远,即使对一般历事问题来说,礼式生活中的原始历事也已经成为历史。但存在论上的历史概念仍未界定清楚。后者,即"众人自己去存在",则决定着一般历史概念与存在论的历史性概念的不同。因为很显然,在统一的程式中生活,必然造就众人的生活;按规矩存在,必然导致"众人"作为存在者自己去存在的问题。但这种"众人的存在"不会是史实,更不会是相关性的"自己去是-别人也是"的共事事态,而是导致历事的历史性。在这种情况下我们说,礼式生活本身已经包含了存在者存在之历史性的本质结构。

按一般常识,一个事态一旦完成便成为历史,因此历史是已经发生过的事件,一个人已经完成的存在事态构成他自己的"历史"。历史学的历史概念则强调已完成事件的这种"曾经性"对后世事态的"影响",此种影响是人类存在特有的"精神性质"或曰"人文价值"(历史学因此被称为"精神科学"),它赋予历史学事实以意义。因此,对于同样已经完成的存在者存在事态来说,有的可以进入历史,有的则不能。可见历史学的历史概念代表着一个意义给与程序。存在论的历史概念仅限定于"存在者的存在史",它远离历史学。在存在论上,一切由存在者自己构成且已经完成的存在事态,不论其描述内容如何,都属于存在者的存在史。但存在论拒绝"一个人自己的历史"这个常识概念,理由如下:一个人的存在只能在他的生活之内构成,其作为一个个体存在的有效性不可能超出其构成区间即他的生活。虽然个人作为历史人物必然在历史学事件中有意义地单独存在,但是在存在者的存在史中,被抽掉一切描述性内容的个人存在是无法确定自己的。所以当我们说一个人"在历史中存在",这一说法只能在历史学中成立,而不适用于存在论。

一般地,相对于当下历事的"在生活中存在",礼式生活中的原始历事是已经完成的历事,因此标志着存在者"在历史中存在"。但如果一种礼式生活没有从历史学视界被赋予"人文性"之类意义,它又何以能仅凭自身来确证这种存在者是"在历史中存在"呢?

这需要从历事的区间性原理说起。一个人的历事区间是生活,一个人只能在他的生活中存在。但是并没有一种现成的生活作为一个场所让一个存在者进入其间,是存在者自己将他的存在事态"拓展"为生活,生活包含着一个人如果自己去存在就不得不亲历的那些事务杂多,并且包含着他的历事的重复自身机理。同理,这种存在者能够将自己的存在事态拓展到超出一个人的生活范围,从而将其拓展为历史。历史成为人的存在的另一种区间,但这决不是一个人的事情。历史是人的类存在特有的事情，一个人不可能单独有历史，正如动物根本不可能有历史性存在。人的存在的一个特征是超出其个人生活范围的"宿业"，历史学把这一特征规定为作为意义的"影响"或"人文价值"。但这件事的存在论说法却应该是：人作为一种有存在史的存在者，其历史性存在必超出其个人的生活和生命界限。那种在历史区间上超越生活、开启历史的宿业，并不借助于历史学事实记载，而只基于一种人的存在史的历史性结构。这种宿业是人作为存在者自己去存在的内容，而不是"意义"，因为意义取决于历史学的视界，而存在史取决于存在者自己的存在。

作为两种历事区间，历史乃是生活之延宕的结果，这很明显。这种延宕的存在论实质为：历史是叠加的生活。因为一个"在生活中存在"的事态之完成从而成为"在历史中存在"，必须以其他存在者的正在构成的生活事态为其前提，我愿称后者为前者的"历史背景"。因此毫无疑问，礼式生活的原始历事作为已经完成的存在事态进入历史，依赖于它向后世存在者（包括我们自己）的正在不断构成的生活事态"叠加"自己。因此我们可以推论出存在者如何构成其历史性事态，即"众人拟自己去存在的历史"。存在者个体不在历史中存在，只以自己的生活参与构成众人共同的历史背景。

我们的研究发现，周代礼式生活的历史性原则表述为一个"以初为常"原则，①并在存在论上等值于"曾经存在原则"。即众人拟自己存在的礼式生活总是将自身拟定于一种已经完成的曾经性来获得其合法理由，在具体的事态构成方向上就是永远向已经完成的古代事态取齐。《礼器》云："礼也者，反本脩古，不忘其初"，此之谓也。例如"祝嘏莫敢易其常古，是谓大假"②。基于这个"以初为常原则"，礼式生活之"在历史中存在"实现为遵礼存在向非礼存在的延宕。由于为存在立下规矩，

---

① 《礼记·月令》。
② 《礼记·礼运》。

遵礼存在就其旨趣来说总是趋近于已经完成的古代事态中的原始历事，相对的非礼存在就其不以生活之程式而以生活之实际目标为准则而言，则更接近于一般历事的生活性存在。这意味着"在历史中"的遵礼存在是以"在生活中"的非礼存在作为历史背景才获得一种历史性。这种历史性确实包含在礼式生活的本质结构内，才使得人的历事能够以历史为其更大区间，在众人相继自己去存在的人类历事中获得表现。因此我们才能说，礼式生活就其已经完成而言，绝对超出生活，将人的历事拓入历史区间。在礼式生活中包容的一切历事内容，所谓"本于天，殽于地，列于鬼神，达于丧、祭、射、御、冠、婚、朝、聘"，①均属已经完成的由存在者自己构成的存在事态，因而全都属于存在者的存在史。其存在论上的明证为：对于在礼式生活中按规矩拟自己存在的众人来说，他们已经完成的全部事态必然基于作为存在之理由的历事程式，即诚的存在。

"在历史中"的历事者能构成超越其生命界限的存在。这是一个存在论说法，与一个人具有超出其自身的存在价值这种历史学说法全无关系，也与自然存在和精神存在的对立这种历史学说法全无关系。因为生命-生活界限内的一个人的历事不可能进入历史，进入历史意味着超出生活，这只能在众人拟自己存在中生效。让我们进一步澄清这一说法的含意。

一种生活事态当其已经完成，便作为历史事实直接及于存在者自身。此历史事实作为一个存在者的"曾经"只能归属他的存在，其内容仅仅表示这个存在者的"曾经存在"。但他的"再次存在"如果超出生命界限就不可能在他的生活中构成之。这时，从曾经到再的历事便只能以历史为区间。在术语上，"历史事实"不等于"历史学事实"。历史学事实在其规范的记载形式上决不涉及历史事实的存在归属关系，但在存在论上，历史事实却服从存在者存在的曾经性原理：既有"曾"，必有

---

① 《礼记·礼运》。

"再"。而这个"再"已不能在一个生活区间中实现,所以,存在者在历史区间中构成超出其生命-生活界限的存在事态。这与所谓"名垂青史"之类以"存在之名"替代的历史学描述完全不同,是作为"存在之实"的由存在者自己亲历的历史性存在事态,但他在此不能作为个体,只能作为众人去存在。显然人类只有作为众人,才能把已经完成且最终超出生活区间的"曾经"在一个更大的历史区间中与"再"联系起来。个人不可能成就这样的历史性存在,而众人作为存在者在其历事实相上却只能这样存在。

个人的历事在生活中重复他的存在行事,个人存在重复自身内容为"日常性"。众人的历事在历史中则重复不同的生活型式,众人存在之重复自身作为"存在史"的内容,就是历史性。历史作为存在区间包含有不同的生活型式,这些生活在其事务内容的现象特性上各个不同。但一种生活事态的完成必以另一种生活事态的继续构成为其历史背景,两者的联结组成存在者在其中存在的历史。曾经生活的历事之终"在历史中"得以继续重复自身这件事,必以继之而来的生活作为其"再",由此它才获得在历史中存在的内容,从而具有历史性。正因为我们自己就是众人,所以我们才有历史。由此得到存在论的"历史性"之内容说法:历史之为众人自己去存在的历事实相,就是全部生活型式相继叠加的重复机理。存在者的存在史不接受历史学的任何描述形式,在技术上是因为第一,它就其内容之实际性而言,永远不能完全描述,因为众人存在的全部内容其容量无限大;第二,它就其内容之空洞性而言,根本无法描述。在原理上则因为,存在者的存在史与描述无关,它是众人自己去存在的历事内容。

所以,西周礼式生活之为历史性存在的范例,其根据并非出于年代上的"久远",而是因为它作为人的一般历事的一种特殊型式,包含了生活叠加原理的实例,即:为存在立下规矩这种生活设计,按其本质包含了从遵礼存在的礼式生活向非礼存在的日常生活叠加的存在论问题。

至此可以对普通历史学的存在论基础作一个简单的批评性分析。

以存在的意义为基础的历史学的规范学术形式就是所谓的政治史。无论中国还是西方，政治史的历史学解释都以个人为对象，产生典型的现象描述。一个存在者的生活事态结束之后，为了使这一事态成为"历史的"，就需要把事态的可描述内容留在历史文本的记载中，成为已经完成且显现在历史学视界中"过去的事情"，即史实。历史学只关心对个体存在者如何存在进行描述，作为记事者的视界本身的存在则不被追问。从形式上讲，西周礼治社会的生活对我们呈现为古代史。这种古代史首要地由一个年代观念所支配，即时间上的久远。但"古代"这个观念在存在论上却不能只表示一个年代概念，而应是一个存在区间概念。按第三人称存在论，历史如果是存在者的存在史，那历史就只能形成于存在者的生活型式被延宕后造成的新历事区间，此历事区间不再由存在者的个人事迹及其对后世具有的精神价值组成的史实来充塞其间，而是众人拟自己存在之重复自身的历事直接为自己拓展出区间。在历史学专业领域，后起的社会史研究已经开始反叛政治史这一传统。社会史的存在论前提尚有待进一步探明，但是它的一个重要原则却正好适合存在论的"历史性"概念，即要求历史学必须实行从以个人为中心的政治事件向以群众为中心的日常生活的主题转换。这个新的历史学原则直接通向存在论的一个真理：人只有作为众人才能在历史中存在。

五、续论：众人拟使自己存在

原始历事在与一般存在问题的联系上便是古代存在者自己亲历的有初有终的存在事态，这不同于普通的历史学知识。但在原始历事中，"人作为存在者自己去存在"这一内容却必须落实为：这种存在者使自己存在。在上面完成的两个分析的基础上，可称之为"众人拟使自己存在"，来作为原始历事的第三个特质。

我们早就承认,存在之为问题,起始于存在者的存在领悟,因此人的任何事情都具有使然性。但是"使自己存在"的使然性因其只涉及存在者自己,故不同于"使他者存在"的典型使然性,只能算一种"拟使然性"。那么,"使自己存在"的拟使然性是如何表现"自己去存在"这种历事机理的?

我们曾指出,人永远有所领悟地去存在,即便在他对存在问题乃至自己当下的存在事态全无自觉的时候也是如此。存在领悟作为人的存在行为,其内容主要是对自己存在之可能性的设计,此种可能性展示为生活条理。现在我们根据一般历事原理规定,一个存在者自己去存在的历事,在具备以下两种情况时,便获得它的特殊的"拟使然性":(1) 领悟明确地把此历事居有为自己的存在可能性,是必须由他自己去做的事情;(2) 领悟能够揭示这一设计好的事情内容是对自身的重复。

有理由认为,古代存在者在其礼式生活中的遵礼存在达到了此种领悟,虽然这样的古代领悟已不可能重复实行,但仍可以在它所设计的生活条理中见证之,此种条理就完整地保留于周礼的法仪之中,所以礼式生活便为历事的拟使然性提供出一个古典范本,相应地,"使自己存在"也成为人类历事的一种原始性特征。

人们很容易把"三礼"中流播的"先王制礼"这一古老观念当作礼式生活与古代历事之使然性的现成证据。此外,周礼极为突出的政治学功能,比如说:"夫礼,先王以承天之道,以治人之情,故失之者死,得之者生","是故礼者,君之大柄也,所以别嫌明微,傧鬼神,考制度,别仁义,所以治政安君也",[①]似乎也适于充当使然性的证据。但这是一个错误解释。因为我们前已指出,所谓"先王制礼"只是一个象征性说法,在古代的原始历事中并无实据,而周礼的政治学功能则属于对礼治社会图景的现象描述,根本未触及古代历事的原始性问题。

---

① 《礼记·礼运》。

原始历事的拟使然性特质在于：古代存在者在一种礼式生活中按规矩行事的存在之诚，按其本质包含了"众人使自己存在"这一历事内容。具体来说，第一，在礼式生活中，存在之可能性被设计得已达到普遍定型的生活程式；第二，立规矩与遵守规矩这两者是一而二、二而一的，这已见前论。这表明了事情的本身性；第三，规矩的程式化要求事情的内容无论在个人的个体历事中还是在众人的集体历事中都必须同等重复着向前推进自身。

显然需要通过领悟，才能把自己去存在的历事实施为使自己存在的种种设计。但领悟不能充当人的历事的拟使然性的绝对限制。领悟本身反而需要限制，因为领悟并不能无条件地做到将"自己去存在"落实为"使自己存在"。如果领悟并非出于存在者原初的存在需要，而是出于把存在者自己的存在让渡给某种替代形式，来使之变得有意义；或者完全超出存在之一切可能界限，把某些"非所是者"强行设为条理，此时领悟本身便僭越了它作为存在行为的本分，由它主导的"使自己存在"从未使存在者真正进入他自己的历事区间。

为了把"自己去存在"的历事在"使自己存在"之中加以落实，需要对存在之领悟作如下限制：主导着人的历事的领悟之拟使然性必须是"使存在者是一个自行去是者"。按存在行为的一般结构，"自行去是"决定存在的一切"所是者"，所以"拟使然性"乃表示一种领悟之存在设计如何被存在行为本身所决定的逆定理，就是要求一切所是者作为可以设计的条理必须最终归属于那个存在者。这意味着领悟对每一存在条理的设计，都必须仅仅出于存在者原初的存在需要，而不能流于某种"思想问题"。所谓"思想问题"如果作为存在问题便转换为存在行为本身的条理设计问题，如果不作为存在问题就只能作为意义问题成立。在存在论论域没有独立的形式化的思想问题的合法性。

我们对自己存在的领悟常常把存在本身引入替代之歧途，我们自己去存在的历事因此常常得不到拟使然性的恰当表现。相比之下，古代人领悟自己存在的独特方式反而使古代存在者"自己去存在"的历事能够在"使自己存在"中得到更牢靠的保证,从而令拟使然性成了原始历事的一个突出特质。古代存在之为"诚的存在",于此也进一步得到证实。因为周礼所代表的古代领悟中的存在设计,由于出自对自己存在之绝对理由本身的关切而上升为一种绝对设计。这个绝对理由就是:存在必须合乎礼式生活的一切程式,以此保证存在的事情内容永远是绝对的自身重复。古代的存在之所以为"诚的存在"无非是说,对这种存在的领悟-设计之为绝对设计,永远出于存在者原初的存在需要。

　　附带说明,自己到场与别人到场均可在存在领悟中作出设计,但这两种设计所代表的两种使然性却分属于"个体论"与"世界论"的不同问题。让我们借用康德的术语对这一差别作简要说明:

　　1."有所领悟地使自己存在"是一个"构成性原理",它直接构成存在者自己去存在的历事事态,从而直接提供人的存在之"自-然"法度的明证。这非常明显。

　　2."在领悟中使别人到场"则是一个"调节性原理"。因为只有别人自己的本身性才能使他自己到场。使别人到场如果不是把别人的存在事态形式化并用形式替代之,便只有两种情况:在质的方面,领悟可以据有别人的事情,将其拟构为观念-语言事实,再自行居有此拟构之事,但却不可能超出这一限定去直接构成别人存在的实际性内容;在量的方面,对别人到场的设计必须服从量化原理,即通过向有别人存在的事态添加自身来实现使别人到场的设计,从而造成一个复多性综合事态,这就是存在者间的世界性。在第三人称论域内,使然性必然被限定在事态的量的方面即相关性方面,在本身性上直接使别人到场是一个逻辑上的不可能性。

　　可以相信古代存在在其当时必然包含存在之构成的一切类型的问题,包括人与人、人与事物和人与自身的关系问题。然而这一结论只能出自类比的推论。我们要获得古代存在的互及性问题,便只能将其拟构为观念-语言事实,而不可能获得实际性的范本。因此构成分析不宜把古代存在事态作为"世界论"研究的范本。但是就其"原始性"而言,古代存在的历事实相却恰与一般历事保持了一种问题结构上的内在联系,成为原始历事的良好范本。所以,礼式生活仅仅开启古代存在事态的本身性问题,而与其世界性问题无关。礼式生活属于原始历事。相应地,礼式生活中的历事者众人依据其特有的"按规矩存在"和"在历史中存在"的原始历事特质,而能够作为统一的类存在者"使自己存在",因此也和"人与别人"之互相有所及的存在者间性问题无关。在历事者"众人"中没有"别人"。①

六、可再性原理与原始历事

人的存在在他的生活-历史区间中天生包含着重复自身这一机制。在此碰到的第一个问题是:在人们的生活及其历史中,人们亲历的事务总包含有无穷无尽的杂多性质,这些事务杂多彼此之间经常是不重合的,有时甚至全无联系,因此也就没有理由断言它们必然基于统一的"自身重复"原理。存在事态内容的自身重复究竟是一个历事的后起部分对初始内容的重复,抑或是某一历事内容对另一个历事内容的完整无损的重演——这需要判定。所以需要澄清:一个存在事态在其历事之初的发生与该历事在其后来对自身的重复是什么关系? 以及,存在历事的自身重复原理与人的生活-历史的事务杂多性如何取得一致?

存在的重复原理,不是在可描述性现象方面,而是在必须亲历的实际性内容方面,决定了生活-历史中的一切事务杂多就其堪称历事内容而言都是重复自身的。这包括两个方面:一方面,在一个存在事态中,"存在者自己去是"只有在一个自身重复原理中才能得到"固持";另一

---

① 众所周知,东方专制主义影响下的古代社会生活具有浓厚的集体主义色彩。原始历事中的这个"历事者众人"概念似乎与古代东方的集体主义倾向非常一致。然而在本书中,这个原始历事者众人产生的存在问题是严格依据第三人称的总问题而得到的,与古代的集体主义没有本质联系。

方面,该存在者之"所是"无论其事务杂多内容为何,都必须归属于它的"自己去是"。前一种情况显而易见,但后一种情况需要解释。

首先,我们称不包含复合结构的事件为简单事件。每一个简单事件作为存在者的存在事态一旦发生,便直接重复其自身,它最直接地构显存在者自己的存在。因为,它除了重复着固持自身并推进自身之外,再无其他内容。只有重复自身的推进才能保证"去存在"的有效性。

其次,包含有复合结构的复杂事件包含了事务杂多的综合。事务杂多性当它们不按可描述内容的一致,而是按对存在者归属关系的一致,而将自身确定为"完全相同的事情"时,它们表示一个存在内容的自身重复。由于人的历事的综合性事态(比如一个人作为工匠存在或作为学者存在等)所包含的内容必然是一种事务杂多性,不能够在一个简单事件的界限内直接重复自身,但却依据它对存在者之归属关系的统一性而成为由这个存在者去做的"相同的事情"。此时,这一综合事态之自身重复意味着:"它能够在不同的事务杂多中不间断地反复证明自身属于那个存在者的存在"。比如,无论是接受订制,购买原料,还是按设计把订件制造出来,凡此种种事务杂多,无不归属于我作为工匠的存在者存在。所以,和对存在现象的描述将众多事件"合取"有所不同,由一个存在者自己去构成的存在事态总是将自身包含的事务杂多"析取"为"每一个被重复的内容",这样才能超出人的生活-历史中的事务杂多性,而把自己归属于统一的存在者亲历其事的可再性原理。

一个存在事态就其事实性内容而言包含人的具体行为选择,这种内容就其基于人的存在的一种可能性来说,称之为"存在行事"。存在之可再性的一个基本道理就是:如果一个存在者必须在一个行事中构显自己的存在,那么当构成分析通过某种方法把行事中的一切事实性内容抽掉时,构成该存在事态的行事便只余下对自身内容的重复这一纯粹第三人称的内容说法了。

下面让我们叙述"存在之自身重复"的一些基本原理。

1. 存在需要固持自身。一个存在事态在它作为历事之初的发生内容与其后续部分内容对那个初之内容的重复之间,保有的一种内容间关系,我称之为"固持"。每个存在事态都依托于特定的行事,而一个存在行事在其事实性或事务性上永远包含特定的目标与行动,因而具有可描述性;但它在其第三人称存在方面来说,其内容无非是固持自身,即在一个初与终之间的区间内不断重复着证明自身从属于一个存在者自己存在并构显着这个存在。"固持自身"作为一个存在需要,乃是历事的内部需要。

2. 存在需要推进自身。我要把"推进自身"称为历事的外部需要,其理由如下:我们曾指明,对事物的存在来说,固持与推进是重合在一起的,事物作为存在者在对自身存在的固持中直接推进自己的存在。人与事物的差别在于:人的存在历事的固持自身与推进自身并不一致,二者是分开的。因为人作为有所领悟的使然性,其存在落实在他的各个行事之中。而人的一个基本事实是,人能够做完全不同的事情,行事间的差异打断人的历事之重复自身的固持架构,因为生活中的事务杂多决定了存在者不能在原初的固持中直找推进自己的历事,使得在复合性的存在事态中,人的存在的绝对单一的自身重复机理成了需要说明的问题。如果历事要在生活的更大区间内推进自身,就要求一个行事的内容必须在其外部能够重复实行。

2.1　对存在推进之界定:如果某个特殊行事的事实性内容总是被另外的行事所重复,即存在者总是"做完全相同的事情",那么这个重复本身就构成了一个独立的存在之自身重复的第三人称内容,而把那些事情的描述性内容的重合排除在问题之外,同时也就把生活(及历史)中基于意义尺度的神奇性完全排除,因为行事本身已转换成一个存在事态在其历事区间内对自身内容的空洞的重复。存在之推进无非表示:存在者在其生活(及历史)中用"做相同的事情"来持续地重复自己的存在,除此之外再无其他内容。由此展示出一个存在事态构成自身的内容的空洞性:历事仅仅包含对自身内容的重复,而不管这内容在现象上是什么。

2.2 存在推进之可行性:在实际生活中,每一行事都可由存在者重复实行之,即存在者总能够做某种完全相同的事情。事情按其不可重复的程度来显示其神奇性的增长,如果生活完全由不可重复的奇迹组成,生活中的存在事态便不再能推进自身。反之,正因为生活只能由平凡事件的重复发生构成之,人在生活中的存在才得以推进自身。一个人总能做相同的事情这一情况表明,生活本身先定地包含着一种可再性结构。可再性这一术语仅仅表示:每一行事作为存在事态都是可重复实行的。

3. 行事之程式是存在者有所领悟地实行存在内容的自身重复的关键所在。存在之重复机制,无论其为固持自身还是推进自身,都能在程式中有所领悟地得到保证。这分别来说就是:对存在之固持自身来说,一个特定行事所构显的存在事态因为程式化而被领悟为"同一件事情";对存在之推进自身来说,对一个行事之内容的重复实行,依据对该行事之固定程式的领悟而成为"相同的事情",也就是说,只有依程式行事,才能使历事之推进实现为一系列完全相同的事情。

古代的原始历事,因其把固定的生活程式理解为存在者存在的合法性理由,从而提供了对存在之程式有所领悟的典型范本。当古代存在者把生活中的几乎一切重要的事情都纳入周礼的程式规矩之后,从存在论上讲,生活中可能的新奇性事态便被彻底排除了,于是生活作为存在历事的区间仅仅展示其历事内容的自身重复,即对自身内容的固持与推进。

但是对历事之可再性的另一种范本——我们自己当下的日常生活来说,尽管生活之程式通常不被领悟,生活的日常性中仍先定地包含着可再性结构,事情的固持与推进仍然按一般的"存在之自身重复"原理来保证其有效性。比如程序与习惯乃是生活的主导性支配原则,几乎在生活的一切方面,我们都按习惯与程序去做某些完全相同的事情,以此构成自己的日常性存在。日常生活中的可再性原理将是下一章的主题。眼下我们主要想从礼式生活的结构特征中揭示出古代存在者的自身重复机理,即原始历事的第三人称本质。

前面已经讨论过礼式生活作为一种原始历事的三个互相关联的存在论上的特质,即"拟自己存在","拟使自己存在"和"众人拟使自己存在"。我们也曾用"规矩"、"拟使然性"和"历史性"来提示这三个项目的各自要点。现在可以指出,原始历事的三个特质对于确立古代存在之自身重复原理,具有根本性的利害关系。

(1)"拟自己存在"即按规矩行事,它表示在一种礼式生活中,存在者以一种文本样式的生活设计来固定自己存在的可再性结构。礼之规矩在存在论上导致:存在作为历事之固持自身与推进自身的全部程式都是被设计的。这就是说,礼式生活中存在者存在的自身重复原理先于行事就已经被存在者所领悟,因此在行事之先已经被决定下来。这正是可再性的古典型式的一个本质特征。程式适用于一切事情:它一旦被固定,就把一个存在事态作为一个整体约束为"做同一件事情",从而"固持"存在的原初架构;它要求被遵守,这就把行事之重复变成"做相同的事情",从而"推进"存在历事。古代存在者的原始历事,就其拟构在生活中历事之自身重复机理的文本设计样式而言,我们称之为"典雅";就其把按程式存在作为存在本身的最高理由而言,我们称之为"存在之诚"。一种礼式生活的存在论本质就在于,它以典雅和存在之诚这两个特征来确证:古代历事由以固持和推进自身的可再性机理,不是仅仅作为一种先定性的"自-然"原理起作用,而是这种先定性原理能够直接向存在之领悟显露自身。原始历事的拟自己存在既然包含了"事先决定"的特征,那就表示决定存在之可再性的那种程式可以成为生活设计的产物,从而产生了使然性的情况之一。

(2)"拟使自己存在"对可再性原理的利害关系可以说明如下:古代生活中遵礼的本分意味着把存在之重复自身原理转换成一种使然性的"使重复"。因为在礼式生活中,存在之规矩(程式)变成存在合法性的最高理由,由此而区分出遵礼存在与非礼存在,所以,存在之诚就把按规矩而做某种相同之事变成了存在者的道德义务。存在论则不把遵礼与非礼在道德上的界限当成自己的问题,只在存在论上把按规矩做相同的事情这种遵礼要求,归化为"使自己去存在的内容不断重复自身"的存在之使然性。这种使自己的存在重复自身体制恰好排除一切行事的目标选择与行动选择之类描述性杂多内容,只把重复作为事态的唯一第三人称内容。这样,"重复自身"既是存在者存在的一个"自-然"原理,在原始历事中它又成为因被存在者领悟而产生的一种使然性要求。

(3)"众人拟使自己存在"对可再性原理的利害关系源于下述情况:礼之规矩对一切存在者均有约束力,故使所有人都做相同的事情。毫无疑问,众人的生活皆纳入礼之规矩,所有遵礼者都按相同的程式行事,这是对行事程式之原始领悟的一个必然后果。这件事确证和保证着古代存在者存在的可再性本质。而且超出了古代个体之历事不可重复实行的囿限,使它能够作为历事分析的原始性问题而成为可再性的一个完好范本。因为一般来说,古代的个体存在如果不作为历史学的描述对象,便不可能作为第三人称的个体存在进入构成分析,因为古代个体的历事已不可能由我们重复实行其内容,其自身重复原理也就不可能直接被我们这些当下历事者所领悟,只能在历史性维度上以一种众人之类存在来展示其原始历事的固持与推进。这样一种限制性的要求恰好在周代的礼式生活这个范本中被满足,以致我们不能不把在"三礼"文本中传于后世的这一范本称为构成分析的一个幸运。

对周礼作为历事的古典型式进行存在论研究的结果可以概括如下:典雅和存在之诚标示出众人拟使自己存在,从而把我们带到人类历事的一个原始性上,向我们这种存在者揭开自己一般存在的历事实相,即:去存在就是在可固持与推进此存在的有效区间内,对此存在的内容作永恒的执着的重复!

必须说明,这个存在论研究自始至终都不曾介入周礼体系内的任何一种具体礼仪。在这本书的讨论范围内,我有意省略掉对周礼的具体礼仪的可再性原理的讨论,这些具体礼仪曾主导着古代生活的各个事务领域。我只在与本书提出的存在论问题有关的限度内,涉及了周礼的事实性内容。而我认为这种省略是正当的。因为讨论具体礼仪所要求的历史学和文本学知识会使整个分析工作变得极为庞杂,而且也超出了周礼作为古典范本对构成分析所承担的将一个存在论原理展示出来的责任。如果以本书的方式谈论周礼会引起治礼学的历史学家和文本学家的怀疑与诘难,那我只能说,本书的研究工作既不想对礼学研究的学术成就有任何增加,亦不含有对这一成就的先验批判。这一研究的旨趣完全在存在论方面,其价值取决于存在问题是否被正确提出,而不取决于礼学的学术传统。"礼式生活"这一构词本来就不是一个严格的礼学术语,而是一个存在论术语。

最后说明,存在者自己去存在的构成性观念是中国古代存在论的开端性观念。但"三礼"却不是古代的存在论文本,礼式生活所包含的对古典存在之可再性的原初领悟,也不意味着就是一种古代的存在论思路。毋宁说,古代存在者对生活条理之自行重复的领悟与设计,属于他们自身直接去持守的自己历事的一部分内容。礼式生活因此才有可能成为可再性的一种古典型式。

第十章 历事的现代型式：日常性

前面已将古代人的原始历事和我们自己当下的日常历事分别选定为可再性原理的古典范本和现代范本。这种划分不能说是"先验的"或客观的，但也不是任意的和主观的。第三人称存在论在关于存在者历事的型式方面，不可能作出其他的划分，是因为除此之外并无其他可供选择的范本。原始性与现代性是统一的历事问题的两种本质性结构，除此以外可再性原理并无其他的结构可言，因为这种存在者的历事除了在他的生活与历史中，不可能开拓其他的区间。构成分析工作的艰难历程已经证明了这一点。

历事问题已经奠定了它的古典结构的内容说法，即"存在者作为众人拟使自己存在"。这一内容说法系于对现代性的存在问题的比照而得以成立。这个现代性的存在问题的内容说法就是："存在者作为个体自己去存在"。再进一步与原始历事的"有所领悟的典雅"这一特征相比，存在者当下日常历事作为一种现代性存在结构，就是"无所领悟的庸常"；但这恰恰展示出一个存在者自己去存在的真正"自-然"法相。本章的讨论以此为目标。

一、从日常生活到日常存在

历事意味着存在者自己亲历他的全部存在事态。人只能在他的生活中"历事"，因此这种存在者亲历他的存在事态也就等于"去过他的生活"。在追问"人只能在生活中历事"的理由时，首先需要了解一切存在者历事实相的一个原初的量规定，即时间性。一个存在的历事，在它的初与终之间保持的区间，在其量的方面来说，必然包含一个时间区域。对人的存在行为的诸机理来说，"世界"主要具有某种准空间的综合性，只有"生活"才按其本质就包含有一种时间性，可以适用于对这种存在者的历事区间作出规定。生活包含着事务杂多的一个内容系列和一个时间系列。在生活中，就某一事务所处的"现在"来说，它与先行过去的事务和继后而来的事务是能够在时间上相区别的，但在内容上却不可对之作出区别，因为这些内容作为历事内容是彼此重复的。但即使生活事务杂多之间的内容重复，也需要用生活本身所包含的时间性条件来保证。只有在时间上相互联结的生活事务杂多，才能建立起一个相继而起的系列，从而表现一个生活中的存在历事对自身内容的重复。而相应的"存在之可再性"这一内容说法也只有在生活所包含的时间性条件中才能成立，所谓存在者个体的本身性只有在生活的流逝中才有其本质。但有一点：生活中事务杂多基于时间的现象间联系（例如因果关系），并不适用于说明历事的时间性。

我们进一步规定，日常性是人的生活的本质，这种存在者存在的历事实相，以生活作为其区间，因而必然是一种"日常存在"。日常生活并不是一种特殊的可以选择或不选择的生活，而是人的生活的一般型式：每个人都不得不过他的日常生活，既无需谋求，也无法逃避。在根据日常生活来解释人的日常存在的过程中，我们应该首先指出日常生活的两个基本特征，我愿称之为"无谓"与"无奈"。

首先，日常生活通常意味着其事务内容的"琐屑"特性。日常生活包含事务杂多的一个时间系列。日常事务之所以琐屑，是因为它在结构上不能省略任何细节，反而被细节限定其本质。生活中的日常性（即"事务"）以细节为条件，并且其存在的事情内容"就是"这些细节，而每一个细节的内容又被更其琐屑的细节之细节所限定。这样，日常生活作为一时间系列便挤满了那些层层递进地扩充下去的事务细节，即使在"主观上"可能被忽略，它也仍然以不可抗拒的力量附着于事务的本质结构上。但是，日常生活之为"日常的"，还因为其事务内容通常是没意思的。"没意思"意味着：限制生活之日常性的那种事务细节结构，无须生活者拟构与设计就已经构成自身了。人们常说："日常生活的内容不足道。""不足道"这一说法表明，生活的事务细节通常排斥其作为某种条理进入领悟的可能性。我把日常生活在其事务细节上的琐屑与非设计特性，称为"无谓"。

其次，日常生活是我们每个人在他的生命界限内都不得不过的那种生活，因此从对生命的关系来说，这属于我们对自己生命必须承担的一种义务。日常生活并非我们为自己选择的一种生活方式，而是每一个在生活中存在者都无可选择地使自己落入生活的日常性之内。由于人只能在生活中存在，所以日常生活就成了每一个这种存在者先定的"存在之遭遇"。这就是说，我们必须在自己的日常生活中过下去，否则就得中止生活，而这就意味着中止存在，这对存在者来说是一种不可能性。这样一来，就有生活的一种无条件法相，它是这种存在者的存在本身所要求的。日常生活对这种存在者存在的无条件限制，我愿称之为"无奈"。但日常生活不管它作为无谓还是无奈，都不表示某种对生活的心理感受状态，而是从存在论上见证出来的日常生活的事实性特征。

存在论上的日常性就是"日常存在"。它的要义由日常生活的无谓和无奈特征来规定。先看第一点。既然日常生活不是一种特殊的生活，在它之外没有别的生活可言，那么，日常存在就不表示在人的一般存在之外另有一种特殊存在法相，而是表示对一切存在在历事内容上的完满性的一种要求。因为，去存在必引入一个存在事态，一个存在事态的内容在其量的方面必须是完整的，方为有效，因此事态必以它所包含的全部事务内容细节作为其限度。"在日常生活中存在"就其"无谓"特性来说，不仅意味着必须承受生活事务之琐屑和没意思的一切细节，而且其本身直接就由这些事务细节组成其实际性内容，因为细节本身正是任何"内容"范畴的真正含义。因此日常存在意味着要求一个存在事态的"绝对完满性"，也就是要求无所遗漏地包含充满事态之每一时间点的全部内容细节，从而满足存在历事在量的方面的要求。日常存在确实具有一种与非常事件（比如生活中的突发事件）相对比的"生活的常态相"，但日常存在的存在论要义却不能由这种对比来说明，而要用生活的无谓性来说明。一个存在历事在其本身的完满性上，要求包含该历事从生活中引出的全部实际性事务内容，历事的这一要求表现为存在的日常性，所以日常存在直接就是人的存在历事。

第二点，对在生活中的存在者来说，日常生活作为他不得不过的那种生活的"无奈"特性，具有被动的强加性质。这在存在论上却指引了日常存在只能由存在者自己去存在的一种"绝对构成性"，这是日常存在的另一本质要义。因为日常存在在无谓方面要求完满，即要求包容作为完整历事的一切事务细节内容，这不可能是由某个外部主体在视野之内将这些内容全部加在一起来审定其完整与否，而是根据日常存在的无奈性质，来要求在生活中的存在者自己去全部将其承担下来，才能真正达到历事的完整。存在的日常性本质在于，对于生活中的一切事务细节乃至细节之细节，无论它们多么琐屑、多么没意思，历事者都必须无所遗漏地自己亲自承受和逐一落实之。日常生活令人感受的冗长拖沓，正是日常存在之绝对构成性的一个证据，即我们每个人都必须逐一穿越自己生命之流中的一切存在内容，不能回避其中的任何一个细节，这是我们存在的一种先定的本质。以对世界的关系来说，人的一切存在事态的世界性内容都具有（日常）生活这种亲证类型——"亲证"一词表示，无论存在者遭遇何种存在者间世界情况，他都必须以自己亲自去承受、去处理来证明那是他自己的历事。因此,历事实相本身不能用具体的世界情况从外部来规定,只能用生活的日常性从内部亲证之。所以才说日常存在不是一种"情况",而是对自己存在的一种义务。正是由日常生活之无奈予以亲证的存在之"义务"性质,保证着存在是存在者自己亲历的那种实际性事态。

由此可见,构成分析必须区分"生活"概念的不同含义:生活以非存在论的事实性来说,称为日常事务杂多的总和;以其所包含的时间性条件来说,称为存在历事的区间;以其作为一个人不得不承受的无奈的日常性来说,就称为人的存在历事的亲证原理。日常生活是人这种存在者自己去存在的历事的亲证原理。

由日常生活的无谓、无奈特征所指引的日常存在的绝对完满性与绝对构成性,排除了"有意义的生活"这一概念。因为一个在全部事务细节上要求无所遗漏的生活概念不可能是有意义的。有意义的生活通常着眼于"事件"而非"事务",这就是那些道德事件或历史事件,它们赋予生活以意义。而从生活现象的描述特征来说,不可否认确有与日常生活不同的有意义的生活样式,但是当谈到这种超出日常性的生活意义时,就不得不引入各种尺度来判定其意义,这就游离了第三人称的问题。如果要使一个人所过的平凡日常生活获得某种意义,那就需要从外部依某种尺度来赋予,比如赋予生活以爱或者善良。一般来说,这就是道德生活的原理。另一种途径则是完全打破生活的日常结构,摒弃常规性的"事务"内容,而把非常性的"事件"内容引入生活。那些重大历史事件也能使人的生活变得有意义,但却不适用于说明存在的第三人称本意。因为,那些超出日常性的生活意义属于伦理学和历史学的描述领域,这种有意义的生活依赖于道德和历史的特定描述尺度,但却不能亲证存在者自己去存在之历事实相。生活的意义问题来自存在的意义问题,纯粹的日常生活只能亲证存在者自己存在的历事实相,而不涉及此种生活的意义。在生活中存在的存在者只能过他的日常生活。

关于为什么人的历事存在只能是日常存在,还需作一点补充说明。

历事在它引出的哲学问题中所寻求的,只是存在者自己去存在的"实际性"这一本意。实际性不能用任何现象描述来规定,只能在存在内容的自身重复这一最空洞的存在论说法中来显示。这就导致了"可再性"这另一本意。在构成分析的范本安排中,只有日常生活适于表现历事中所包含的这些存在论问题。我们把日常生活在存在论上的一种本质说法表述为:自己去生活。可以发现这一说法并未沾染任何具体生活行为的描述内容,不允许用诸如忙碌、休息、谋划、阻碍、承揽、推脱之类语词来定义,而仅仅表现"去存在"这样一个空洞的意思,也即存在的实际性概念:只要你去存在,你就意味着自己去生活,仅此而已。由于人的生活按其本质只能是日常生活,自己去生活所表现的存在也只能是日常所在,所以日常存在无论在其绝对完满性上还是在其绝对构成性上,都已经提供了存在内容之自身重复的可再性原理的一个完全可靠的范本。即使在直觉上也不难推测:由"自己去生活"来表现的日常存在的内容说法至多只能是一个重复自身的存在,仅此而已。如果"实际性"与"可再性"这两个存在论原理确实可以在日常生活这一范本中得到表现,那么作为日常存在的这种特殊存在者的历事,也就达到了与一般存在者相统一的自己去存在的"自-然"性。日常存在分析的这个最终目标也是整个第三人称存在论所要达到的最后结论。

在这一章,我们使用了两个术语:"生活"与"存在"。这两个术语是互相限定的,但有时也难免互相渗透。但这两者都是按第三人称的问题要求严格使用的。"存在"指的是任何一个存在者自己构成其存在事态的存在行为。人这种存在者的具体行事就其"事务"特性(即总是以自己的存在为目的)而言就称为"生活"。但每个具体行事并不直接等于存在,至多可以说是存在的"函项"。也就是说,每一个这样的行事,完全不考虑它的状态(现象)如何,仅就以下两点而言:第一,它作为存在之内容重复自身;第二,它的内容直接属于人的存在,生活中所包含的一切事情才能称为"存在者的行事",人的存在的历事内容也才能够表现为"在生活中存在"。

二、日常存在是一种无形式的纯然内容

上面所说的存在之绝对完整和绝对构成代表历事的两个要义，并要求得到历事的"亲证"。这种要义在我们把它作为理论问题推论出来之前，已经由我们在自己的实际生活中亲证其事了。在这种时候，理论化的亲证问题的解决要求与生活中的亲证过程相一致，即把上面得出的两个要义向人在生活中存在的更加具体的问题结构加以推广。至少有两个问题需要继续追问：(1) 人的日常存在的内容到底是什么？我们不能停留于用日常生活的事务杂多来解释日常存在，再用日常存在来解释生活的存在论本意，这样一种循环解释不会通向历事问题的理论化亲证。因为，如果所谓"有意义的生活"就出现在我们的日常生活中的话，我们就必须在存在论上有效地把人的日常存在与非日常存在区别开。(2) 人如何置身于他的日常存在？对此应该有严格而具体的说法。

我们曾说明过，一个存在者自己构成的存在在历事实相方面包含两个原理：个体性原理和可再性原理。[①] 历事的"个体性原理"又包含两个要点。第一，历事表示，存在者亲历其存在事态，这种亲历其事的内容有一个由初到终的区间。这意味着存在者的存在是不能被（主体）创造出来的。第二，历事表示一个存在的内容只能是纯粹本身性的存在行为，而不能当作现象来描述。历事者作为存在者就是个体。我们自己存在历事的现代型式就是日常存在。构成分析必须在人的日常存在中表现出历事实相的全部原理，包括个体原理和再性原理。就"个体性原理"来说，前面提示的日常存在的两要义正对应于该原理的两个要点：第一，历事作为存在者的亲历其事，要求对其存在的绝对构成性；第二，历事作为存在本身的内容（而非现象形式），要求这一内容必须是绝

---

① 参见本书第三章第二节。

对完整的。显然,只有人的日常存在才能满足这些要求,从而亲证他的历事原理。

　　一个人的日常生活并不意味着就是他的日常存在。因为生活只是一种事务杂多的综合,它可以被赋予某种形式,从而将本身的日常性否定掉,成为一种"有意义的生活",这就是"非日常存在"。我们规定,"非日常存在"就是被赋予了某种形式的存在。此处所谓形式就是使生活之事务内容有意义的尺度。生活的事务内容作为一个人在生活中必须亲历之事本属他的存在的纯粹内容,除了表示存在者去存在之外,不能用来描述或者象征任何超越这一存在的东西,因此无任何形式可言。但是只有严格的存在论研究才能做到把这种纯粹内容本身作为问题,一般人的思想习惯都是用生活的某种形式来解释生活的本质。生活中的存在一旦获得一种形式,它就具有了意义,日常存在由此蜕变为非日常存在。我们无法确定对于一个生活中的存在究竟能赋予它多少种形式,但有一些形式一直是最重要的,它们是有意义生活的公认尺度,如幸福、善良、虔诚、成功等。文学是一种最极端的赋予存在以形式的方法,在文学中,生活中的存在总是被彻头彻尾地形式化为悲剧或喜剧、德行或罪恶、英雄或失败者等等。其他的形式化方法还包括宗教和道德等。对于一切成为存在之形式的生活价值来说,它们在存在论上都有如下共同特点:1. 任何存在的形式都是从外部加于存在内容之上的某种尺度,所以是否合于尺度成为一个问题,即"在生活中存在"的价值问题。在价值问题中,加于存在的形式总是按其是否合尺度而二分为存在的肯定性形式与否定性形式,比如幸福与苦难、善良与罪恶、智慧与愚蠢、虔诚与亵渎、成功与失败等等。只有被赋予了肯定形式的存在才包含有值得去过的生活。2. 任何存在的形式作为外部的尺度都设定了从外部看存在的主体的视界。人的日常存在作为存在者亲历亲证的事情内容本无形式,一旦加之以形式,存在就变成了可描述的现象,需要向着一个视界给与自身。

　　"日常存在"不等于日常生活。作为存在论概念,它指示生活的事务杂多不附加任何形式的纯粹内容向度。在历事中,我们的存在事态的每一个内容都生成于存在者自己的存在行为。因此,与非日常存在被赋予形式之后生成的现象领域相比,日常存在则表示生活之事务杂多的纯粹堆积和完全无形式的纯粹内容的无限增涨。由此导致的日常存在与非日常存在的差别,在质的方面就是一个纯粹内容领域和一个形式化领域之间的差别;在量的方面则是这样:日常存在表示生活事务杂多的纯粹内容可以无限增涨,没有量的限制。而任何非日常的、有形式的、有意义的存在,对生活的事务杂多都有一个量的限制,存在之形式决定一个存在所包含的生活事务内容的量,这种内容必须在数量方面适应那个形式的要求。因此一种有意义的生活总是只包含生活的某些事务内容而不包含另一些事务内容。比如一种悲剧性的存在只能包含生活中特定的某些内容,超出此限度就超出了这一形式的有效性,在生活中也就不复有这种悲剧性的存在。然而,当生活的事务杂多内容在纯粹的堆积上无限增涨时,一切存在的意义形式都归于消失,只余下纯粹的事务内容,这时一个人的存在便进入了他的日常存在。

历事在个体性方面的一个基本要求就是排除一切现象特性的绝对存在内容。这个要求在日常存在中得到满足,因为如上所述,日常存在是一个排除一切形式从而绝对超越现象界的内容领域。历事的这种真实内容极其空洞,除了(先于一切现象规定的)"存在者自己去存在"这一原始规定之外,没有任何其他内容。这就是在现象论域之外开启出来的第三人称存在。但是历事的内容却不能停留在这个空洞的原始规定上,因为存在永远是实际性的,历事的这个原始规定必须在人的日常存在中表现出来。我们用生活事务杂多的纯粹堆积来表现历事内容在质的方面的那个原始规定,即排除了现象性的绝对内容,这就避免了沾染任何描述形式;同时,用事务杂多内容的无限增涨来保证历事内容在量的方面的绝对完满,即无所遗漏地包含历事者在其生活中牵扯到的全部事务细节内容。存在论历事分析的这个方法与人们关于日常性的直观基本一致。因为日常生活的"无谓"特征就在于,在日常生活事务杂多的单调排列与永无尽头的积累之中,生活与存在的任何意义和光辉都最终被湮没于日常性的"无谓"之中,只剩下存在本身尽显其平凡本意。

有必要说明,这种内容原理并不告诉我们当我们自己的存在与生活的实践目标无关时,这种存在会处于何种不堪庸常乏味之累的状态,而是告诉我们:日常存在根本不是人的生活的某种特定状态,所以一个人根本不能以某种特定方式进入他的日常存在,而是一个人只要作为纯粹个体自己去历事,所开拓出的内容就是他的日常存在。日常存在标志着这种存在者对其存在的亲证。如果这条内容原理企图告诉我们生活的某种无意义状态(像加缪的小说所做的那样),它就仍是一个存在的形式原理,而这样的原理只适用于现象领域。

在划分出非日常存在的形式原理与日常存在的内容原理之后,下一步需要确定,在生活中,一种无形式的纯粹存在内容是如何可能的?我们已经把这种没有形式的纯然内容揭示为生活事务杂多的纯然堆积与无限增涨。但是在生活中,可能有这种无形式的纯然内容吗?具有意义形式的非日常存在和作为纯粹内容的日常存在共同将自身表现于人的生活,但是只有在两种不同的论域中才能把这个区别揭示出来,而这两个论域则由完全不同的存在问题所决定。所以,只有在使存在之为形式的那个问题被中止之后,存在的纯然内容才作为一个存在论问题成为可能。

从日常存在的"绝对完满性"来说,在一切形式被排除之后,便剩余出存在的纯然内容。但这一说法并未回答一个人如何构成他的日常存在。因此有必要从日常存在的"绝对构成性"来重新表达上面的意思:一个人当他的存在脱离了一切意义形式之后,他并没有坠入虚无,而是进入了自己的日常存在的内容之中。那么,何种情况可以标识人的存在完全脱离了一切意义形式呢?我们曾指出,人的存在的特殊之处是把自己的存在"做成一事"。现在假定,当"做什么事"不再成为问题,就标志着一个人在生活中的存在摆脱了其意义形式。因为,"做什么"始终是一种有意义的生活与存在的主要问题，一切价值问题都牵涉到对"做什么"的选择。在存在论上，这个问题决定着存在之形式对内容的限定，其准则是"看"内容是否与形式相一致。康德把理性在理论和实践方面所关心的全部问题概括为三个问题：作为理论问题之"我能知道什么"；作为实践问题之"我应该做什么"，以及作为理论-实践问题之"我能期望什么"。这三个问题就其论域前提来讲全部是第一人称的意义问题，并把存在问题完全限制在现象界。但是在生活中，有一种本质情况就是"做什么事"不再成为问题，"做事"本身成为在生活中存在的直接内容，此时，一个人便进入了他的日常存在的本然型式。日常生活的"无谓"即琐屑就在于，在日常存在中不再有"做什么事"的选择问题，只有那些因存在本身而需要去做的事情即生活事务，"做事"成为唯一的问题。表现在生活中，就是从基础性的生命需要（饮食男女）到专业化的日常事务程序，都充塞着那些没有意义问题而纯然需要一个人去做的事情，它们构成一个人的日常存在领域。在日常存在中，存在的问题不是事情的理由和意义，而是事情本身；不是审察事情的价值，而是把事情切实做成。做事指示着存在的本身性，它处于视界之外，因为日常存在按其本质不包含"需要看"的东西。我们把不存在"做什么"问题的那些事情称为"事务"。做事作为存在的纯然内容便只包含着生活事务的纯粹堆积和无限增涨。这里所谓纯然内容是就生活中的事务杂多对存在的关系而言：事务就其构显存在者之存在而言，即为一种纯然内容；就其不涉及"做什么"来说，乃是绝对无形式的；就其只因为存在本身而需要去做而言，则表现为事务内容的绝对堆积与增涨。

　　既然，在日常存在中，一种无形式的纯然内容是可能的，那么，历事在"个体性原理"上的亲历其事原则也就能够如此表现在日常存在中，即：纯粹的内容作为"事务"必须由历事者自己去做成。而且，由于日常存在在其完满性上包容"全部的"事务内容，所以，作为纯然内容的全体事务必须由历事者自己全部承担下来，所谓历事的内容就是做完全部那些事务的总量。日常存在所包含的这种纯然内容既不能被"取消"，除非存在者根本不存在；也不能从外部用某种条件去"促成"，因为能够依条件产生的东西只能是形式而非内容，日常存在则标志着人的存在的绝对内容。纯然内容也不能转嫁于别人，这是因为，每个人都有他自己的日常存在，因此每个人就他的存在的纯然内容来说，都有他自己必须去做的全体事务之总量，别人不能替代分毫。正是这种绝对要求自己做完的内容之必然性使日常存在具有"无奈"的特性。所以，从日常存在作为历事之本然型式来说，与"别人"的关系在日常存在中不成为问题，日常存在既不表示众人齐一共在的平均状态，也不表示个体被抛弃的孤独，而只表示自己必须承担自己的存在所包含之全体事务总量，无由推诿于别人。对于一个人的存在历事来说，只有形式可以赋予也可以取消，幸福与苦难、德行与罪恶，作为意义形式对一个人的存在来说都是偶然的规定；但是日常存在这种纯然内容对它来说却是必然的和不能取消的，因为日常存在是一种时间性存在，它包含着生活中的全体事务总量，并以此限定其区间性。其中的每一事务都可能被赋予形式，因为每件事务都有可能被别人"看到"，从而对这个别人成为现象；但就该事务与历事者本身的关系而言，事务却始终属于他所做的事情内容，并且必须由他自己做成之。所以，事务一旦归属于日常存在的内容领域，也就关闭了对别人及其视界的关系维度，表现为，在生活中严格说来，没有任何一种日常性存在能够成为被别人真正关心的问题。在内容领域，人们只关心自己的事情。

这样，日常存在的内容原理就保证了历事内容的非描述性。我们曾演证一个个体就是一个无规定的"纯粹的存在者"，个体的历事是一种无形式的纯然内容。日常存在这种无形式的纯内容之所以不能提供被给与和被描述的东西，是因为一个人的日常存在根本不是给别人看的东西；一旦它给别人看，它就获得形式而出离了日常性，也就不再是纯内容。所以在一个人的日常存在中表现出来的历事内容，除了断言它表示存在者存在，不能对它作任何描述。我们也只能从存在论的原理上确定"有"这种内容。而一种没有意义、没有形式的绝对存在内容，除了表示一个存在者自己去存在，在存在论上什么也没说。这种看似空洞的观念恰恰是存在之道的本意。

三、能够在日常存在中看到存在内容的自身重复吗？

上面概述了日常存在的"个体性原理"：在日常存在中包含一种没有形式的纯然内容，那就是生活事务杂多的纯粹堆积与无限增涨。现在我们终于接近了这一章所要达到的最后目标，即在日常存在表现出来的"可再性原理"：所谓生活中事务杂多的堆积与增涨，从存在论上来说，也就是存在之纯然内容对自身的重复。

逻辑上，存在本身无所言说，只能推出"存在即存在"的重言式。第三人称存在论对"存在者自己去存在"的内容，只允许有一个进一步的言说，使它超出了重言式，即：存在的唯一内容就是对自身的重复。这是对存在本意的最后规定，但却不是一个思想性的规定，因为这个重复自身并不是对存在内容的第一人称描述，而是相当于存在本身在言说自身。说存在就是重复自身内容，这在可描述内容方面等于无所言说。

一般地，凡东西的存在都重复自身的内容。这个内容的自身重复必须在时间上得到一种量的规定，即它必须是有区间的，只能在一个完整的存在事态之内发生。我在本书中反复说，存在者自己构成它的存在事态，这包括两个方面：一方面，一个存在就它包含一种存在者间的复多性综合而言，称为一个事态，这是存在的"世界性"问题；另一方面，一个存在就它在时间中包含一种不断重复自身内容的综合而言，亦称为一个事态，这是存在的"本身性"问题，即个体的历事。所谓时间上的综合就是那个绝对内容在时间里将自身固持下去，所以历事的内容就只能是该内容在时间上对自身的持续的重复，其中每个时间点上的内容都与另一个时间点上的内容保持为同一个内容。所谓"第三人称"意味着，这是来自存在本身的存在论言说。但它和人们普通的存在直观完全一致，即所谓"去存在"就是让这个内容在它的整个时间区间内始终"是它自身"。

存在之重复自身的"再性"包含两种情况：要么是按照规则的，要么是从道理而来的。前者乃是现象领域中一种存在状态和另一种状态的相等，这种相等是按照视界的同一性标准，可从外部来作出判定的。比如两次圆月状态的相等就可以看作显示了存在的再性。但是，这并不是对存在本意的正确解释，因为在现象领域，为了定义存在，必须引入实体概念，使得实体在时间中能够让两个以上的现象状态基于它来规定存在。但是在西方思路中，基于实体的存在概念允许现象状态的一切变化，却并不要求现象的绝对重合。所以在现象领域，按同一性来判定的存在之再性并不是真正的存在之道。

另一方面，所谓依道理而来的存在之再性，作为一种存在论说法，是指存在者能够凭自身而持续居有一种构成自己存在事态的能力。在绝对内容领域，存在之再性是对存在事态之内容的唯一可能的规定，它表明一个存在者居有自己存在内容的方式只能是不断重复地去居有之，仅此而已。如果一个事态由排除了一切形式的纯粹内容来构成，它就不能将自身给与出来，也就不能被主体识别和判定，构成分析就用"重复居有自身"的再性来规定这个绝对内容，而毋须对此内容作出任何描述。

当我们试图在实际事情的内容中表现存在的再性时，会遇到种种令人迷惑的问题和困难。按照存在行为的一般结构，存在之再性表现为：存在者重复去是其所是者。而每一个存在事态都包含有多种可能性作为其所是者，因此，所谓纯然内容的自身重复只能落实在实际事情的纷繁搅扰中。我们把存在之再性在它与实际事情的关系上区分为固持与推进。其中"固持自身的再性"表示：一个存在事态需要重复的是一种单一的内容，此种内容在整个事态的区间内绝对固定不变，也就是说，这个事态在时间序列的任何一个点上都持守一个共同的事情内容。我愿称这种重复的目标为"同一件事情"。反之，如果一个存在事态中包含有各种不同的事情，此时存在之重复自身内容的目标，就是把这些不同的事情做成"相同的事情"，以此维持这个存在事态的统一的再性。对此我就称之为"推进自身的再性"。推进意味着，在一个存在事态中通过反复做相同的事情，来把这些事情各自独立固持自身的历事架构联结起来，最后得到一种有统一固持结构的再性。所以，将一个事态固持为一个总体，始终是存在之再性的最高需要，因为只有合乎这条原理，时间中的种种事务杂多才能变成一种统一的绝对内容被一个历事所包含。

此外还需指出一个区别：事物存在的再性，是在对自己历事内容的固持中直接推进这个历事；但是人的存在的再性，其内容的固持与推进是分开的。这一点导致了在日常存在领域中演证人的再性原理的复杂问题。我在这里首先说明这些问题发生的确切程序，然后在下一节着手解答这些问题。

什么叫作"一个人的存在"？这取决于对一个人的存在事态的初与终如何确定。如果按照自然的造物准则，而把生与死确定为"一个人的存在事态"的初与终，那么一个人的整个生命过程就是他的一个完整的存在事态。这个存在事态按其再性来说，就把他的一生所包括的全部内容当作他的存在作为"同一件事情"的一个内容，并把这个内容规定为对自身的绝对重复，因此从属于一个单一的固持原理。我要说，对一个人的存在来说，作这种自然的确定是不能质疑的。因为对人来说，把自己的生命所经历的全部事态内容当作"同一件事情"（即他的存在）的一个绝对总体来固持之，这乃是一个人的存在之再性的最高原理。但是，一旦作这样的确定，困难也就随之而来，不是因为这个区间太大了，而是因为它的内涵太不确定了，以至构成分析很难在一个人的生与死两者之间直接演示出人的再性原理的真实内容。如前所述，人的实际性存在的历事区间是他的生活，他的历事的纯然内容则是日常存在中所包含的没有形式的纯粹事务杂多。所以，这种存在者的存在事态的实际样式是，他永远有领悟有选择地去做各种"不同的事情"，这类事情在悬置了形式问题（做什么）之后，就变成了一种纯然事务，成为存在的绝对内容。这样,无论按照单纯的固持原理,还是按照复合的推进原理来说,都可确定,一个人在他的全部生活中可以拥有无数的可以独立表现其再性的存在事态。因此,所谓一个人的存在,就他作为自然造物来说,就称之为"生命事态",用来表示这个存在的绝对总体;就其作为生活者来说,则可以称为"生活事态",用来表示这个存在在每个特定生活区间内所包含的实际内容。这样一来,我们在处理人的再性原理时所面临的困难就是:作为一个绝对总体的人的生命事态是否可能固持自身? 如果可能,他如何在日常存在所包含的无限多的生活事态中表现出对那个总体之内容的绝对固持的重复? 换言之,构成分析能够依据何种存在论上的理由而断定,在一个人的生活事态中所包含的那些事务杂多可以作为种种"相同的事情",进而作为一种历事的绝对内容,以彼此之间的重复来表现这一内容的推进? 如果这一点是可能的,那么,又有何种理由用这一切彼此重复的"相同的事情"来表现人的生命存在作为"同一件事情"的一个绝对总体对本身内容的绝对单纯的重复?

四、日常存在的"可再性原理"

我们力图在日常存在领域得到自己这种存在者存在的再性原理。这项工作包括两个问题:(一) 存在之推进:如何把生活事务杂多做成"相同的事情"。(二)存在之固持:如何把一切相同的事情做成"同一件事情"。

第一个问题的解决:存在之推进

在日常性领域,种种事情之间确实不能有任何东西在绝对的本身性上被重新复制。每一件事情,按其可描述内容来说,都是一个已经发生的个别事件,有其特殊的具体内容,在时间中,这个内容不可能在其本身性上被重复实行。所以在日常性领域包含有无数其内容完全不同的个别事件,这就是生活事务杂多,它们构成人的存在的绝对完整内容的每一个部分,而并没有一种互相重复其内容的规律在这些部分之间起作用。因为在生活中,我必须做各种不同的事情。这样一来,一种原初的存在机理,即基于其内容的不断重复而使一个人的存在得以推进的原理,是不能在生活的现象事实中去寻找的。

但是,承认了日常生活由事务杂多的差异性构成,是否"在生活中存在"的事态也必然是差异性的呢?这将否定存在的再性。但情况也可以是这样:虽然对于生活中的每一件事情来说,必须承认它与其他事情的差别,但是在这些个别事实中构显出来的存在者存在,却不是差异性的,而是有一种统一的构成机制在起作用。因为按存在问题的本意,一个存在事态包含生活的事务杂多,不能要求用各种生活事务的个别样态来定义,而要由生活事务的某种无差别的纯然内容来构成之。我在自己的生活中做各种不同的事情:我读书、写作、用餐、会客、散步、搞家务或者休息。其中的每一件事都有一个绝对个别的内容,这个内容所确定的"事情如何去做",也就是对"做什么事"的直接回答。这属于事情在现象界的描述内容。但是在构成分析中,既然生活不被设定为在视界内被给与的现象事实,也就不能追问各个生活事实间的差别问题。我们需要追问,如果生活中所做的种种事情构成了做事者自己去存在的一个统一内容,那这只能是根据"存在的再性"这一原理,而与那些事情可描述的个别内容无关;那么,这是如何构成的呢?或者,在生活的何种维度上,我们做完全相同的事情?

虽然我们承认每一日常事务都有互不相同的个别内容,但日常性作为生活的本质却决定了事情必须按它来发生的一种特殊规律,即:"一切进入日常性领域的事情都是需要反复重新去做的事情"。日常生活本质上就包含着一种周而复始的秩序概念,只有那些需要反复地重新去做的事才堪称"日常"。这些事情的内容作为现象,在其一切细节的不可重复的个别性上和各种描述形式结合在一起;但是当我们从第一人称的描述性界面上升到第三人称的构成性界面时,却发现这些事情当它们以一种整体的联结从属于日常性领域时,在它们的本质里包含着某种特定的秩序，使我们必须承认这些事情是重复自身的。如果生活中的某件事情需要反复去做，这件事就可以称为能够重复自身的，而且这一能力也不属于事情的描述性，而是一个存在的构成性。很显然，只有在生活之平凡的日常性格局中才能产生这样的需要，它标志着并决定着人的生活的本质；一个非常性的事件（比如一个历史事件）是不可能要求重新去做的。但是另一方面，只有在生活中的一切事情相互联结的整体上才能产生出生活的日常性秩序，也就是对其中的每件事都不得不反复去做的那种要求。所以，日常生活就其包含着种种不同事情的内容差别来说，并不导致日常性；只有要求每件事都反复重新去做的全部的生活才堪称日常存在。

在日常性秩序内，一件事因反复去做而重复自身，这可以表示事情本身的存在。以这种对本身的重复作为一种存在的内容乃是一个存在论上的发现，与事情的个别内容无关。事情以此存在性构成人的存在事态的一个重复自身的部分，也就是作为一种无形式的纯然内容的一部分；而这些部分之间在描述性上的差别被悬搁，不进入存在论问题。因为，虽然这些事情的个别内容各个不同，但在一种日常性格局中，在悬搁了“做什么事”这种做事的意义问题之后，它们便成为一种纯然“做事”的内容，即统一的、无差别的一系列“日常事务”。在生活中，由于一切日常事务在必须反复重新去做这个要求上是没有差别的，所以生活本身才令人感到无谓和无奈。而且在生活中，反复做相同的事情这一要求并无明确的理由，即并非基于“做什么事”这种意义问题，而只是出于一种做事者去存在的纯然需要，而且只能在日常存在的再性结构中产生和表现这种需要。因此，如果生活中的一个存在事态的每一部分都由某种要求反复去做的生活事务来构成，那么这种要求只能是因那个存在事态需要固持自身而产生。因为人是在生活中存在的存在者，就其是一种历事的再性实相来说，人只能在日常性的限度内，通过周而复始地反复处理他的一切生活事务，来表现他的这一存在本质。基于这一情况，我们称“重新去做某种相同的事情”这样一种需要为“存在需要"。我们特别把这种存在需要和一切指向某个特定生活目标的流俗"需要"概念区别开,从而也就把根据此种存在需要而发生的日常事务的重复过程和一切按现象界的原因"必然发生"的事情区别开来,也和一切按自由意志的原因"应该发生"的事情区别开。这种存在需要意味着:一个生活中的存在事态必须有一种不沾染任何形式的纯然内容。这就迫使在生活中存在者必须反复去做某种事情来满足这一要求,并以此事情的自身重复作为一种不同于事情描述性内容的存在性内容。由于在生活的日常性体制中去存在,只有反复重新处理一切生活事务这样一种需要,所以结果就是,生活中的一切事务杂多,就其仅仅是纯然"做事"的内容,并且就其仅仅因为做事者需要存在才不得不做,没有任何其他具体实际的意思,所以这些生活事务全部变成了一种没有差别的日常事务;而且就在"没有差别"这一点上来表现自己仅仅是这样一种"重复自身"的空洞的存在性内容。

存在,从我们的一切普通行事将其作为始基加以"消耗"、但又以此将其"做成"的这个宣示来看,它作为存在行为是有它自己的内容的,问题在于如何把它直接构显出来而不借用传统的现象概念。生活的日常事务之间的无差别性所表示的,就是存在的一种纯然内容之间的关系。日常事务由于在这种内容上无差别而成了"完全相同的事情",并造成一个在时间上相继重复同一内容的内容系列。这就是一个人的日常存在的内容。在这里,"相同"表示全体事务内容之间的互相重复作用,它在现象界的存在领域是不能被发现的。主体在现象界所看到的只是个别内容的差别,所谓同一性是加在这些个别内容上的尺度,当我们失去个别内容时,"相同"的说法毫无意义。因此在现象界,我们不能说,生活的全部内容需要使自己成为无差别的和彼此重复的。只有在第三人称论域,存在者的历事才能把作为"消耗"存在的一切生活事务杂多"做成"完全相同的纯然事情内容,由此进入生活与存在相一致的存在论问题。存在者的历事实相在其中表现它的再性原理之推进作用。

让我们把这一点应用于生活中的日常事务的实例,就是那些极为普通的事务性工作,包括日常公务和日常家务两种。但一个事务只在和一切事务相互联结的整体中才具有"事务性",单独的事务不具有事务性。单独的事务是一个普通行为选择的对象,就这点来说,一个事务总有一个特殊的个别内容,它对别的事务内容的相似与相异必须从属于一切对象被给与的经验性尺度。和一切现象界的东西一样,一个事务必须也有某种存在的形式来规定它的内容。所以,就单独一个行动的个别内容总是根据着引导这一行动的某个特定目标而言,一个孤立来看的生活事务——比如上面所举我在生活中所做的任何一件事情——总是联系着一种存在的形式,在这个意义上它不是"事务",而是"任务"。例如,从正常的观点看,在日常公务的事务性工作中,即使最乏味的某个环节也必定指向一个已被特别加以确定的目标,使得例行公事中的这一环节成为一桩必须去完成或应该完成的"事业"的一个部分。就这一点来讲,一个孤立来看的事务并不以本身内容的重复为目标,而是作为实现任务与事业目标的一个手段,因此不具有事务性。

此外,事务性更突出的实例是日常家务。即使在这里,单独的一件家务事也总是联系着例如"一种幸福的生活"这样的意义形式,并且成为实现这种有意义生活的一个手段,而不是以其本身内容为目的。生活事务"以本身的内容为目的"这一点,表现为对这一内容的重复实行。当一件事情的个别内容在需要反复去做的要求中联结成为一个系列时,它就具有了事务性,而不再是一个具体的任务。因为引导它的具体目标已被悬搁,对事情内容的重复变成了做事的目的本身,"做什么事"的个别内容变成了"做事"之统一无差别的内容。日常家务有着最明显的反复做相同事情的品格,人们的日常饮食起居几乎永远重复相同的个别内容。家务的重复结构证明了日常存在的事务性本质:搞家务仅仅是为了存在(活下去)的需要,并不与任何具体的目标相联系,对一切家务事来说,"做什么事"从来不成问题,"做事"本身即为自足目的;表现为:重新把这件事做一遍,完成一次内容的重复,这就是目的。

因此,一个任务代表一个具体选择的行动,其根据只能是一个具体的目标(即形式);而对一种事务性工作来说,此根据转换成"重新做一遍这件事"这一要求。事务所占用的人的特殊行动诚然要在一种个别化的内容中才成为可能。可是,这种个别内容一旦在事务整体系列中脱离了与有意义的目标和形式的联系之后,就变成了无足轻重的东西,只有在需要确定事务性工作的最初原型时,才起作用。所以,重复本身取代每一个个别行动的事业性目标而成为"做事"的事务性目的,这表明了意义形式已被废除,只余下事务的纯然内容,即这一内容周而复始的自身重复。从时间上来讲,生活者只能在这种重复中表现自己存在的推进原理,即把存在事态的区间性拓展下去。

第二个问题的解决:存在之固持

"相同的事情"不是"同一件事情",两者虽然都包含重复自身内容的机制,但所重复的内容各个不同:

"同一件事情"有一个单一的内容,在存在论上用来表示纯粹的"存在"概念,即在一个单一区间内一次构成自身的那个存在事态。在存在论研究中,"一个人的存在"就表示这样一个统一的绝对单纯的生命存在事态,一切具体行事的可能性全部基于它,却又永远不能以这种行事的任何差别来改变它的单纯性或者中断它——我把这种存在事态理解为"同一件事情的一个绝对总体"。这样一个总体表现出来的再性是"绝对固持自身的再性"。

另一方面,"相同的事情"表示有两个以上存在事态,它们在现象内容的差异上并非"同一个"内容,但在一个人的日常性存在的纯然内容上却没有差别,所以这个人的存在就以在生活中反复做这些相同的事情来表现其"推进自身的再性"。它为表现那本源性的统一历事的再性,即固持的再性,做好了某种准备。这是怎样的一种准备?

一个人的存在历事的每一部分内容都既是生活的,又是生命的。前者根据这种存在者的"生活者"本质,后者则根据他的"造物"本质。这是人的存在之再性的两种机制。当我们说,一个人的生命事态是具有统一性的"同一件事情",这需要解释。所谓生命事态是指在一个人的生与死之间确定其初与终的那种"一个人的存在(事态)"。而生与死作为存在历事的初与终,其来自天命的造性是不能质疑的,除了生与死,一个生命事态不被任何其他事件所限定。因此可以说,存在的生命事态是以自己本身为根据的,不以任何其他事件为条件。对此可以称之为一个生命事态在量的方面之"绝对的自足性"。(这一特点在与一个生活事态的未完成性相对比时会更加清楚。)

一个生命事态在质的方面则具有"绝对的单纯性",即:存在者在整个生命事态中对自己存在的每一次重复居有,不管它距事态的终结多么遥远,其内容都是在完成这个事态。我们断言一个人一生中所包含的全部内容都属于他生命事态的同一个内容,这其实是指:对该生命存在的每一次重复居有,都属于这一存在的完成。而所谓"人的存在之绝对固持的再性"就表现为,永远重复做这同一件事,即把他的生命存在予以完成。但是,一个人的生命存在事态所包容的那种能终其一生的全部内容,与他在其日常性存在中作为纯然"做事"之无差别内容的东西,并非分开的两种内容,不过作为生命事态之本质的那种对存在的绝对固持,却超出"永远重复做相同事情"这个存在的推进问题,而进入它的固持问题,即在一生中的每一时刻都在重复着做同一件事:构成并完成这个存在。显然"完成"这个术语在存在论上不像在常识中那样用来表示一个目标,因此也就不是海德格尔所说的"向死存在"那个意思。"完成"是对存在这件事情本身的一种内容规定,表示"存在之构成":由于一个生命事态中的存在表示一个绝对的总体,所以在生命中每一点上所重复实行的对这一存在的构成都含有"正在完成它"这个意思。由此一个生命事态才具有一种绝对单纯的再性,即只能在绝对单纯的重复中固持这同一个内容。而且如果生命存在这件事需要一个人以其一生反复去做,它必定具有此种结构,使得自身作为"同一件事情"始终尚未完成,同时又始终都在被完成之中。

因此,一个生命事态的完整的自足性,表示一个存在者把自己生命的全部内容当作同一件事情的一个绝对总体来固持之。但在这里,对生命完整性的现象解释,即作为现象的"人的一生"这种流俗观念却极易引起混乱。因为,既然只有死亡到来才能实现生命存在的完整性,一个存在者自己就不可能经验到这种完整性,所以除非作为现象,一个生命事态之完整性的观念就是不可能的。很显然,关于一个生命事态的总体直观,只能是主体关于"他人的一生"的一个观念。海德格尔曾正确地批评过那种"以他人死亡的可经验性代替人的整体存在"的思路,但他得出的正面说法,由于论域前提的制约,与第三人称的说法终是别路。[①] 正因为生命事态的完整性必须以死亡为界限,所以存在者才不可能去"看"这个关于自己存在的完整性,而只能在一种单纯的固持中去完成它,而这就意味着一件只能由存在者自己去做的事情,任何他人不能代庖。所以生命事态的完整性表示存在者自己去存在的绝对总体,而不是总体的现象。这种第三人称性的一个明证就是"生命事态的未完成性",即在死亡到来之前,一个人的生命永远具有一种不断前进的需要,因为它尚未完成,而此种未完成性则又是被存在的再性所决定的。"完成"在存在论上隐含着生命事态按其本质具有一种未完成性,在这种未完成性上,一个生命事态总是本然地将自身表现为种种"生活事态"。

人的历事的一个内容作为生活事态乃基于他的生活者本质。由于生活事态总是包含彼此不同的事务杂多,这些事务杂多在彼此联结的日常性体制中,就其作为重复自身的日常事务而从属于一种无差别的纯然存在内容而言,乃是一件一件"相同的事情",其相互联结服从再性的推进原理。在这一点上,生活事态不同于把"一个人的存在"当作"同一件事情"来固持的生命事态。

按照每一生活事态都包含一些相同事情的事务性联结这一点,可以推论,一个生活事态的区间总是一个特定的区间,因此每一生活事态

---

① 参看海德格尔:《存在与时间》,陈嘉映、王庆节译,三联书店 1987 年,第四十七节及以下各节。

都必然包含一些已经完成的事情，即事情的完整性。但这只是一种相对的完整性。显然一个人的存在可能包含许多特定的生活事态。但是，一个生活事态的区间却是不确定的，因为没有一种充分的理由来决定对那些相同事情作多少次重复才能构成一个生活事态，所以，就不可能像对一个生命事态那样，对于一个生活事态的初与终有一个绝对的确定。而这进一步又是因为，每一生活事态的初与终都以其他的生活事态为条件，这样的一种事态的界限总是被包含在其他的事态内容之中，因此不构成存在与非存在的绝对界限，而是需要有另外的存在内容作为对这一特定区间的限制。所以生活事态的完整只是一种相对的完整，在绝对性上，历事在任何一个特定生活事态中对自身内容的推进，按其本质都是未完成的。"一个人的存在"作为一个生活事态表示存在的一个部分量，它不是以自己本身为根据，而是以其他的事态内容为根据，所以只能表示一个历事的无条件完整性中的一个受条件限制的部分。由此可以解释为什么一个生活事态总有一种不断将自身向前推进的需要。

　　因此，一个生命事态就其绝对无条件的完整性来说，必然含有同一件事情的一个单纯内容；一个生活事态就其以其他事态为条件、因而是不完整的来说，只能包含一系列已经完成且彼此相同的事情。但生活事态其实是以生命事态的绝对完整性为条件的，所以它所包含的那些"相同的事情"，其实就是生命事态中人的存在作为"同一件事情"的绝对完整内容的一个有限的部分。这就决定了生活事态中的历事只能适用再性的推进原理。但这个推进作为一个有限部分向另一个有限部分的推进，表现的却是那作为"同一件事情"的完整历事对自身内容的固持的重复。也就是说，生活中每个日常事务在其需要"反复重新去做"的未完成境况中，都表现着人的生命存在"正在被完成"那种绝对单纯的固持。

　　存在的历事实相是在时间序列中构显的，所以它的再性原理不能从总体量倒退为部分量，即不能把"同一件事情"分别做成一件又一件

"彼此相同的事情",而是相反,只能通过每一有限部分在其未完成上向另一有限部分的推进来趋近于人的存在的绝对完整,即把那一切作为部分彼此分开的"相同的事情"做成"同一件事情"的一个绝对总体。所以我们可以断言,固持原理是人的存在之再性的最高原理,因为人的一切生活事态在其未完成上的推进,都必然以他的生命存在事态的绝对无条件的完整为最高目的。

上面所说的一切都要在日常存在中来表现。日常性作为人的生活与存在的本意,表示重复"做事"的纯然要求。但在第三人称论域有两种重复:一种是以"重做"本身为目的的重复,另一种是以生命的"完成"为目的的重复,其实也就是以存在本身(即活着)为目的的重复。这里须明了,所谓生命事态不是独立于生活之外的东西,它就在生活中构成,并使生活变得完满。生活的一个事实是,生活者在日常事务的事务性中,只是一次次地把事情"再来一遍","再来一遍",却并未意识到这种枯燥的生活程式是有条件的、不完整的,而非自足的;但这个条件不是"存在的意义",而是"去存在"本身。当周而复始的生活程式与生命的分分秒秒的"完成"之间按存在之道的本意联系在一起时,前者就获得了一种最高的目的,并达到了一个整全性的理想,从而成为一个无条件的、绝对自足的存在事态的组成部分。存在论上发现的对生命存在事态的"完成",非常接近常识中所谓"去活着"的意思,这个要求由于极其单纯而显得空洞无谓,但它就是人的第三人称存在之历事实相的本意。

五、在日常性中确证存在的"自-然"本意

我们把"存在的法度"理解为关于存在论论域前提的原理。这种存在的法度要么是根据存在之内容的,称为"自-然"法度;要么是根据存在之形式的,称为"使-然"法度。关于存在之"自-然"法度的总原理,也

就是第三人称存在论的最高原理,称为"一般存在之道",这个原理就是:"凡存在总是存在者自己去存在"。与之相对的关于存在的"使-然"法度的最高原理为:"存在就是在一定形式上被创造并给与自身",这是第一人称存在论的最高原理。在这里,构成分析的整个工作都遵循着亚里士多德的"范畴对立"原则来进行。[1] 在第三人称论域,人的存在的"自-然"法度需要在日常存在领域得到表现和说明,而在被形式所限定的非日常存在中,这样的说明是不可能的。

我们发现:在存在行为的两种实相即世界性和本身性中,"自-然"法度所包含的那个原理,与存在者间的世界性是互相排斥的。因为,世界性在人的存在方面不可避免地包含着意义关涉的"使-然"性,无论构成分析采取何种步骤来消除这个意义关涉,世界性都不可能与"自-然"法度完全一致地来表现它所包含的那个原理。但是另一个方面,"自-然"法度的原理却与历事的本身性相符合,因为"作为存在者自己去存在"表现在存在行为的实相上,也就是"存在者自己亲历的存在事态"。所以我们可以断言,只有历事才是与"自-然"法度相一致的存在实相。事实上,这就是为什么我们把对"自-然"法度的最后说明放在"可再性分析"这一部分来进行的理由。不过这里必须指出,"自-然"法度的说明与存在之再性的演证并不雷同,前者表示一切东西的存在之内容都预先在其本身被决定,后者则指出这个存在的内容就是重复自身。

但是,这个"自-然"法度必须在与"使-然"法度的对跱中,才能有效地表现出来。这是因为根据逻辑上的"范畴对立"原则,正是由于我们这种特殊存在者的存在天生包含着使然性,才使得一般存在的"自-然"法度成了一个问题。我们已经知道,存在之使然性的根源在于:人这种存在者在自己去存在中天然禀赋着对存在的领悟与诠释。这种根源起作用的结果,在西方存在论的历史上,使存在的使然性竟发展成为整个

----

① 亚里士多德:《范畴篇 解释篇》,方书春译,三联书店 1957 年,第 10 章。

第一人称论域的最高原理，基于"天之道"而运行的存在之"自-然"法度反而成了需要探讨的问题。尽管人类的"自-然"中天生包含着使然性，但使然性作为原理却不符合存在的"天之道"。

存在之使然性原理表示：如果一个东西存在，则必有其原因。但存在的原因概念并不出现于普通的自然秩序中，而是出现于对存在的领悟当中：一个存在的原因表示它"在何种意义上存在"的"尺度"，该尺度规定了这个存在被设定的"条件"，并赋予这个存在的内容以一定的"形式"，从而使之有"意义"。由此可见使然性的本质：尺度非存在者自己居有，而由"看存在者"来设定，存在的有效性取决于意义给与程序。在西方思路中，为一个存在设定一个尺度条件，乃是思想的事情。当一个存在被一个主体所领悟，它的条件也就随之被设定，这就是存在的原因概念。比如在胡塞尔现象学中，这种条件的设定取决于"我思的态度"，存在表示一切"属于某种新态度的世界"，这些世界因"我通过采取适当的态度而具有"，当然也由于我不采取某种态度而撤消。"算术世界对我存在，只有当我采取算术的态度时。"[①]自然世界、神的世界亦准此例。

使然性原理意味着，存在的本质与存在者在世界中有初有终地亲历自己的存在事态无关。显然一个东西的存在总可以在某种尺度上被领悟从而被赋予特定的形式，因此存在是思想的事情。思想的程序被建立为存在的另一种法度，来取代存在的"自-然"法度。

创生与被给与，是使然性为存在设定的两种条件式。在西方存在论中，创生与被给与代表了两种最主要的"使事物存在"的方法论概念。创生原则基于一个自然史的直观，即任一东西的发生必然是由于某种原因"被造成"，不管那原因来自人类还是来自自然的力量。使然性原理从这个自然史的直观抽象出存在论上的创造方法概念，把创造一个

---

① 胡塞尔：《纯粹现象学通论》，李幼蒸译，商务印书馆1992年，第92页。

东西的方法当作它存在的本质。① 创生原则直接导致了意义论域中的"主体"概念。另一方面,被给与则基于认识论中至关重要的"存在的可证明性"问题,由此导致了"对象"概念。一个东西存在,当且仅当它作为一个对象向一个主体给与自身。存在者自己存在的内容,由于不能被给与出来,所以不能进入存在问题,而把它向主体显现出来的现象当作存在的本质。

人的存在中包含有对事物、对他人、对自身之三种不同的使然性。我们已经在"世界论"中实行了对这三种使然性机理的消解,即把作为主体的使然性改写为这种存在者存在行为的所及性,把一切"使-存在"的条件式改写为存在者间的相关性原理,从而使"使-存在"的使然性与自己去存在的"自-然"原理为一。于是进入如下问题:人这种特殊存在者,如欲表现其作为一般存在者自己去存在的"自-然"法度,只能在个体的历事实相中来解决。

人的历事实相的本然型式就是日常存在。在生活的日常性领域,集中表现着存在历事之再性的一系列具体原理,包括存在之纯然内容原理(本章第二节)、存在之事务性的推进原理(本章第四节第一个问题)和存在之完整性的固持原理(本章第四节第二个问题)。再性的这些原理在表现一个个体的历事实相时,丝毫不需要设定"如何在领悟中使自己存在"的条件。但这并不是说,存在之"自-然"就是完全无意识地去存在。即使一个人有所领悟地存在着,他仍然可以是一个"自-然"的存在,但是此种"自-然"却不再以领悟作为存在原理的一个条件,

---

① 赵汀阳的"观念存在论"贯彻了一种很强的使然性思路。他以"观念的存在"这个特殊范本来证明:在存在论的研究中,"使之成为存在"是比"存在"更为根本的问题,因为一个观念如果存在,就必定是被创造出来的。以观念的存在作为使然性思路的范本确实是非常有利的,因为观念按其自然史的标准只能由人类的心灵创造出来。但是在存在论上,赵汀阳关于存在问题的论域前提却是错误的。根据第三人称的论域前提,完全可以对赵汀阳的使然性思路作更深入的批评。但是在本书这一部分的目标范围内,我们只是需要把"创造方法"的使然性机理揭示出来,以便为从正面表现出存在的"自-然"法度作准备。可参看拙文《从思想批判到存在批判——评赵汀阳的"观念存在论"》,载《哲学研究》2000年第4期。

"自-然"的存在实际上悬搁了领悟问题。对人类来说,在根本没有领悟作为问题的情况下直接去存在的情况就是他的日常存在,故存在之"自-然"法度能够在其中表现自身。

(1)"日常存在的纯然内容原理"除了充当再性的一个准备性原理之外,还具有一种更重大的功能,即能够由它来证明,人类在其生活的日常性上,只能作为一个个体自己去存在,而不可能从任何一个特殊的尺度上来表现这一点。这个证明如下:存在的内容原理要求生活者的一种纯然存在内容,这个纯然内容包含生活事务杂多的全部细节。但是一种含有全部事务细节的纯然内容必然是无谓的,和任何存在的形式都没有关系。这样的一种纯然内容是无从被"看到"的,因为对于一个内容只有从某种尺度上才能看到它并赋予它形式。这样的纯然内容只能由存在者在"自-然-而-然"中居有它。"尺度"这一使然性概念对日常存在的内容原理来说是彻底无用的,因为按照内容原理,每个生活者都有他自己的日常存在,而且都不得不亲历其生活事务杂多的全部细节,根本无从选择一种特定的尺度来进入他的生活,只能在无谓与无奈之中,亲自承担起"在生活中存在"的全部内容。所以生活者对日常存在之纯然内容的居有,是一种绝对构成性的居有,以此显示着存在者自己去存在的纯粹"自-然"法度。

(2)与"日常存在之推进的事务性原理"有关系的问题,是存在的创生问题。创生原则可能会推论,日常存在是由生活者创造出来的。但我们的研究证明,一般自然史的创造概念不适用于说明存在的本质,尤其不适用于说明人类日常存在的事务性本质。因为创造概念的本意是把形式赋予质料,而日常存在只具有事务性,与形式的创造问题无关。事务性原理说的是:如果某生活事务的个别内容在一种要求反复重新去做的需要中联结为一个系列,它就具有事务性;此种事务性表示,日常存在意味着一种纯然"做事"的无差别内容,此种"做事"仅仅以"把事情重新做一遍"为目的。在此,事务性中这一作为目的的"再做一遍",直接表现着存在者自己存在的"自-然"法度,而丝毫不能具有创造的方法性质,因为存在者能经历他的存在事态,却不能把这一存在创造出来。

(3)与"日常存在之固持的绝对完整性原理"有关系的问题,是存在的被给与性。生活中的存在有可能在一种反省的领悟中向生活者给与自身吗?回答是否定的。日常存在的固持表示"同一件事情"的一个绝对完整的总体,其中每一个部分量都在"把事情再重复一遍"中向前一个部分量堆积自身,以此造成内容的纯然增长。如果每一个部分单独给与自身,就变成了现象,从而失去跟其他的部分量在互相重复的联结中所具有的那种作为存在实相的本质。因为,只有现象才能被给与,即可以在每一特殊部分的描述性上被直观;一个完整存在的纯然内容的部分量则没有被"看到"的维度,也就不能给与自身。另一方面,生活中的存在作为一个整体,同样不能被给与,因为这个整体是以一个人的生与死作为初与终的标志,而没有哪个在生活中存在者能够站在生与死的界限之外看到他自己的存在整体。能被看到的只有事务之个别内容,或者是以他人的死亡来替代的人的存在总体——这两者都是现象。而那个无差别的纯然内容却必须在整体所包含的每一个部分量都向着整体添加自身中被构成,不能被给与。

由此说来,日常存在永远只有一个维度,即自己去存在的"自-然-而-然"。在日常存在的纯然内容领域,生活者只能居有这个内容,而没有"看"这一居有的问题,因为这里除了"再来一遍"的纯粹重复之外,没有可以被"看"的维度。真正的在生活之日常性中的存在必然是浑然不觉的,一旦有所觉知,那就立即中断了重复的系列,变成个别的生活现象。在"自-然"法度之下,没有存在之圆觉,只有存在之真如。因为在"自-然"法度中不开启"使……存在"的问题维度,一切存在者都如其所然而然,常如其性,故曰"真如"。

第十一章 历事之本——平凡

个体的历事就是本身性的存在。可再性是它的基本原理。构成分析的"个体论"为得到这个基本原理而引入两个范本:中国古代的礼式生活和当下我们的日常存在。古代历事的原始性表现为"众人拟使自己去存在",当下历事的日常性则表现为"存在者自己直接去存在",并推出一般个体历事的再性原理的完整系统,即日常存在的纯然内容原理、存在之推进原理和存在之固持原理。这就是前面两章的主要内容。

然而,"个体论"的研究工作还不能就此了结。因为,如果仅仅说明存在就是对自身内容的永恒重复,也给出了此种重复的一切具体原理,还不能算得到了存在在其历事实相中的全部真理。第三人称存在论在揭示出存在之为存在者自己亲历其事,其实相就是存在对自身内容的永恒重复,从而排除了一切现象问题之后,仍需对此实相背后的存在之终极本意作最后的一次探求,所得的启示性真理是:存在在内容的自身重复中达于平凡。

一、存在的平凡性

存在就是重复自身的纯然内容。但存在不仅有它的内容,而且还有它被这个内容所决定的本质。被一种重复的内容所决定的本质就是平凡。固持的重复不仅保证存在事态的内容是本身性的，而且决定了一切存在者的存在按其本质都必然是平凡的。因为一个存在事态在它对自己内容的纯然重复中只能展示为一件平凡之事。这一点可在生活中得到类比的说明。即使在不涉及存在问题的情况中，反复地做相同的事情也会使事情本身变得乏味。但此种乏味乃是对事情的一种主观感受，而主观感受到的事情本质是可以改变的，因而是不确定的。但是事情本身的存在如果属于无形式的纯然内容，它就不会发生变化。由于一个存在除了重复自身之外不可能有别的内容，所以也就决定了这个存在只能有一个唯一的本质——平凡。

一个存在如何获得它的平凡本质？平凡作为第三人称存在的绝对本质由存在行为直接赋予自身，因而是不变的和唯一的。由于存在是存在者的存在行为，所以必有其"力度"。存在行为的力度表示一个存在内容可被重复的程度，[①]它是可以测度的，因为重复作为存在行为的内容本身是有量值的。但是存在论要求的对存在行为力度的测量，其量值并不用某种单位来表示，而用平凡来表示。平凡表示一个存在在一定量值上被决定的绝对本质，也就是本意。

让我们对此作进一步的解释。一个重复自身的存在事态必从某个等于零的起点开始。由于第三人称维度只有内容而无形式，所以在一个通过内容之重复而发生的存在事态中，包含有该内容之重复在量上的增长，在一定的时间中从等于零的量开始，一直递升到对这一内容实行重复的任何一个量值上。这种重复之增长的量值表示存在行为的力度，而其内容就是历事的推进，那个等于零的起点则表示历事之初。根据存在论问题的要求，这种内容之重复在量值上的增加，并不是为了得到一种纯粹数量上的规定，而是为了直接得到存在的本质并将其展示出来。所以，一个存在对自己内容的重复居有，在其量的增长所达到的

---

① 参看本书第一章第五节的有关内容。

任何一点上,以及在这一增长所趋于达到的最大量值上——在这两者之间有一种虽然所含量值不同(因而力度不同)但却是统一的本质,即平凡。也就是说,平凡之为存在的本质,既被重复的任一特定量值所决定,也被其最大量值——即作为历事之终的存在之完成——所决定,因为它是第三人称存在唯一的绝对本质,并不因此种量值的改变而改变。

然而必须说明,所谓平凡本质并不意味着存在有一种最根本的现成性质,只要认真注意就可以看到。平凡是功能性的,它产生于存在行为作为纯然内容固有的一种"深度结构"。而所谓纯然内容也不意味着存在有一个现成总量。存在的纯然内容具有一种深度结构,也就是说,这个内容需要在时间(和空间)中延伸自己,因此是有深度的。这个内容在时间中的延伸也就是被重复之量值的递增,因此平凡表现为存在行为的"力度",它在程度上是有强弱的:一个内容被重复得越多,它就越是平凡的;而一个内容越难以重复,它就越远离平凡。不妨这样说,历事的区间和深度都是时间性结构,但前者仅包含存在之可重复内容,后者则表现存在之平凡的本质力量。因此,一个存在的实际性内容在其历事区间中是重复自身的,在其深度结构中则是"趋于"平凡的,在此趋向性中,平凡显示为存在的一种力度。此种力度表现在:一个存在在它构成自身的同时,将消除一切可能从外部赋予它的、高出于其平凡本质的特性即"非凡性",从而也就是消除存在被赋予的一切有意义的形式,并在它重复自身的深度结构中获得其平凡本质。平凡作为存在者存在的本质力量消弭存在的神奇性。

让我们做一个特殊的思想实验:设想一个存在的可再性内容在一个反时间的过程中从其较高量值向较低量值递减,在这里,时间是向后倒退的,重复自身的纯然内容越来越稀薄,直至退回到量值的零起点上;或者是引入存在的替代形式。在这个过程中,作为存在之本质力量的平凡将逐渐减弱为零。当一个存在完全脱离其平凡本质之后,有两种可能的后果:或者是存在归于寂灭,实际上就是取消存在问题;或者是存在由此开始变为非凡的和神奇的,但这里的存在已失去了内容,所谓非凡的存在只能是存在的某种形式。由此可见，这个反存在的思想实验的结果恰恰与意义存在的要求是一致的。事实上，意义问题从来不接受一个存在事态构成自身的深度结构在其实际性方面对一切存在论问题的限制，因为它用存在的形式来替代一切存在内容。我们知道，任何有意义的存在都高于存在的平凡本质。一个存在当它在被赋予的一个形式上作为现象被描述出来，便必然带有非凡的性质，高出于那无形式的平凡内容。因为存在的形式只有彻底将纯然内容搁置不顾，用形式替代之，才能赋予存在以一个意义；而形式必须是被思想创造出来的，因此存在一旦被赋予形式，便显示自身为神奇性。

至此开始接触到存在之平凡原理的哲学问题。有意义的存在作为存在之形式，乃是一个与存在之实际性深度结构（时间性）相悖的理论假设。另一方面，人类日常存在之不带有意义形式的纯然内容，却不是当作一个存在论的理论假设，而是一个基于人类生活（生命）之实际性而自行成立的"自-然"之理。存在在其深度结构中重复自己的内容并趋于平凡。平凡作为存在按其固有深度结构而必然趋向于它的一个本质，从而作为存在本身的一种力量，将自行消弭存在的一切形式和意义之神奇性，同时也就彻底埋葬了存在的现象基础。

我们已经作出规定：平凡是重复自身的纯然内容所产生出来的一种力量和本质。但这还未定义存在论的平凡概念，这种定义是必须的。显然我们仍然需要就人的生活来探究存在的平凡本质，这是由第三人称存在论的范本决定的。存在的平凡性乃是存在之本意。因此事物的本身性存在即使不涉及任何与人的生活相关的问题，它就其深度结构和可再性量值来说，仍然在存在论上是最平凡的，比生活的平凡更充分地展示了存在那种得自于"天之道"的本质力量。现在我们来定义平凡：

（1）一个存在只以自身为目的的那种品格，我称之为平凡。所以，平凡不意味着一个存在相对于生活中的某个目标而言是微不足道的，而是表示一个存在的内容远离一切具体生活目标——从而远离一切存在的形式——仅以存在的固持本身为目的。普通的平凡概念和非凡概念，作为价值概念，都要相对于生活的具体目标来确定，因而都是相对的。比如一个人的一种事业可能对这个人自己的生活具有非凡的重要性，但对一个更伟大的目标来说可能微不足道。在存在论上，存在的本意表示一个存在永远以在重复中固持这一内容为目的，除此之外没有任何目的。平凡正表示"存在"的这种本意。人的日常存在包含着生活事务杂多的一种综合，它所表现的人的存在的纯然内容就在于：做事不针对任何特定的目标，仅以把事情重新再做一遍为目的，并且不断地重复下去。这种自足的重复做事所表现的，正是人的存在在时间中所展示的平凡性。

（2）一个存在的平凡性是一种逐渐增长的量。也就是说，一个存在是在一种逐渐增强的方向上趋向于平凡的。这是由平凡的深度结构决定的。"事情一旦存在，就会变得越来越平凡。"这是因为，一种事情内容被重复去做的次数越多，它就越远离具体的价值目标，越以自身为目的。比如，日常家务以其被人类一般生存结构所决定几乎是万古不变的重复结构，将自身表现为最平凡的纯然内容。

与此同时，平凡性向较低量值的递减则导致"神奇性"概念。神奇性的特点在于，神奇的存在不能重复自身，很显然，越是神奇的东西就越不可重复，也就越有价值。从存在论上来说，这是因为，存在之神奇性永远来自它的形式，因此神奇性是被赋予的。实际上，存在之神奇性涉及存在形式的价值原理，正如平凡涉及存在本身的内容原理。我们曾指出，第一人称存在的意义原则含有一种追求神奇的本质倾向，因为一个存在必须给与自身才有意义，同时，一个存在必须具有某种神奇性才值得让它给与自身。由此说来，存在之神奇性又牵涉到存在的现象基础。当一个存在向着主体的视界将自身给与为现象时，依特定的价值目标，总可以被主体判定为神奇的或是平凡的。问题的关键在于：任何存在作为现象，总可以设定某个目标来赋予它价值，使它高于其一般平凡本质，于是最平凡微末的东西也能获得非凡性。因此我们看到，在生活中,伟大可以产生于平凡,这是生活之价值论的真理,但它不是生活之存在论的真理。根据价值论,在可能性上,一切意义给与性的存在都具有神奇性。存在的创造则具有最高的神奇性,因为一个存在的创造标志着这个存在的初始,在这个初始上已经积聚了创造的全部灵性,而它所承载的存在者自己存在的可再性与平凡性的量值则等于零。创造,按照亚里士多德的概念,就是赋予质料以存在的形式。

那么一个存在之平凡性是如何消弭神奇的?或者说,生活中的存在将如何褪尽其神奇性而归于平凡?

有一种情况通常被认为证明着生活的平凡本质:再重要的事情一旦进入事务性和整体性的联结,也会在时间中渐渐褪去神奇的色彩,变得无谓和无奈。其实此种情况不取决于主体在多大程度上撤消了看存在的目光。生活的推进使存在本身的平凡力量逐渐增长,从而使事物越来越远离由特定目标指引的价值判断,使"在生活中存在"渐次展示为事务杂多的自身重复。此种重复一方面必然使事情的存在退出视界,因为它作为平凡失去了被注意的价值;另一方面,正是这个重复在本身性方面支撑着存在内容的固持,以及平凡性的平凡力量在其深度结构中的增长。不可否认,事务杂多的任何一个细节在任一时刻都可以按某种尺度重新被注意,从而再次获得神奇性。但是如果细节在内容的自行重复中不断堆积自身,它与价值目标的联系便必然会被削弱,因为重复的东西不可能被"看作"是神奇的,而只能被"居有"为平凡的东西。而重复机理本身却需要有一种动力,这就是存在者自己存在的历事。在生活之神奇性的消褪中,牢靠地标识着生活中的存在者自己存在所产生的平凡性量值的增长。

直到现在,我们一直是从概念的直观直接接近存在的平凡本质。这种方法显然不够。必须从原理的分析方面作更深入的讨论,即从时间性方面来揭示平凡的深度结构。

二、时间性是平凡的存在论根据

存在者在时间中构成自己的存在事态,因为他的存在只能在时间中重复自身的内容。所以,存在的历事实相是一个时间性实相,历事的区间概念是一个时间性概念,初与终标志一个存在在时间中开始和结束的位置点。与此相应,平凡的深度结构也必然是时间性结构,存在的平凡本质只能在时间中增长,并且可以测度其量值。但是,时间概念正如其他存在论概念一样,其论域前提需要勘定。以平凡问题来说,很显然,一个存在在时间中趋于平凡,这与人们在生活中的价值直观完全一致,但这样的直观却并不触及真正的存在论问题。因为人们关于平凡和神奇的感受通常仅与存在的现象特性相联系,平凡乃是生活中显现的一种价值,从未深入到存在事态的实际性内容及其本质等问题;相应的时间概念也始终是表象存在的主观形式,一个存在只有在时间中才能将自身表现为一系列现象前后相继的联结,并只能在这种联结中渐渐地趋于平凡。值得注意的是,时间作为存在的第一人称形式条件,又不同于一般的意义形式,而是一切意义形式本身之所以可能的条件,因此可以称时间为"形式的形式"。

为了进入存在论的平凡问题,我们需要在新的论域前提下探讨时间概念,在此基础上才能接触到平凡的时间性结构,从而超出作为生活之现象价值的"平凡感",而进入"在生活中存在"这一内容的平凡本质问题。

第三人称论域的时间概念有如下要点:

1. 历事的时间性仅仅讨论一个存在者在时间中存在的原理,而不讨论存在者间的同时性问题或其他时间关系问题。

2. 一个个体在时间中存在,这个"在时间中"不是存在的形式条件。因为,如果时间是一个形式,就可以设想没有任何内容、绝对空洞的纯粹时间。这正是康德的观点,即:时间是现象的纯粹形式,我们可以想到毫无内容的时间。[①] 但这只适用于现象。存在者自己去存在的历事实相不以任何思想的形式为前提,但历事按其不可改变的本质仍然是时间性的。因为存在内容对自身的重复只有在时间中才能实现,如果不引入时间,存在就不可能。但是同样说来,如果没有自行重复自身的存在者存在的历事内容,时间也是不可能的,因为时间既然不能作为存在的思想形式,就只能表示存在内容的部分之间是以互相重复这种方式连结起来的,时间是存在内容之部分量之间彼此联结的唯一方式。这样,"在时间中"就直接表示"存在"的内容本身而不是形式。

3. 存在者自己存在的时间具有"平均化"特性,即把存在之内容总量无限分割并平均地摊入每一时间点(时刻)中,因为时间只能是一个无限分割自身的量,永远在一个方向上均匀流逝。这样,在时间中历事就包含了一个依由初到终的全部时间平均分割历事之内容,使之按照前后相继的关系联结起来的过程。这一特性决定了"在时间中存在"不可能作为一个总量在某一绝对时刻一次性地完成自身。换言之,存在之所以是时间性的,是因为任何存在,无论它在时间上多么短暂,都必然包含着一种其部分量之间在一种前后相继的联结中彼此互相重复的统一性。因此,存在之时间向度表示:一个存在事态只能将其内容在相继的(而非并存的)关系上实现为各个部分量的无限可分割性的综合,其中每一部分的内容均完全相同,因此每一在后的部分都重复在前部分的内容。但是一个历事越趋近于它的终,其内容越显平淡无奇,其重复性量值越高,存在越显示出更高的平凡力度。显然存在之平凡性的这种增长由时间的平均化作用所致。我们曾指出无差别的纯然内容是在摆脱了一切意义形式之后得到的。但这一点必须在时间的平均化作用下才能实现,因为所谓纯然内容是作为被分割的部分在时间中绝对

---

① 参看康德《纯粹理性批判》的"先验感性论"中"时间概念的形而上学阐明"第2点。

平均地分布的,使每一部分都成为无差别的,从而使历事的内容能够在各部分按前后相继的联结方式上重复自身。

4. 时间之平均作用在另一种情况中表现为"当前化"。历事使自己的内容在时间中平均分布,其中每一部分都要求在时间量值上是无差别的。由于时间始终都在流逝着,那个流逝的部分量作为"在先的"存在,与"当下的"存在这个部分量即使共属于一个统一的存在事态,"在先"与"当下"作为时间中的不同维度,二者之间的差别也仍然是一个问题。对这个问题的解决如下:

时间性的首要存在格式是它的"当下性"。时间中的存在总能保持为一个"当下"存在,因为在任一时刻,它都必然居有属于自己的那个平均的部分量,从而使自身在"当下"那个时刻被构成。"曾经存在"和"即将存在"只就它们和这个当下的内容是统一的、无差别的来说,才得以成为这个存在的组成部分。每个"在前"或"在后"的内容就其本身来说,都直接作为"当下"的内容而进入存在事态,它们只是在与一个非自身的当下的联系上才被确定为"过去"或"将来"。关键在于,"当下"不能以存在事态被主体看到的那个时刻为基准来确定。比如,第一人称的时间概念这样判定一个存在出离了当下性:"这本书刚才还有,现在不见了。"而"这本书刚才就有,现在还在那儿",则被判定为保持在当下的存在之内。——这根本不是存在的时间性之当下性,而是作为主观形式的时间的现在。"存在之当下构成"的有效性在于:如果一个存在在它的每一时刻上都平均地居有一个部分量,那么就存在只能以某一时刻作为其"当下"来说,在此之前的那个"在先"性也必然保存着一个被当下构成的有效性,而不能作为已经消逝并依据在它之后的一个"当下"而被表象成作为"曾经"的一段存在史。"刚才有"不能依据"现在仍有"来判定其为有效的。每一时刻上的存在内容都按存在之道平均地居有它的当下性。

做这种区分的重要性在于,它揭示出时间性的论域前提:现象存在的当下乃是主体看存在的此刻,因而是不确定的——当下不断流逝为

"曾经",又被"即将"所替代。于是曾经和即将成了当下性的两个函项,只要有一个当下的存在,便必然有它的曾经与即将。真正的时间则表示存在者自己去存在的时间。由于它所包含的维度不被主体制定,所以永远保持其"当下构成"的有效性,同时又按照"在前-当下-在后"这一前后相继的单一方向,把每一时刻上当下存在的平均部分量连结起来,从而造成历事之再性量值的积累和平凡力度的增长。

所以,存在的时间性从两个方面决定着存在的平凡本质:(1)作为平均化作用,从存在内容的分割量值上使每一个部分成为无差别的;(2)作为当前化作用,从存在构成的当下有效性上使每一个部分成为无差别的,因为,不管作为历史性的"在前",还是作为可能性的"在后",它们在时间中都具有同等的当下有效性,从而是无差别的。于是一个存在在时间中按前后相继的连结,本质上变成了一种自身重复,每一时刻均作为一个当下向在后的一个时刻叠加其内容。这种重复的叠加必然导致平凡。

存在的平凡性产生于内容的重复。平凡乃历事之本,历事按其再性必达于平凡。只有无差别的东西才能互相重复,而这种无差别的内容恰是时间的平均化作用的后果。所谓"在时间中存在"即是在无差别相中重复自身之意,与一个具体事实在时间形式中展开其现象内容的情况不同。因此,一个存在在时间中必渐入平凡。也可以说,存在的时间性决定了存在的平凡本质,同时也决定了神奇的存在必然是非时间性的。神奇性在存在论上意味着超越时间之平均化作用。即使在常识中,神奇性也含有一个存在超出时间、进入永恒的意思。也可以说,神奇性是一种超时间的"空间化"存在形式,即把一个存在的全部内容作为一个总量在一种超时间的逻辑形式上一次性地给出,也就是把存在作为一种意义给出。这也是为什么存在的神奇性总是诉诸存在之创造的原因。因此,可以这样概括平凡与神奇的对比:神奇意味着把存在的内容形式化、"空间化",使之成为一种非时间性的意义;平凡则要求把存在之内容平均地摊入时间之中。存在按其时间性本质拒斥一切神奇形式。

　　前面已将平凡定义为一个存在以构成自身为目的的自成目的性。现在可以从存在的时间性结构方面更明确地解说它的这种本意。生活中的平凡感总是从生活的目的方面着眼才表现出来。日常存在包含着生活事务杂多的全部细节，事务之为事务就在于它不能与一个事业性的目标直接联系起来，仿佛没有目的，但又必须承担下来，由此产生平凡感。一个事务仅当它和在它之外的另一个目标联系起来，才会变得不凡。比如，雷锋式的平凡事迹由于对一切事业性目标来说都不是重要的，因此必须确定为平凡；然而当它和一个更高的道德理想或教化目标联系起来时，却是伟大的。普通的平凡感无法说明平凡的这种无谓却又无奈的性质，其实普通的平凡感与存在论的平凡原理在这一点上是一致的。存在的平凡本质就是这样来表现的：一个在生活中历事的存在，在它与它之外的任何特定目标都不能联系起来的情况下，如果它是无法摆脱的，它就只能以自身为目标，这个目标就是存在者的存在。

　　一个具体行为就它是可以选择的来说，总与一个特定目标相联系。生活中一个单独来看的具体事务虽然也能表现平凡感，但是总能够为它设立一个目标使之变得不凡。但平凡却是存在的绝对本质，因为存在就其区别于一切具体行为来说，是不能与任何特殊的目标相联系的。天地之间唯一一种不指向任何具体目标的过程就是存在。存在没有在它之外的一个目的，它以自身为目的，表现为：人必须存在，这是他的天命，而不是他为达到任何某种目的而作出的一种选择。因此存在本身不可能具有神奇性，一个存在只有指向一个具体目标，从而与在它自身之外的另一个存在的巨大总量联系起来，才能被确定为神奇。但是存在却只有一个被包含在它自身之内的目的，那就是"去存在、存在下去"，通过重复这一内容而将其固持下去。日常生活以其最充分地表现存在者存在的此种自成目的性来说，令人感到无谓和无奈。在存在论上，这种自成目的性则是历事实相之本身性的表现。

　　用自成目的来定义平凡的理由，则来自平凡的时间性根据。如果一个存在以自身为目的，而不与在它之外的任何目标相联系，那么，它除了在时间中重复自己的内容外，没有任何其他存在论说法。由于时间性的存在内容只能平均地增长，这只能导致平凡性，不可能带来神奇的结果。时间具有平均化作用，一个存在的内容在时间中必然要被分割为在量值上无差别的无数个瞬间部分，并且在其当下性上也是无差别的，因此存在能够在这种无差别相中重复自身内容，但却不可能和一个"空间化"的巨大存在总量联系在一起。虽然天地之间一切过程都是时间性的，而且一般具体事实如果作为在时间中发生的现象事实，都是把时间作为一种纯粹形式，但存在者亲历其存在所消耗的时间却不是作为形式，因为一个自成目的的存在所包含的时间性，只能是一个关于内容的问题。

时间性是平凡的存在论根据。时间性给了平凡的深度结构一个更确定的概念，即：存在的平凡力度之有强弱的量值，是因为在时间中平均化的存在内容随着时间的延伸而有一个逐渐增长的量值。另一方面，存在之神奇性则是作为一个总量在"空间化"形式上一次被给与的。问题是：如果存在之神奇性是超时间的一种形式化的总量，它如何能由在时间中逐渐增长的平凡来消弭？作为一个存在的目标而将自己的存在总量以"空间化"的逻辑形式附加于这个存在上的任何东西，只能是加于这个存在内容之上的形式，所以神奇性是存在的一种形式特性，它所包含的存在之总量也就是一种形式的量，能够在思想中一次性地被给与出来。但是，不管神奇性这种形式包含了多么巨大的总量，这个量在时间中必然是递减的，因为神奇性既然作为一个总量一次给出，它在存在的时间性结构中便不可能再有任何增长，只能被时间性所销磨而递减。而一个在时间中重复自身的存在内容所积聚起来的平凡力度的量值则维持着一种平均的增长，因为，只要一个存在者自己去存在，它就必然在时间中重复这个存在的内容，而且在此重复中日益远离加于它的任何形式，变得越来越平凡。依照作为平凡定义的自成目的性这个概念来衡量人类的日常存在，则可以知道，日常存在必须是在一种时间中来包含生活事务杂多的全部细节，而最终成为完满的；当一种事情的个别内容由于在时间中反复去做而联结成为一个整体时，便表现出日常存在的事务性原理，依照该原理，事情日益远离那个它最初与之相联系的特定目标，而变得越来越把自己的内容本身作为做事的唯一目的。

三、平凡作为"历事之本"

平凡乃是存在在其历事实相中获得的本质和力量。现在要问：历事如何获得它的这一本质和力量？回答是：历事在一种时间性结构中把平凡表现为自己的一个"理想"。考虑到历事不能在一种观念化作用中"被规定"为平凡的，只能在以自身为目的的亲历性中亲证为平凡的，所以才说历事的平凡本质被表现为它的一个理想。再进一步说，因为平凡在时间性基础上有一个深度结构，较低的平凡与较高的平凡是有量值差异的，所以有理由断言：那最高的平凡始终是历事的一个理想。那么，一个历事将如何趋近于这一理想？换言之，人类的历事作为"在生活中存在"将如何趋近于它的平凡本质？

在人类的生活及其历史中，有那么多非凡的东西和伟大的事业值得追求，比如文明的巨大进步，伟大的艺术作品，还有今天人们追求的巨大财富。因此，似乎很难把平凡作为人类存在的本质。但我们已反复强调，在这种对人类存在的价值解释中隐含着存在论的歧途。我们那么想使自己的存在变得不凡，总是通过为生活设立种种目标来使它获得非凡的价值。这样用神奇性来说明生活和存在的本质，就是"意义存在的解释方式"，它以"看"存在的观念化作用为前提，通过把存在的内容与一个目标联系起来而使其获得神奇的形式。但是"在生活中自己去存在"的历事，在其第三人称的亲历性上，却是完全不顾观念化作用的纯粹内容。而且也不能够在它之外为它决定一个价值目标，只能让它以它自身内容为目的，因此也就不可能有神奇性。亲历生活区间的存在之内容必须在时间中平均地展开,而且是自成目的的,所以这个内容除了渐趋平凡,收敛一切神奇性,此外不可能获得任何别的本质。这样,在存在论上推测存在的本意,平凡性就仿佛成了我们在生活中历事的唯一理想,此历事只能渐趋平凡,乏味无比,根本不顾及任何观念化作用。质言之,所谓第三人称存在的实际性如果要在生活中被表现出来,就只能表现为这种乏味的平凡。

让我们设法把事情说得更清楚些。依照历事之再性原理的任何一个具体原理,历事都必然趋于平凡。第一,在"纯然内容原理"中,在生活中存在的纯然内容包含生活事务杂多的全部细节,而且是在时间的每一个"当下"中平均有效地把这一切细节包容进去。这种纯然内容不接受思想的任何抽象、分类和评价作用,也就不能容纳任何形式。生活者必须亲自承担和处理每一个细节部分,他作为历事者绝对无所逃避。对于这样的一种内容来说,除了在时间中走向平凡,不能赋予它任何别的本质。第二,在"事务性原理"中,生活者必须在决不昭示任何事业性目标的一切事务互相联结而成的整体中,将使命固定在把那个相同的纯然内容"再做一遍"上,这样就好像"在生活中存在"永远都有一个目标,使得在生活中存在表现为永远做"相同的事情",其结果是使之变得越来越平凡,但却仍然瞻念着那更平凡的理想。在这样的亲历中,不必否认一件事情如果孤立来看,其个别内容便可赋有某种神奇性的形式,但历事者却不可能在其亲历性中利用它。第三,在"完整性原理"中,存在者必须把他的生命事态所包含的全部内容当作"同一件事情"的一个绝对总体来固持之,因为在时间序列中,通过把每一个部分量向另一个部分量的叠加来最终达到的人的历事存在的完整总量,也就是由初到终已被全部完成的一个绝对完整的生命事态。由于它是由永远做"同一种事情"(即生命存在)的绝对单纯固持构成的,因此而表现着历事内容的最纯正的平凡本质,并在其完成之际的历事之终点上达到那个最高的平凡理想。

但是,如果平凡是有量值的,我们将如何确定一个存在在某一时间点上的平凡量值呢？较高的平凡本质与较低的平凡本质可以作比较吗？特别是，我们将如何确定什么是最平凡的存在，好以它作为历事的最高理想？

很显然，根据存在行为的实相划分，平凡量值不应在存在者间进行比较，不能说某存在比另一个存在更平凡，而只能在时间性上就一个存在之不同的平凡量值之间作比较。

在这里需要说明，平凡是在实际性的历事中自行增长的一种本质。它依时间性的深度结构主导着历事的方向，使历事永远只能在时间中向更高的平凡量值增长。但我们却不能精确计算一个存在的平凡性的量值，因为平凡并不给领悟指示出一个精确的量值概念，而只是在它的引导下，构成分析能够设法去确定一个历事如何在其内容重复的量值递增上与其平凡本质相关联。所以，如果我们能够说明历事的再性诸原理如何以平凡原理作为关于其存在行为力度与本质增长的一个规则，就像上面所做的那样，我们也就可以了解，历事永远向着这样的一个理想来趋近——这就是存在的本意。因此我们说，平凡乃是历事之本。

但是，关于平凡量值虽不能作即时性的精确计算，仍然有一些评估原则可以给出。我们已经说明平凡的深度结构原理，即存在的本质和力度是在时间的流逝中平均分布和逐渐积聚的。据此可以判断平凡的量值只能以时间为根据来决定：一个存在在时间上越久越平凡。根据这个评估原则，构成分析能够给出一个存在之平凡本质在其最低量值上的绝对否定性规定，及其在最高量值上的绝对肯定性规定：

1. 平凡的最低极限意味着平凡之否定，也就是神奇性。这是一个存在在一种非时间性的逻辑形式上一次给出的总量。

2. 平凡的最高极限乃是从初到终绝对完整的存在事态，因此，处于其最高时间值上的存在乃是最平凡的存在。

平凡的两种极限概念分别带来新的哲学上的困难问题。神奇性作为存在之平凡本质的否定，涉及意义领域的创造问题和价值问题，对此我们已反复给予批判。另一方面，一个存在在其最高时间值上也就是这个存在的终止,这就是死。但这里的悖谬在于:死却不再意味着包含有最高平凡本质的一种肯定性的存在规定,而是意味着历事之再性原理的绝对终止,从而意味着存在之平凡本质的彻底否定。于是在人类的生活经验中,死总是使一个存在重新变得神奇,和生的创造几乎具有相同的力量。[①] 死因此而成为构成分析的一个难题。

四、平凡与死

只有揭示出存在的平凡性,第三人称存在论才堪称完整。一般来说,平凡在历事的初与终之间的时间结构中平均积聚其量值,并增长为存在的最高本质。但对人这种存在者来说,一个人的完整的存在也就是他的生命事态,其初与终由生与死来标志。为了研究平凡量值增长的极点,即平凡之理想,就必须着眼于生命事态的终点,即存在者之死。一切生命都有死,但只有人这种存在者有死的存在论问题。该问题产生于一个矛盾:一方面,死作为历事之终标志着存在之平凡本质的最高值和总量,另一方面,死却因为终止了历事本身而彻底否定了平凡本质,使存在显示出神奇性。如果存在将平凡确定为自身的理想,它就只能在这个存在的终止处达到这个理想,因此也就必须说清楚,死何以承载着存在之平凡理想的机理? 而为了说清这一点,首先就必须说清楚,死作为平凡的极点又何以具有神奇性? 关键在于:死作为"存在者自己去死"虽然终止了存在的历事,但死却能够向着领悟给与它的现象,拟构它的诠释。

上面的考虑包含着一种字面上的推理:因为平凡来自内容的重复,所以,如果死终止这种重复,也就否定了平凡本质。但这个推理不能成立。因为必须分清,一种存在之"内容的自行终止"与这个内容的否定

---

① 在本书第一章第五节,对存在论的"创生"概念已经做了批判性说明。

形式这两者是不同的。也就是说，"死"与"无"是不同的范畴。"无"作为存在的否定形式，表示纯粹的"非存在"，因此是从存在事态外部对存在作出的一种范畴规定，它不同于"一个存在事态自行终止自身内容"，而后者正是死的本意。死从不表示在一个生命存在事态的外部对这个存在作出否定性的范畴规定。死也根本不是存在的任何形式，因此死本身不可能是神奇的。使一个存在变得神奇的力量只能来自某种从外部加于它的形式，一个存在的内容则不会使这个存在本身变得神奇，因为它只以自身为目的。这样我们就得到了死在存在论上的内容说法："死作为存在者自己去死，表示一个存在事态对自身内容的自行终止，因此死是存在者自己去存在的生命事态的一个特殊部分。"死的特殊之处表现为几点：

第一，一个存在事态的任一有限部分都以该事态内容的固持为目标，并以此来表现这一事态"正在被完成"。但死作为事态的特殊部分却不再以这个固持为目的，而是终止这个事态，使之不再固持，以此来表现这个事态的"已经完成"。一个生命事态的一切有限部分在其相互联结上的推进都趋向于这个事态的最终完成，但却一直不能实现这一完成，从而也就不能把一个人的存在做成"同一件事情"的一个绝对总体。事态的这种绝对完整性只有以事态的终止为条件才能达到。但是死作为这个终止只以这种绝对完整为鹄的，而不与事态之外的任何其他目标相联系。在这一点上来说，死作为终止仍然属于那个自成目的的存在事态的一部分，而不自外于平凡本质。

第二，一个生命事态中的任何一个有限部分都增加它的平凡性量值，从某一有限部分向另一有限部分的每一推进都使存在本身变得更加平凡，但任何一个有限部分却都不可能给出一个事态所包含的平凡性总量。但是由于一个在时间中平均构成的存在事态是有初有终的，所以它的全部内容所能达到的平凡本质必然是一个总量。这个平凡性的总量只有以存在者自己去死为条件才能被达到。但必须注意，"自己去死"并不作为一个单独的非常事件将平凡的总量一次性给出；死本身

也不代表一种特殊的力量,可以使一个生命事态直接得到它的平凡性
总量。死仅仅作为一种边界条件,使那个总量的可能性变成现实的。
一个存在所包含的全部平凡本质则是由存在者在其全部历事区间内平
均构成并积聚起来的。

　　第三,存在者自己去死,但他不能体验自己的死。因此,一个生命
存在对自身内容的自行终止是没有领悟的,而这个生命事态在其终止
之前的任何一个有限部分的内容则都有可能被领悟。在第三人称论
域,死的不可体验的性质恰恰更强地确证了自己去死的"自-然"法度,
并确证死就其第三人称性来说,只能属于生命存在事态的一个特殊本
质部分。但是在另一种论域前提下,从死的不可体验也能得出完全相
反的结论。维特根斯坦说:"死不是生命的事件。人是没有体验过死
的。"①维特根斯坦的原意大概是认为,死不属于生命存在事实的一部
分,而是生命存在的一种形式,但这个形式必须在世界之外。这从以下
两点导致对死的现象解释:首先,死必然是一个问题——如果死不是生
命事态的组成部分,它就只能是生命的一种特殊现象,即使它作为生命
事实的一种神秘形式,其有效性仍然取决于世界之外的一种神秘视界;
其次,维特根斯坦以死不能被存在者所体验为一个理由,来决定死的形
式特性——这个理由是现象主义的,完全忽视了死的第三人称内容。

　　死不能被去死者自己所体验,这启示着一个存在论问题,即死就其
"内容"而言是不可领悟的,但死的"现象"对于生者来说却是可以领悟
的。我们常说,死作为不可避免的可能性对一切存在者都是最切身的
问题,这是就死的现象来说的。对死的领悟带来问题。死的内容本身
并不神奇,但对死的领悟却赋予死的现象以一种特殊的神奇性。死的
内容之所以平凡,是因为只有自己去死者才居有这一内容,而去死者自
己却绝对不能体验这一内容,因此不可能产生非凡性的震撼力,无论这
个死多庄严,或多么令人恐惧。然而,死却可以由生者来拟构和诠释,

————————

　　①　维特根斯坦:《逻辑哲学论》6.4311,贺绍甲译,商务印书馆1996年,第103页。

这就是死的现象。所谓死的领悟包括两种基本形式：或者是对他人之死的现象进行诠释，或者是由存在者在生前事先拟构自己去死的观念。无论哪种形式，都使神奇性变成死的本质。

死作为生命存在事态的自行终止是一个内容，当它被生者领悟时却变成了形式。死的领悟总是率先把死当作一种生命存在的否定形式，即一个取消存在之有效性的范畴规定。领悟这样做有它的根据，领悟只有在死的观念中才能看到使一个生命存在的再性原理绝对失去作用的那种可能性：人一旦死去，便不能复生；于是便宁愿相信死具有从外部终止一个生命存在的巨大力量，因此死本身就不可能是存在事态的一部分内容。无论这个终止出于什么具体的原因，其结果的效力都让领悟感到敬畏，这敬畏在生活中表现为由死的现象引起的庄严感或恐惧感。死永久终止了一个存在对自身内容的重复，可是领悟把死本身也看成是绝对不可能再重复自身的一个东西：一个生命存在只能死一次。而且领悟始终决不放弃把"终止重复"当成"否定平凡"这样一种表面推理。所以死就不仅是一种能从外部终止一个生命存在的力量，而且也是一种令存在脱离其全部平凡本质的力量。死作为一种力量的存在，意味着对存在的否定，以及对平凡本质的否定。领悟根据这一切理由把死确定为神奇性。

然而，死的领悟不但赋予死本身以神奇性，而且规定死使存在变为神奇。由于死终止生命存在，使领悟可以把这个生命存在当作一个对象来看待，即当成一个绝对完整的事态整体来看待。在事先拟构的死的观念中，人们看到自己的存在。但这样看到的完整存在只能是存在的表象（即现象）。由于只有死才能使一个存在事态达到它的绝对完整性，所以存在者在拟构死的观念时，能够提前意识到自己的存在有一个绝对完成的总量。但这样的一个总量并不是在事态内容的时间性结构中平均构成的，而是在死的领悟中作为一种现象的绝对完整总量从形式上一次给出的。一个绝对完整性既然能够一次给出，死的领悟也就可以进一步把这个完整性及其总量设定为生命存在的最高目标，从而使存在本身获得神奇性。"死亡使存在变为绝对完整"的这一道理,在死的领悟中变形为:由于死的观念是可以拟构的,所以,可以把"将一个生命存在所包含的绝对完整性及其总量一次给出"设为这个存在的一个目标。这样死的领悟就把自己的存在与另一个外部目标联系起来,从而使生命存在由于死而变得神奇。领悟由于看到自己绝对完整的存在所具有的那种非凡意义,对作为这个存在之终止的死的力量便会感到格外敬畏,因为这种生命存在的完整的目的性在日常存在中是绝对看不到的。日常存在中的实际性内容永远重复着这一内容自身,而且以这一重复为目的,在时间结构中平均分布每一个内容的部分量,表现为一切生活事务杂多在一种彼此互相重复的联结中平均推进生活者的存在事态,因此感受到这种存在的平凡和无谓,而不可能有任何神奇和敬畏。只有死,才能取消这种自成目的、重复自身和平均构成的平凡本质。在死的观念中,当全部生活事态暨生命事态的内容作为一个总量一次给出,从而将生命存在的完整性作为一个目标显示出来,而且永远不会被再次重复时,存在者才对自己的存在感到神奇。死永远终止了生命存在的自身重复。这一事实之所以震撼人心,在存在论上不应消极地仅归结为对死作为不可避免的最终结局所怀有的恐惧,更应积极地注意到那主要是因为在死的观念中,人们看到了自己生命存在的总量与绝对完整性,从而感受到它的神奇。

但领悟所得的这些结论是通过类比才得到的,即把存在与终止(生与死)这个生命问题的神奇性,与一般东西在其对生与死的关系上的神奇性进行类比。一般的东西是可以通过它与生命存在的完整性即生与死的联系而成为神奇的,比如,伟大的艺术创造因为属于一个人的生命而成为伟大的,献身行为由于和一个人的死联系起来才成为非凡的。这些一般的东西包含着具体的生活目标,因此其神奇性作为意义而存在,它们一旦获得神奇性也就获得了形式。然而死与生却是人的天命,死与生作为纯然内容不属于任何形式,存在与终止不能充当具体的生活目标,因为它不能被选择。生与死如果以自身为目的,那就变成了自成目的的平凡。一个普通的东西如果和生与死有关系,而且是不能重复的东西,而且能够在形式上一次给出它的存在总量,它就是神奇的。但生命存在如果和生与死的完整性联系起来,像死的领悟所预见的那样,其神奇性充其量不过是对一般东西的一种类比。

根据这种讨论可以进一步了解,生活中一切把生与死作为一个目标与之联系起来的行动选择都是"形式的选择",即为生与死选择某种非凡的(或平凡的)形式;但这却不可能是"内容的选择",因为生与死作为生命存在的内容是不能选择的。形式的选择在方法上基于把生与死和一般东西进行类比,这种类比只在意义论域内有效,它把生命存在当成一个在时间形式中给与出来的具体事件。但生命存在的完整性与一般事件的完整性却有所不同,后者作为可选择的结果可以在时间中发生也可以不发生,因此其完整性概念是被时间形式所限制的;而生命存在的完整性却不能用时间形式来限定,因为这种纯然内容就其不被选择和平均构成来说,与空洞的时间形式概念不相容。领悟对于它的完整性除了作一种类比的推论,即把它想象为像具体事件那样是"在时间中发生"的,除此别无其他途径。但是按照严格的存在论根据来说,一个具体事实作为现象在时间中被给与,当它不被给与时,时间就是空洞的,而存在的时间性却不允许有这种空洞性。死的领悟为了拟构生与死之间的完整生命存在观念,就需要想象一种空洞的时间形式来限制这个完整性的观念。这只能作为一种类比。因为如果要证明这一点,所需要的根据就完全不同于思考具体东西的那些根据。对一般具体东西的被给与性来说,思想可以想象它在其中并未实际发生的一种空洞的时间形式,就像康德认为的那样。但是对于生命存在的实际性内容来说,却不可能为它设想在它之外的一种空洞时间。第三人称的时间概念是以一个存在的各个有限部分之间彼此重复其内容的相互联结为前提的,当一个存在终止时,存在论的时间也随之取消,空洞的没有内容的时间形式只有在思想中才能设想。

所以我们就此可以知晓,一个人的存在与死表示他的存在行为,因此不同于一切一般的东西。在这个世界上,一切一般东西都可以和某一种具体选择联系起来,因此而成为一种不确定的可能性,完全可以是另外一种样子;只有存在与死是存在者所包含的两种绝对确定的可能性,因此属于两个同等级的存在行为范畴。一个存在事态永远趋向于达到它的最高平凡本质,这一点由于存在的终止而得到完成。死在存在论上表示一个存在内容的自行终止,死因此也属于这个存在构成自身的一个内容,而不属于生命的自然史概念。它标志着一个存在之平凡本质的积累达到了它的理想,从而使这一理想作为一个总量而成为确定的。但这并不意味着由死本身给出这个总量,因为这只有在形式上才有可能做到,但死却不是存在的任何形式。

存在历事的平凡本质,表示一个存在在时间的流逝中趋于平凡。在这一点上,平凡原理与死的内容本性相一致。死意味着存在的终止。但死作为第三人称存在的一个特殊内容,是不能由去死者自己体验的,所以,如果不把死当作一种对象性的现象,就不能对它作任何描述,只能依据一般存在之道,将死揭示为存在的终止和存在之平凡本质的完成。这样,死除了表示一个存在事态对自身内容的自行终止之外,不表示任何其他的含义,因此,死也就成为一件平凡的事情。构成分析将这一存在的道理拟构为存在论的一个原理,使之成为对一般存在之道的一个证明。

五、平凡原理与现代文化批判

构成分析试图说明,生活以及世界上一切东西的存在,如果仅就其纯然内容来理解而不加之以形式,就仅仅表示一种重复自身并以自身为目的的"去存在"的时间性过程。结果,一切存在的内容最终都将趋于一种平凡本质,也就是说,一切东西的存在本身都是平凡的、没有价值的,就连生与死作为这种纯然内容的一部分,也和存在本身一样是同等平凡的。这就是存在论的平凡原理。这个平凡原理作为历事的"本质原理",比历事的"内容原理"似乎更加难以为人接受,因为它比内容原理(即再性原理)距人们关于存在的现象直观更远。我们必须承认,生与死以及存在者的存在本身都有它们的现象原理,这些现象原理不仅组成整个存在论的第一人称论域,而且与人们的思想习惯牢固地联系在一起,具有强大的力量。如果从人们习惯的现象观点出发,那么作为存在本质的平凡概念无论如何难以成立。因为,在我们生活的这个世界上,如果断言一切东西就其价值来说都是同等平凡的,那是断难被接受的。而这样断言的前提还是用价值来定义平凡概念。然而,第三人称存在论从根本上就不允许用价值概念来定义平凡,在第三人称论域只保留存在的纯然内容;把一个存在的内容和一个形式联系起来,从而赋予存在以一个价值的一切努力,都失去根据,无论这个形式在世界之中,还是在世界之外。这就使得存在的平凡原理比再性原理更远离人们的存在直观,更难于被认同。

为此,我们就不得不在确立平凡原理的每一个步骤上,首先对那些现象直观逐一进行批驳,以便能够被人接受。构成分析追寻存在的平凡本意的过程因此而变得非常艰难和繁冗,这对读者的耐心和理解力提出了更高的要求。而这一切实出于不得已。

除了历事在时间性结构中产生的一般平凡问题之外,生与死作为历事的初与终更带来了一些特殊的困难。我们已经打破了死的现象概念,并且在平凡原理的基础上建立起死的内容说法,这就是存在者存在的自行终止。另一方面,我们对"意义存在的创生"这一方法论原则所作的批驳,则可以推广于人这种存在者的存在问题。具体来说,如果作为历事之初的"生"表达一个创生概念,并以此支持一种最伟大的神奇性来反对平凡原理,它就变成一个主体的使然性作为,完全不合于存在之内容原理的"自-然"法度;而如果这个历事之初的"生"标志着存在者开始其自己去存在的历事,则它无非属于这个存在的一种内容。

我们看到,"意义存在的创生"观念给现代文化带来了灾难性的后果。使然性用一种空间性的重复来比附存在内容在时间性结构中的自身重复,其结果就是形式的过剩、对内容的替代、以及内容及其本质力量的完全丧失。从存在的世界性机理与本身性机理的划分可以推知,一个存在的内容只能在时间中被重复,在空间中被重复的东西则可能是内容的替代形式。在文化领域,那种真正作为内容去存在的东西就是经典作品。由于使然性,创生与空间性重复(过剩)排斥一切经典作品的内容性存在,排斥天才的作用,所以现代文化就其现象特征来说表现为到处都有作品,但就其存在者存在的内容来说则几乎没有作品。

文化批判并非这本书的任务,但第三人称存在论的平凡原理却有助于诊断现代文化的病根。因为,对于存在论的纯粹内容范本来说,这个平凡一直就是一切内容构成自身的根本归宿,即理想。所以一个存在的内容在时间性结构中重复自身所导致的平凡不是平庸,它恰恰显示出在"自-然"法度中存在者自己去存在这一"天之道"的力量。在文化领域中,作品的内容性存在属于一种观念性存在(而非存在观念)。一切在存在论上真正作为内容去存在的作品都是经典作品。这种经典作品的内容作为一种观念性存在,其本质力量就在于它可以永恒地重复自身,而这种永恒重复自身的存在力度正是基于平凡原理。因此,现代文化的复兴需要经典作品而非一般作品,需要内容性的存在而非不断翻新的存在替代形式。这个要求与存在论上的平凡原理是一致的,追求经典作品在存在论上就意味着追求作为存在历事之理想的平凡本质。

卷　三

第三人称存在论的方法

这里所谓的方法，是对整个第三人称存在论的合法性所作的一个辩护。这个辩护之所以必要，是由于在现代性观念泛滥中提出的"哲学是什么"这个质疑，其最主导的倾向之一，就是否认以存在问题作为哲学的第一主题。维特根斯坦说："世界是怎样的"这一点并不神秘，但"世界存在着"这一点是神秘的。① 维特根斯坦这句格言并不支持现代性观念，它恰恰谈到了世界存在的一个方面。只有在现代性观念中，这句话才被解释为：既然存在是神秘的，存在就是不能谈的，存在问题也就是不可能的。在此也可以看到，与古典思想的建设性工作态度相比，现代性观念的态度总是破坏性的。而全部构成分析工作都基于一个古典观念：存在是哲学的第一主题。

哲学谋求关于存在的知识，可以有不同的方法。历史上，哲学对存在的研究一直使用形式化方法，由此得到完整的第一人称论域。而我所谓"第三人称存在论的方法"，则是对存在研究所使用的内容化方法的一个说明。为此，我们在这一章将对"思想问题和存在问题"、"思想有效性和存在有效性"、"思想批判和存在批判"这些对立观念的内涵作尽可能严格的勘定。

---

① 维特根斯坦，《逻辑哲学论》6.44，贺绍甲译，商务印书馆 1996 年，第 104 页。

第十二章　从思想批判到存在批判

一、思想问题与存在问题

哲学从最早开始就是对存在的研究。但是哲学的一个司空见惯的错误是把存在问题当作思想问题来处理。这个错误反映了哲学对存在研究的存在论目标与认识论目标之间的矛盾。哲学的存在论目标是提供存在如何被构成的原理。但哲学本身首先是一种理论认识，因此受认识论原则的支配，其研究存在的认识论目标主要不是提供原理，而是在反思中追问一切存在原理的思想条件。由于这种思想条件可以从不同思想尺度上给出，因此产生了各种不同甚至彼此矛盾的存在原理，使存在原理变成了思想条件的一个函项。这里所谓思想条件就是使一个原理成立的理由，所谓思想问题就是如何通过出示理由为一个原理提供证明。存在作为事实性本来不是问题，但存在论需要把存在之道表现为某种原理；一旦追问存在原理的理由，存在便进入思想问题，变成了需要证明且能够证明的某种论断。如果存在是一个思想问题，那就要求存在进入与思想的统一性，一个东西的存在只能在形式上而不能在内容上与思想统一。"理由"这一概念表示思想为一个存在创造出存在形式的能力，而且是使存在与思想的统一性超出简单指代关系、进入论证关系的一种能力。假如要求一个存在原理必须是有理由的，它就必须进入思想的论证关系，即进入解释的一致性，这不再属于原理之名对存在之道的简单语言指代，而是在一种纯思想的逻辑关系中把一个存在证明为一个观念的有效性。在思想问题中完全不考虑存在的内容，只考虑存在与思想在形式上的一致。

但思想问题并非存在原理的绝对无条件问题形式，因为一个存在原理进入思想问题，这在存在论上是有前提的。理由是思想条件，当追问一个原理的理由时，存在进入思想替代形式。但存在只有能被描述才能成为思想，所以存在与思想的统一性只有当一个东西的存在作为现象被给予时，才能实现。"理由"概念在这里暗含着一种使然性思路，正如凡存在必有一个使存在发生的自然史原因，凡存在原理必有一个使该原理成立的思想性理由。如果存在作为思想问题力图为自己提供证明，这只能是向思想者给与出来的存在现象，这种思想问题的解决当其所出示的理由与存在的现象事实相一致时，就是一个客观性的解决。可见存在作为思想问题预先设有一个存在论的论域前提，一旦揭露出这个论域前提，思想问题就不能再充当存在问题的绝对唯一形式。这时才能提出把存在本身作为问题的存在问题。

存在本身不是问题，而是依存在之道自行构成的存在事态。但存在之道却能够把自己表现为一个原理，存在之道如何表现为一个存在原理却是一个问题，因为存在之道进入存在论的原理可以有两种不同的方式。存在之道可以进入思想问题，把原理表现为关于原理思想条件的追溯及其一致性解释。这个存在如果不进入思想问题而又保留在存在论的原理中，就只能作为第一原理被直接提供出来，不要求任何思想条件，不要求提供理由的证明。这种进入原理的方式是否可能乃是一个问题，这就是所谓存在问题，它意味着提出了一个工作任务：如何使存在不进入思想问题而直接表现为无条件的第一原理。这个存在问题的合法性不基于存在的思想条件而基于存在的本意。存在按其本意来说不是一种思想解释，而是在实际性中构成自身的存在事态，是存在者自己去存在的实际内容。存在甚至不是描述性事实,它根本不依赖于思想,也不属于思想理由之间的一种一致性联系。存在作为存在论的问题在于如何从原理上表现出可以令存在充当第一原理的这种无条件的实际性。任一思想性原理都可追问其进一步的理由,只有这个第一原理不可再追问其理由,因为它的理由不可能是一个思想性理由,只能是一个实际性的根据,即由存在者自己去构成的存在事态。这样的根据恰恰标示出思想问题即理由问题的绝对界限,超出这一界限后,根据问题就进入了实际性,不再有理由可言。这个存在问题虽然仍属于存在论的理论问题,但它与存在的思想问题有根本性的不同。在论域前提上,思想问题适用于存在的现象和形式,存在问题适用于存在者自己存在的内容。在获得原理的工作方式上,思想问题追问使存在原理成立的理由,为原理的有效性提供证明,存在问题则直接得到存在原理,不再追问原理的思想条件,而是把这个原理当作第一理由。显然存在原理是一个理论性问题。把实际性当作有效性根据并将其表现在存在原理中的唯一可能途径,就是把它设为存在论的第一原理。所谓存在问题就是旨在说明存在原理如何把自己表现为基于实际性从而成为无条件有效的。

二、原理的思想有效性与存在有效性

哲学对存在的研究从根本上来说,是用关于存在的理论原理来表现使存在实际可能的存在道理的一种工作计划。因此,把存在研究根据其在某种原理体系中表现完全相异的存在道理来区分为第一人称的和第三人称的,就是一个有先定根据的划分,决不是任意的概念设计。以某种特定的存在道理作为最高原理建立起来的存在原理体系称为存在研究的论域。能够充当最高原理的那种存在道理就是论域的总前提,称为"法度"。只有两种法度概念容许以它们为总前提建立起互异的存在研究的论域,这就是:"自-然"法度和"使-然"法度。前者使一切理论原理按照存在者自己去存在这一总原理而自行成为可能,因此适用于一切存在的内容,表现存在的"天之道"。后者与此相反,是在一切存在原理之前预先规定有一个使这些原理所表现的存在成为可能的一种条件性概念前提,即世界的主体,以此表现存在的"人之道",因此只适用于加于存在内容之上的各种思想形式。哲学对存在的研究于是有理由划分为法度完全不同的两个部分,即关于存在形式的意义论域和关于存在内容的构成论域。由于这个划分是直接基于对最原初的存在可能性道理的直观,即把存在划分为存在现象与存在本身,而且在此直观的后面不再有任何其他进一步进行区分的有理论价值的直观,因此也就证明了这个关于存在研究的两个论域的划分是正当的,而且是一个最根本的划分。

　　全部构成分析工作就旨在证明构成性是真正的存在之道。这个证明从纯粹的原理方面来进行,这些原理依据一个总的论域前提被直接提供出来,因此是一种理论内部的证明。在这种情况中,原理本身作为理论的有效性成为一个问题,这个所谓"原理本身的有效性"是指在原理中所能具有的有效性的性质和程度。这是构成分析工作的最后一个部分,即"方法"部分。它显然已超出在理论内部对原理进行证明的范围,可以称之为从理论外部对存在原理的辩护,是针对一个理论间的中性目标来进行判定。整个构成分析的工作计划需要这样一种外部辩护来保证自己获得更加稳固的地位。这是因为,既然哲学的存在研究领域已经正当地划分为两个论域,每一个论域都建基于一种特定的存在法度,并且都发展出各自完整的问题与原理体系,所以从各自不同的论域前提出发,这两个体系在一切原理上必然都是互相反对的。"自-然"概念包含着一切先定的构成性原理的根基,根据"自-然"法度为存在立法是由存在者自己实行的,因此得到存在的内容原理。反之,"使-然"概念包含了一切先验设定的意义性原理的根基,根据"使-然"法度来为存在立法是由看存在的主体代理执行,因此只能得到使存在被给与出来的形式原理。"方法"部分的问题在于,在这两个论域中,依论域前提使原理有效的证明是理论的内部证明,需要另有一种理论外部的证明来确定一个存在原理是否达到了真正的存在有效性。

一个理论的内部辩护表现为:用一种原理直接反对另一种原理,这种理论的方法是"决断的";与之相反,如果对一个原理的思想条件进行追问,这种理论方法就是"反思的"。构成分析主要运用决断的方法,因为它所依据的原理直接建基于存在的实际性并把它作为第一原理,对此原理不需要也不可能有一种反思的证明。但是构成原理基于实际性而有的这种存在有效性必须要被明确地表现出来,这就是对构成分析的方法所作的一个说明。这个说明本身不能再运用理论内部的决断方法,而需要借助于一个理论外部的中性目标来进行判定。

存在的内容原理和形式原理如果从各自不同的论域前提出发,就只能在理论内部作决断的辩护。但是,这两种存在理论有一个共同的工作目标,就是都追求在其问题和原理中表现出存在的有效性。有效性本身作为两种存在理论之间的统一目标,是一个具有共通感的问题,从而使理论外部的中性判定成为可能。我们不能从一个原理本身来辩护原理的法权,也不从原理的思想条件回溯中证明其合法,而要在一个原理对它所要实现目标的关系上来辩护这个原理的法权,才有希望得到一个中性的外部判决。

那么需要界定什么是"有效性"。对有效性概念作如下区分至关重要,即:那给予一个原理以有效性的法权要么是一个思想的法权,要么是一个存在的法权。根据上面对思想问题与存在问题的划分可得:基于某种思想条件而有效是"思想的有效性";只有基于实际性而有效才是"存在的有效性",这种存在有效性就其不要求任何思想条件而言乃是无条件有效的,因此有资格充当存在论的第一原理。对此区分需要作进一步解释。

一个原理的存在有效性基于存在本身的实际性,这个所谓实际性作为存在者自己存在的必然性乃是存在的道理。但是,由于哲学的存在研究只能在理论中说出这个存在道理，因此一个原理的存在有效性必须通过概念表现出来。建立原理的每个步骤都包含解释，于是要求解释的一致性。一个原理的解释一致性意味着原理在观念间关系上是可行的，即有理由的，该原理由此获得一种独立的思想有效性。在思想问题中，原理的思想有效性直接等于存在有效性，因为原理作为思想的一种能力，是通过观念而通达存在之道的，所以原理的有效性只能是一种观念有效性，有效性的赋予是思想的独占法权。但是，如果把原理的思想条件作为有效性本质，就永远限于存在的形式领域，不能进入存在的内容领域。因为在思想问题中，原理的思想条件只联系到存在现象，解释一致性的要求可以适用于现象间关联，支配现象间关联的法则来自存在的形式原理，但存在的内容原理却与这种思想条件毫无关系。

一个原理的存在有效性之所以可能，乃基于思想得以接近存在之道的唯一可能方式，即：思想能够直接说出存在的道理而不要求理由。如果一个存在之为存在不是在观念间关系上可能，而是在存在者自己存在这种必然性上可能，那就不可能为表现它的一个原理提供任何观念性的思想条件，只能将它直接说出。

因此，如果决定一个存在原理有效性的根据是一个思想性的法权，那么原理的有效性就是一个思想内部的有效性，其本质为在观念间关系上是可能的。因此，可以追问该存在的思想理由，但不能绝对地判定这个存在。如果决定原理有效性的根据是一个存在性的法权，那么这个原理的有效性就是思想外部的有效性，即它在存在本身的实际性上是可能的，所以不能（也无需）为这个有效性提供思想性的理由，但却可以绝对地判定这个存在，因此这个存在原理就是被决断地直接说出而有效的。这就是一个原理的存在有效性。它既非在观念间关系上可能也非不可能，它根本不属于思想问题。

一个存在原理具有存在有效性，仅当对该原理所表现的存在可以作绝对判定。这种绝对判定决不属于传统存在论中以思想为前提的判定问题，其效力完全超出任何思想与理论的效力范围，直接基于存在者

存在的实际性并标志这种实际性。因为该判定并不意味着必须假定有
这样一个能思想的主体来作出这个判定,不管那是上帝还是人类自己,
但是这个原理由于包含这一判定程序于自身而自己给予自己一个绝对
有效性。因此这个绝对判定既不用于确定一个存在在观念间关系上是
可能的,也不用来证明一个存在在其特定被给与方式上是现实的,只用
于判定一个存在在其作为存在者自己存在这个必然性上为有效。在理
论中,一个原理的存在有效性表现为该原理能够被直接说出而无须为
它提供任何思想条件,但却有一个存在论上的先决条件,即这个存在是
可以绝对地加以判定的。

　　一切反思的存在原理,在其有效性是限于观念的范围内,只能算作
对思想问题的推进,因此只涉及对事物作出解释的可能性,而无关于事
物存在的实际构成。所以这类反思的存在原理实际上不宜称为原理,
只能算是解释,因为它们并不涉及存在的有效性问题,只涉及对关于存
在的观念的说明。一个存在理论只有在它对存在的关系中才可称为存
在原理。

　　以追求一个原理的有效性为目标的理论工作,我们称之为批判。
这种批判包括思想批判和存在批判。如果一个原理的有效性是由某种
进一步的思想理由来保证,那么建立这个原理的方法就是反思的,称为
思想批判。按照康德的界定,反思不涉及从对事物本身的研究中直接
得到原理,而是检查在得到原理的过程中所必须具备的主观条件。①
存在的意义理论就是一种思想批判。而且这种对思想条件的检查就是
批判的本来含义。但我们需要根据类比来使用这个术语,就一种追求
原理有效性的工作不是使用反思的方法出示思想条件,而是使用决断
的方法直接得到原理的内容,并以此得到存在的有效性,我们把这种方
法称为存在批判。很明显,全部构成分析从方法上来说就是一种存在
批判,其问题意识永远指向存在问题,其工作目标永远指向原理的存在

---

　　① 　康德:《纯粹理性批判》,韦卓民译,华中师范大学出版社 1991 年,第 286 页。

有效性。

三、存在内容的实际性是一切存在原理的最高理想

　　思想问题不能取代存在问题。因为一个原理的思想有效性与存在有效性是异质的；而这又是因为，关于存在的思想与存在的实际性本身，这两者是异质的，分别表示存在的形式和存在的内容。赵汀阳认为观念的知识论意义（真假）与观念的本体论意义（存在与否）有一致性，[①]这个断言需要加以限定才能成立，即这种一致性必须承认：一个存在在内容上的实际性是存在的最终本意。存在理论中的实际性原理是一切存在研究工作的最高原理和最高理想。在这里，我们使用存在实际性、存在者自己存在的必然性、存在事态的内容以及"事实上的存在"等术语来表示同一个东西。如何把这个存在内容的实际性表现为一个原理，是哲学从遥远的古代就已面临的一个难题。可以肯定世界由事物构成而不是由作为事物替代形式的观念和语词构成——至于观念和语词不作为替代形式而作为一个特殊事物种类的存在，则属另外一个问题——但是如何在理论中证明这一点，这是一个难题。所谓逻各斯其实就表示这样一个存在证明的难题：世界由事物构成其存在，但我们如何将这个存在说出？困难的根源在于存在言说与存在本身的异质性。因此"逻各斯"这个古代概念显示了人类对这一存在证明难题最初的也是最根本的觉悟，毋宁说，它只表示提出了一个问题，即如何说出存在的实际性内容而不使之沦于形式的无效性？而不是对问题给出答案，比如让人看言谈所及的东西。从历史看，西方存在论在逻各斯的名义下对存在难题并未给出符合存在本意的答案。

---

　　①　赵汀阳：《新概念的本体论：转向观念界》，载《社会科学战线》1992 年第 4 期，第 62 页。

　　这个存在证明的难题引出理论与存在之间作为原理有效性根据的循环。当海德格尔断言认识是人在世界中存在的一种存在方式,因此以存在为根据时,①赵汀阳指责他是想在思想与存在的双重视界的循环中将问题了断,并质问"是什么样的一种视界使得我们能够以双重视界去作这样的理解?"赵汀阳认为存在只能在思想的视界中被理解,因为思想占据着有效性的优先地位。② 但是这种思想的优先性只是形式的优先性,它基于形式先于内容的信条,并不符合逻各斯的本意,因此不具有终止循环的最后效力。按逻各斯之本意,能够说出存在内容的实际性原理而不沦于形式的无效性,才是人类存在领悟的最高理想。对于这个理想来说,在理论与存在的循环中抓住一端没有用处。赵汀阳把存在有效性的根据放在思想上,海德格尔则看出思想本身是人的一种存在方式,海德格尔比赵汀阳更接近于实际性问题,但他的存在概念本质上却是第一人称性。

　　存在内容的实际性原理是一切存在研究统一的最高原理。形式与内容的异质性使该原理成为难题,全部存在理论工作也相应地区分为两个领域,即作为意义理论的形式领域和作为构成理论的内容领域。它们标志着通过理论接近实际性的两条不同道路,或者是解决逻各斯难题的两种不同方略。构成论域直接承认一切存在者存在在内容上具有实际性,其解决逻各斯难题的方法是坚持存在问题,直接说出实际性原理并把它当作无条件有效的存在论第一原理。意义论域则只承认一个看存在者(主体)存在的实际性,以这个主体的存在作为第一理由,使用改换问题的策略,把存在问题变成思想问题,使内容屈从于存在形式,来解决形式与内容的异质性难题。

　　但是,即使在意义论域的形式领域中,形式原理仍然要求把实际性作为最高理想和最高原理,只是由于背离了"自-然"法度而无法在理论

---

　　①　参看海德格尔:《存在与时间》,陈嘉映、王庆节译,三联书店 1987 年,第十三节。

　　②　赵汀阳:《走出哲学的危机》,中国社会科学出版社 1993 年,第 99 页。

中通达内容的实际性,才不得不用思想解释去替代实际性。其方法是这样:存在的形式原理需要把它的规则所发挥出来的效力在内容领域中显示出来,因此,存在的内容世界必须能够这样被思考,即它在形式上的解释统一性至少在其最初始的原因与根据方面即在我思主体的实际存在上与内容的实际性原理是相互协适的。由于主体的存在总是一个实际性内容而不是形式假设,所以形式原理可以认为其有效性的最终根据毕竟是一个实际性。当然这个主体不是一个构成性存在,而是一个功能性存在,用来表示对存在进行思想性操作的原因与根据。在这种情况中,仍然可以根据上述理由把思想批判的原初基础追溯到实际性。

哲学对存在的研究必须安置这个实际性内容原理来作为一切原理有效性的基础和理想。思想批判与存在批判在同一个实际性理想之下具有两种不同的立法,即"使-然"法度与"自-然"法度。"自-然"法度固然在原理中直接表现这个理想,但不是作为思想条件,而是作为决断的原理内容来充当第一理由。"使-然"法度固然在其原理中表现统一的理由系列,但却不能在它的领域里把作为目标本身的内容原理表现出来。对于这两种批判就其全部劳作所取得的成果,有一个理论外部中性的比较尺度,就是各自原理在一个共同目标下所取得的有效性是何种有效性。

四、意义理论作为思想批判

全部存在研究的形式领域从其原理来说就是意义理论,从其方法来说就是思想批判。形式研究在其最初动因上和内容研究相同,是人类在逻各斯引导下为解决存在的实际性与存在原理的思想性之间的矛盾而开拓的一条道路。形式研究采取了使实际性屈从于思想性的方略,对一切原理实行思想批判,即反思原理有效性的思想条件。但由于逻各斯的最终目标不是存在的思想形式而是存在本身，思想批判必须不断地进行下去，直到追溯到一个世界存在的主体即"看存在者"的存在为止；主体性成为可以使思想批判满足的第一理由，是因为存在的形式理论相信主体性本身是一个符合逻各斯本意的实际性。但是这一步骤改变了整个研究工作的性质。因为，如果一个存在必须设定一个主体视界前提来保证其有效性，就可称之为"第一人称存在"，这个存在被赋予如下形式：就其起因来说是"我使……存在"，就其结果来说是"……向我存在"。这样，存在在主观性方面被改造成为原理所需的思想条件的解释统一性，在客观性方面则变成描述性的存在现象。结果在存在的形式领域，思想批判只得到思想问题，其原理只得到一种思想的有效性。

主观性和客观性都是意义理论的概念。一个存在在主观性上被限定为保证原理有效的思想理由，在客观性上被限定为经验现象。思想理由联系于现象的有效性就表示一个存在原理是客观的。这种客观性显然只是思想批判适用的标准，不适用于存在批判。此外，意义理论最重要的概念当然是意义概念。意义作为存在与人的世界的相关性，乃是一个主观客观统一适用的概念：一个存在可以是有意义的，仅当它作为现象被给与；一个存在原理也可以成为有意义的，仅当它具备了思想批判所要求的全部理由。对于意义、现象和思想理由这几个重要概念在思想批判中的联系，还需要略作解释。

在存在者存在行为中构成的存在内容实相，是原理获得存在有效性的根据。在东西存在的内容实相方面，一个原理在其中通达这个内容实相的那种关系可称之为"表现"，它当然属于一种思想能力，由于原理具有表现力，道理才得以转换为原理。但尽管原理的表现是思想性的，由于它不需要设定一个看存在的程序前提，而是通过存在批判这种方法起作用，所以原理仍然直接建基于实际性。但是，对于一个存在原理的思想条件与意义的要求，则是纯粹思想问题方面的要求，就是说，构成这种思想条件和意义的东西只和主体看存在的形式有关，而和存在本身的内容无关。因此一个存在原理中完全不可能成为存在问题要件的东西就是意义。意义给与程序意味着，一个原理在存在本身的内容上完全不可能有所表现，只是把该原理与某种被看到的内容即现象联系起来。这种原理与现象的联系称为"再现"，其本质功能是用存在之名对存在之实实行替代。建立原理的理论化过程为：原理把存在的经验现象再现为原理的思想条件从而使原理有意义。这个主观的理论化过程的客观根据则是存在作为现象向主体给与自身，从而使存在有意义。由此可见，无论主观性的思想条件，还是客观性的存在现象，还是主客观统一的意义概念，全都不是存在内容的实际性要素，因而不作为存在有效性的根据。虽然形式理论能够就着这些要素开发出完整的关于思想问题和思想有效性的理论思路，但那完全不是通向逻各斯本意的道路。逻各斯要求的内容实际性先行于一切对原理思想理由的认识，乃至完全不用预设主体性前提，它仍然和原理的表现力保持着天然的协适。它是存在的第三人称方面的东西，不能成为思想有效性的条件。

所以，意义问题作为思想条件问题，完全脱离了追求原理之存在有效性这个目标。乃至于可以在任一思想尺度上为一个原理提供或者撤消思想条件，使该原理有意义或者失去意义，这表明意义与存在问题完全不相及。意义只是现象在人类学方面的一种价值，一个存在被称为有意义的，只是由于它的现象直接和人的认知形式上的一致性结合在一起，因此不能成为原理表现力的组成要件。

这就是为什么思想批判按照它的全部可能性（即全部可能的理论工作思路）不会为一个原理争取到存在有效性的原因。由于这里的一切可能性都基于主体性前提，所以由此得到的原理既不是关于内容实际性的限定性原理（作为存在问题），也不是关于实际性的构成性原理（作为存在有效性），因此不能表现任何存在之道理。那些从原理的形式方面加以反思的关于意义的思想条件，只能保证一个存在在其起因方面按使然性概念的受造性，以及在后果方面按可证明性概念的对象性。结果思想批判作为方法包含两种条件式:创造方法与被给与程序。通过这两个条件式为一个原理提供纯粹的思想有效性。

五、构成分析作为存在批判

存在问题在于说出一个存在原理如何把自己表现为基于实际性从而无条件有效。现在就来说明第三人称存在论用什么方法使它的原理得到这种"存在有效性"。对于我们的理论能力来说,有一个作为有效性根据、但却无法以本身性资格进入理论的内容,即存在者存在,它与理论是异质的,对于这一内容,我们固然为了原理的有效性而拿原理的概念去界定它,但这需要特殊方法,否则"原理的有效性"这一概念将沦于形式上无效。将实际性作为有效性根据并把它表现在原理中的唯一可能方法,就是把它作为存在论的第一原理。这种方法就是存在批判。所谓构成分析从方法上来说就是存在批判。

如果为一个原理提供思想理由就得到思想有效性。直接基于存在内容之实际性的有效性才是一个原理的存在有效性。在理论中接近存在有效性的唯一道路就是直接将原理说出并把它作为第一理由,但这个原理必须包含对存在的绝对判定。存在论的绝对判定并不判定一个东西事实上怎样存在,怎样存在只是现象,取决于人的存在经验的类型,因此要求思想条件。存在的思想问题以思想性的理由为依托,但任一理由都需要进一步的理由来支持,结果是越来越远离实际性。绝对判定只判定一个存在的必然性根据:一个存在是必然的,因为它是存在者自己去存在。

凡存在总是存在者自己去存在。——在第三人称论域的内部,我们把这个原理称为"一般存在之道",用来表示论域前提的最高原理。在构成分析的方法说明中,我们则把它称为"第一原理",因为它保证了存在批判在方法上绝对有效。实际性本身是一个"自-然"道理,能将它说出而不附加任何理由才为第一原理。第三人称存在论的这个总原理在其同语反复的形态上实现了原理本身的无条件性,因此实现了将存在内容的道理直接表现在一个存在论的形式原理中,从而使该原理直接基于实际性而具有绝对有效性这一目标。因此成为全部存在研究的第一原理。它是这样做到的:道理之为道理在被一个原理表现之前已预先确定。因此,凡存在都是存在者自己去存在,这是一个原理,但是,凡存在者的存在都预先决定自己的内容,这却是一个道理。因为,如果一个存在在一切表现之前已经预先有它自己的内容,在这个内容中包含一切存在原理都必然要对它加以表现的实际性,那么这对存在批判来说就是它的理论所能推进的最后限度。如果存在批判把这个限度说出,它就成为第一原理,不需要任何别的理由。

如果第一原理的概念已经给定,那么存在的实际性在它运用那个概念以进入表现时,就建立在两个实相之中,也就是说,在第一原理的概念之旁放置两个与之相符的直观,即历事和相与。在这种情况中,不仅一个存在在个体资格上的本身性,而且它的作为世界的存在场所都被表述出来。但是这里我们关于一个道理在它的实相中按"自-然"法度来表现的概念,不是从对任何哪怕是最基本的存在经验类型的描述中获致的概念,而仅是把这一个道理协适地加以表现的两种不预设主体性的"纯直观"。这样一来,构成分析就能够把一个存在的内容表达为重复构成这一内容的历事,而把存在的世界表述为存在者间互有所及的相与。这两个实相成为关于存在本意的"纯直观",是就它们将其必然性实现在不用任何看存在的视界条件来限定的原则之中来说的。

由此可见,存在批判能够直接得到原理而不必提供思想条件,是基于这一批判在第三人称存在论的理论框架内彻底废除了主体性概念前提。一个存在原理只要排除了主体性前提,就进入第三人称问题,因此可以直接得到原理而不要求反思的证明。因为反思需要引入特定思想尺度,这只有把主体性设为理论内部的概念前提时才能做到,这时对思想条件的追问才有可能。所以只要排除主体性,也就排除了一切对原理思想条件的要求,原理于是得到存在有效性。

　　但是必须注意,理论内部作为概念前提的我思视界与哲学的存在研究的实际工作视界是不同的范畴。构成分析有如下断言:由于设立主体性,使得在视界中显现的存在只是存在的空位形式;取消主体性之后,存在就是存在者自己存在的实际性内容。对此可能有质疑:构成分析中的所谓内容存在仍然是一个借助语词表达的观念,它何以不具有形式替代性质? 此疑问混淆了理论内部的概念前提与实际理论工作的非概念性质。意义理论以主体视界充当其理论内部的概念前提,因此它的"存在"概念所认可的东西就是存在形式的有效性,对内容来说那是一个空位形式。反之,虽然构成分析的"存在"概念也是一观念,但由于不设定主体性,没有一个看存在的视界充当理论内部的概念前提,所以它的"存在"概念所认可的东西就不再是存在形式的有效性,而是一个内容的有效性,是第三人称的东西。如果认为构成分析本身意味着一个视界,那么该视界并不进入理论论域,在第三人称存在论内部并不把一个主体视界设为概念前提。这与意义理论把主体性引入理论内部充当概念前提是不同的。理论内部的主体视界概念与哲学研究的实际工作视界是不同的范畴,前者属于理论问题,后者不是理论问题而是一个实际理论工作的直接事实。任何哲学思路都不能以其概念结构涉及自身,否则哲学研究不可能进行。

　　存在批判标志着通向逻各斯的中国式道路。中国的"天之道"与西方的"逻各斯"有相通之处,逻各斯的本意不该理解为以使然性为法度的"人之道"。中国古代思想中对"天之道"与"人之道"的区分在存在论上至关重要。按中国观念,对存在的究诘可以从"天之道"直接开始,这就提示存在分析工作可以在引入任何特殊存在分位范本之前,首先演证一般存在之道的第一原理,而不必像西方思路那样一上手就把存在问题限定在"人的世界"中。这正是存在批判使用的决断方法。由于存在批判可以直接得到原理而不必提供思想理由,所以整个构成分析工作几乎按几何学的证明程序来进行,即首先直接给出第三人称论域第一原理的基本定义和基本准则,然后将其推广到一切具体的范本领域。对于这些基本定义和基本准则,存在批判无需提供思想批判的理由,因为它们的理由直接来自存在者存在的实际,而不来自思想的解释。这种直接得到原理的存在批判方法与存在本身的"自-然"法度是一致的:正如人们在生活中本然地自己去存在时,其有效性并不取决于是否以反思的态度来看这个存在;当存在批判直接得到一个存在原理时,其有效性也不取决于反思原理的思想条件,而取决于存在本身。也许可以说,第三人称存在论的中国式风格就体现在:它并不关心怀疑论与思想批判这类认识论问题,只关心通过人类的存在历事作为范本来直接表现存在之道。